岩　波　現　代　文　庫

シモーヌ・ヴェイユ

冨原眞弓
Mayumi Tomihara

学術 477

JN043256

岩波書店

目　次

序 章　家族・師・独立

——パリ（一九〇九—三一年）

1　伝説のアナトミー

第二次世界大戦のただなか、シモーヌ・ヴェイユは異国の地イギリスでひっそりと亡くなった。各種雑誌に掲載された膨大な量の政治記事や論考はさておき、生前まとまった著作を世に問うことはなかった。著作のすべては編者を介しての刊行である。革命的組合主義者《サンディカリスト》や無政府主義者《アナキスト》ら、左翼知識人の小集団の枠をこえて、一般の人びとにその名を知らしめたのは、一九四七年に出版された『重力と恩寵』である。ヴェイユは死ぬ直前まで日々の思索を大学ノートに記しつづけ、その十数冊の「雑記帳《カイエ》」を、マルセイユ時代の友人ギュスタヴ・ティボンに託した。ティボンは『パンセ』編集の当時の定番であったブランシュヴィック版にならい、主題ごとの箴言集に編纂し、「重力と恩寵」と名づけた。だれもが驚いたことに、ほとんど無名の著者によるこの書物は、刊行まもなく宗教・哲学書としては驚異的な販売部数を記録する。平易かつ明晰な文体で書かれた意表をつく警句《アフォリズム》が、敗戦の痛手を負ったフランス人読者の心をとらえたのである。

挑発的で洗練された警句集は、モンテーニュ、ラ・ロシュフーコー、パスカルらに代表されるフランスの伝統的な文学形態のひとつである。そのうえ著者は対独レジスタンスをまっとうした若い女性だ。屈辱的なドイツ支配と犯罪的なヴィシー政権の記憶を葬りさろうとする、戦後のフランス人の嗜好と願望にぴったりと合致したのだろう。かくて妥協をゆるさぬ潔癖で清冽な文体に収斂した内的独白は、戦犯探しと自己弁明にあけくれる精神風土にあって、集団的汚穢《おわい》を洗いながす慰撫の言葉として、すみやかに受容され消費されていった。ヴェイユとは政治的にも思想的にも隔たりのある保守的なカトリックのティボンは、自分の裁量にゆだねられた「雑記帳《カイエ》」に大胆な編集をほどこし、長文の序文をそえた。そのさい払われたであろう一般読者と正統派カトリック教義への配慮が、『重力と恩寵』をヴェイユの全著作のなかでもっとも「読みやすく」「異端的でない＝カトリック的な」作品にしあげたといえる。

やがて、同じくマルセイユ時代の知己であるドミニコ会士ジョセフ＝マリ・ペラン師にあてた書簡集と宗教的な主題をあつかった複数の論考が、ペラン師による長文の序文つきで『神を待ちのぞむ』（一九五〇）という表題のもとに刊行された。手紙という私的なスタイルのなじみやすさも手伝って、この書物もひろく愛読者を獲得した。ところでヴェイユは、自分の私的な宗教体験について、おそらく南仏の詩人ジョー・ブスケを唯一の例外として、家族や親しい友人にも語ったことがなかった。ブスケとはマルセイユを出立する数か月まえに一度会っただけだが、第一次大戦で負傷して半身不随となりベッドに寝たきりの余生を送ったこの詩人に、ヴェイユはつよい感銘をうけた。望まずして瞑想と詩作の生活を得た元軍人に、つぎのような残酷とも思える手紙を書きおくっている。「肉のなかに入りこんだ不幸がその時代そのものの不幸である人はさいわいです。そうした人びとは世界の不幸をその真理において知る可能性と機能、および世界の不幸をその真理において観照する可能性と機能を有しています。それこそまさに贖罪の機能なのです」(PSO 76　なお、引用はすべて拙訳。出典は巻末の参考文献の略号に対応。さらに引用内での〔　〕部は筆者による補足)。そしてマルセイユを出発する直前、ペラン師にはこう書いた。「神の憐れみは不幸そのものにおいて、慰めのない苦渋の中枢にあって、その奥底で輝きを放つ」のであり、そのとき「歓びではなく、本質的で、純粋で、感覚に依拠しない、歓びにも苦しみにも共通の中枢要素というべきもの、神の愛そのものにふれるのです」と(AD3 69–70)。

生きて再会はできまいとの確信がなければ、ブスケにもペラン師にも「こうしたことがら」には言及しなかったであろう(AD3 49)。「霊的自叙伝」と呼ばれる長文の手紙を書いたのも、ひとつの明確な意図があったからだ。「暗黙裡の信仰の具体的で確実な一例」をあげて、信仰の真正性と可視的な信仰共同体＝教会への帰属は関係がないことを、信頼するにたる実例をもって証明したかったのである(AD3 75)。このことはヴェイユ個人の信仰の問題にとどまらない。カトリック教会の存続にかかわる教義上の課題である。教会がその名に恥じず真に普遍的《カトリカ》であるならば、あらゆる種類の召命をうちに包括すべきであろう。すなわち、可視的な教会に属することなくキリストの証人となる道をも許容するはずだ。自分の召命は教会への帰属でもなく離反でもない、教会と世界をへだてる緩衝地帯《ノーマンズランド》にとどまることこそ、神から与えられた使命である、とヴェイユは考えていた。

生前のヴェイユを知っていた人びとの多くは、『重力と恩寵』や『神を待ちのぞむ』にまとわりつく「抹香臭さ」にすくなからず驚いた。かつての「同志」たちの当惑も理解できなくはない。国民的苦難の時期にナチス・ドイツに加担するヴィシー政府とすばやく手をむすび、フランス国民の期待を裏切ったカトリック教会は、信頼を回復するのにしばらく時間がかかった。いまだ教会にたいする疑念の消えていない戦後期にあって、晩年のヴェイユの「回心」は、反ヴィシー派の革命家の眼には、衰弱したプチブル的精神主義の先祖返りとみえたのだろう。

なかでもアナキストやサンディカリストの仲間たちの反応は、概して冷ややかだった。生前ヴェイユがよく投稿していた革命サンディカ系の雑誌『プロレタリア革命』も、ヴェイユの友人たちが寄稿した『重力と恩寵』の書評を却下した。この黙殺についで、あからさまな攻撃が始まる。かつての親しい「同志」のひとりは、理性のかなたに「神秘」をみようとした知的頭脳の「傲慢」をあげつらい、「あきらかに常人には手のとどかぬわざである神との以心伝心をもってすれば、凡百の人びとの水準にとどまらずにすむのである」と皮肉たっぷりにむすんだ(CSW mars 1986 131-132)。この筆者はヴェイユをジャック・マリタンやシャルル・ペギーの同類とみて批判しているが、この三人を並べた時点で、おのれの悪意と無知を露呈している。新トマス主義者のマリタン、カトリック左派にしてローマの讃美者ペギー、そして前者のトマス的「全体主義」と後者のローマ風「愛国主義」の称揚をとがめたヴェイユの三者を、いずれもカトリックに深い共感をよせたとはいえ、同じ枠組で論じることはできないのだから。

一方、ヴェイユの「宗教的」著作はカトリック界に好意的にうけいれられた。最後まで洗礼をこばみとおした「傲慢」を非難する声も聞こえたが、ヴェイユを「聖女」またしは「神秘家」とみなすカトリックからの接収の動きは、『神を待ちのぞむ』の刊行とともに始まったといってよい。ティボンの「ヴェイユは形而上学者としてではなく神秘家として語っている」や、ペラン師の「ヴェイユは洗礼志願者として死んだ」といった証言は、戦後の、とりわけフランス本国におけるヴェイユ研究を、かなり偏った方法論と問題提議へとみちびいた。なによりもまずカトリック教義との整合性もしくは非整合性によって、思索と行動の真正性を評価しようとする偏向は、ヴェイユのカトリック信仰は正統か異端か、またはキリスト教の神秘主義者《ミスティク》か諸教混淆主義者《サンタレティスト》かなど、本質的に不毛で無意味な神学論議をもたらした。

　さらにフランス本国でのヴェイユ研究には、ある種の気づまりがつきまとってきた。ヴェイユ自身が表明していた反ユダヤ主義的ともとれる言説をどう評価するかというデリケートな問題とあいまって、ヴェイユ個人のきわめて特殊な体験や思索が、どの程度まで「ユダヤ的特性」をおびているか、あるいはおびていないのかを検討するのはためらわれた。ユダヤ人迫害にかんするかぎりナチスに勝るとも劣らぬシステムを作動させたヴィシー政権の記憶が、この種の問題への誠実なとりくみを困難にしたのだろうか。

　ヴェイユはユダヤ系であるが宗教的には不可知論を奉ずる両親に育てられ、不可知論者あるいは無神論者として人生の大半をすごした。マルセイユでドミニコ会士ペラン師の知遇を得てキリスト教にかぎりなく接近した晩年でさえ、教義上の反撥や知的な障碍を理由に頑として受洗をこばみつづけた。じっさい、ペラン師の熱心な勧めなしには、受洗の可能性すら浮上しなかった(AD3 46)。カトリック教会もまた社会的な存在である以上、集団的感情をかもしだすシステムを内包しており、信仰という名の白紙委任、すなわちある種の愛国心を成員に求める。こうした集団に特有の強力な情念にからめとられることをヴェイユは怖れた。あらゆる人間的・社会的な絆から自由でありたいと願い、いかなる集団にも帰属しないことを自分の召命だと考えていたからだ。青年期に共産党に入党しなかったのも、アナキスト系労働組合運動と一定の距離をたもちつづけたのも、いっさいの党派性をいとわしく思う、この独特の心性に由来する。むしろ心情的に親近感をいだく対象にたいしては、なおさらに慎重を期したともいえよう。好意的な先入観は自己欺瞞を容易にするからだ。

他方、ヴェイユの思索に、かげりなきデカルト的明晰性と論理的整合性を求めて、その言説からいっさいの宗教的色彩をぬぐいさることもできない。宗教的なニュアンスの払拭とともに、ヴェイユがあれほど重視した思索の多層性や建設的な矛盾もまた失われるだろう。そしてフッサール的な判断停止《エポケー》にふくまれる思考の宙吊りのゆたかさも。

ヴェイユは孤独な存在を愛した。プロメテウスやアンティゴネーは権力や卑小さにあらがって純粋さをつらぬき、ディオニュソス・ザグレウスやオシリスは悪にひき裂かれて死んだ。しかし、なかでもキリストへの共感は特別である。キリストは神話や悲劇の登場人物ではない。飢えや痛みや疲れを知る生身の人間として地上で生を送り、弟子や近親者をふくむ身近な人びとの無理解や社会的な失墜のみじめさを味わった。神からもみすてられたと感じ、長い断末魔の苦しみのはてにいやしい犯罪者として刑死した。みじめなアウトカーストとしての事実が、みずからも占領下のフランスを追われて流浪の身にあったヴェイユを圧倒したのだ。このキリストへの共感を理解することなくして、ヴェイユの思考の全貌に迫ることはできない。

しかしまたヴェイユの傾倒は、キリストに具現される人格神にとどまらない。むしろよりいっそう、この地上においては冷酷な機械的必然となってあらわれでる神の不在、もしくは非人格的な神の顕現へとむかう。神の人格的な側面と非人格的な側面とに着目し、此岸における神の完璧なる不在、彼岸における神の完璧なる充溢、この相反する現実を同時にとらえようとした。神の不在と充溢の修辞《レトリケー》は、論理破綻ゆえの矛盾をあらわにするのではなく、通常の論理ではとらええられぬ真理をつまみあげるピンセットである。思考の操作によっても解消されぬ矛盾は、複数の関係性を同時にやどす多層性の証明であり、多層性こそが実在の兆候《しるし》なのだ。

ひるがえせば、正当な矛盾の不在は思考の整合性ではなく恣意性にすぎない、とヴェイユは言う。矛盾は思考をうながし、外見上の矛盾のあらわれは関係性をしめすのだと。「なんらかの矛盾が知性を圧迫するとき、知性は矛盾を相関性に変容させるような関係性を構想すべく強いられ、魂は高みへと引きあげられる」(SG 106)。古代ギリシア人は、代数、幾何、天文学、音楽を、眼にみえぬ関係性を構築する能力をやしなう学問と考えていた。それじたいに価値があるからではなく、魂をイデアへと段階的に引きあげていくプラトン的「弁証術《ディアレクティケー》」を準備する手段として。

2 思考のディアレクティケー

ヴェイユの思索的活動はおおよそ四つの時期に分けられる。子ども時代に書いた詩や寓話はべつとして、いまも現存する資料にかぎると、一六歳から三四歳までのせいぜい一八年間という短い年月である。それぞれの時期が有機的な連関や連続性を失うことはないが、それでも時期ごとになんらかの特徴をあげることはできよう。

第一期(一九二五―三一)は高等中学《リセ》と高等師範学校の学生としてアランに師事した「哲学修業の時代」、第二期(一九三一―三四)は教職と革命的労働組合運動《サンディカリズム》を経験し、最初の長考「自由と社会的抑圧の原因をめぐる考察」を著した「革命的関与《アンガジュマン》の時代」、第三期(一九三四―四〇)は工場就労、人民戦線政府、スペイン内戦、大戦勃発へとつづく「工場と戦場における不幸の体験の時代」、第四期(一九四〇―四三)は敗戦、第三共和政崩壊、ヴィシー政権、マルセイユ―ニューヨーク―ロンドンの亡命生活、そして最後の長考『根をもつこと』へと収斂する「思索の充溢の時代」である。本書では主として第二期以降を論じ、とくに第四期には多くの紙数をさいた。この時期に書かれた諸論考の重要性ゆえの偏向なのであるが、だからといって第一期の重要性が劣るという意味ではない。むしろ初期著作の意義と真価は、後期著作との比較においてこそ明確になる。三四歳で亡くなるまでのほぼ二〇年間に書かれたテクストを通読すると、ヴェイユの思想に根本的な変化はみられない。あるのは熟考と経験のもたらす深化であり重層化である。そして、大胆にして緻密な思考がじっくりと形成されていく有機的なプロセスは、読者を魅了する。ヴェイユにとって生きた思考とは、抽象的な一般論から具体的な事例へと肉化するものであった。

それゆえ本書では、ヴェイユの思考の熟成のプロセスをたどるにあたり、思考が受肉する場としての社会的・政治的脈絡にも言及をこころみた。ヴェイユが生きた時代の趨勢との関連づけなくして、その思想を理解することは不可能だと思うからだ。論文や政治記事のなかでとりあげる主題が、ホメロスの英雄詩であれ、古代ローマの征服譚であれ、一三世紀のラングドック文明の滅亡であれ、ルネサンス期のヴェネツィア共和国の危機であれ、ヴェイユの関心はつねに現在にむけられていた。歴史の前例をつうじて糾弾されているのは、神話的集団のうちに自我を埋没させるナチズムであり、似非科学と官僚主義にからめとられたスターリニズムであり、効率第一のかけ声で労働者の誇りをふみにじるフォーディズムである。そして、痛恨の思いで惜しまれているのは、不況と戦争によって断末魔の苦しみにある労働組合《サンディカ》であり、独立国としての存続危ういフランス共和国なのだ。

にもかかわらず、ヴェイユのテクストは時宜をえた「時代の註釈」に終わらない。きわめて具体的な時代の諸相のなかに肉化した思考は、時間と空間をこえて、現代の読者に考察の手がかりを与えつづける。一九三〇年代は、ファシズムの台頭、人民戦線の盛衰、スペイン内戦、労働組合の崩壊、官僚制の肥大化、技術至上主義《テクノクラシー》など、現代人が直面しているさまざまな問題が、あからさまに抑圧的なかたちをとって表面化した時代である。そしてヴェイユは、こうした時代の誠実な証人であるだけでなく、みずからの足と眼でかせいだデータにもとづいて考えようとした思想家だった。

3　アランの哲学工房にて

ここでは、本書で詳述できなかった第一期の特徴について、後期との関連をふまえて概略を記しておきたい。シモーヌ・ヴェイユは一九〇九年二月三日、パリに生まれた。第一次大戦勃発と同時に、父ベルナールは軍医として召集され、前線をはじめ野戦地を転々とする。母セルマは家族の帯同を禁じる軍則をものともせず、一家をひきつれて夫に同行した。自分の母と一家の愛犬、幼いアンドレとシモーヌの兄妹もいっしょに。そのため、ふたりとも規則的な学校教育ではなく、通信教育や家庭教師によって学習する期間のほうが長くなったが、アンドレにいわせると「おかげで枠にさまたげられずにさっさと学業を消化できた」(SUD 9–10)。学校にきちんと通わなかったシモーヌが、父の赴任先の宿営地で、五歳にして新聞を読み、七歳でラシーヌやコルネイユを暗誦したのも、三歳年長の兄アンドレの影響である。アンドレ自身も、独学で幾何学やギリシア語やサンスクリット語を修得した。弱冠一六歳でパリ高等師範学校の理科に入学し、ふつうの秀才が大学に入学する年齢の一九歳で、数学の大学教授資格試験《アグレガシオン》に首席合格、のち

父ベルナールの従軍地マイエンヌにて，母セルマ，兄アンドレと．1916 年．

に世界的な数学者になる。いずれにせよ、この知的に早熟な兄妹が、通常のカリキュラムに縛られずにすんだのは幸運であった。

ヴェイユ家の人びとは、多くのユダヤ系の例にもれず、教育への熱意と決断力と行動力に抜きんでていた。ひとたび風むきが変われば、そしてユダヤ系の人びとにとって風むきは変わるものと決まっていたのだが、すぐさま荷物をまとめて旅にでることもいとわない。流浪の旅に財産はもっていけないが、身につけた教養は奪われない。彼らがなによりも嫌うのは家族が離れ離れになることだ。母セルマが平和で便利な首都の生活をすてて、野戦地の危険と不便をあえて選んだのも、戦時という危険な状況のなかでの一家離散を避けたかったからだ。後年、ベルナールとセルマは、予測不能な動きをする娘シモーヌのあとを追って、つねに変わらぬ決意をひめて、さりげなく助けの手をさしのべることになる。

シモーヌが家族外の人物につよい感銘をうけたのは、一六歳で入学した高等中学《リセ》アンリ四世校の哲学準備級《カーニュ》の教授アランをもって嚆矢とする。カーニュと呼ばれるリセ最上級クラスの生徒の多くは、フランス最高学府のひとつパリ高等師範学校合格をめざす。シモーヌがアンリ四世校のカーニュを選んだのは、アンドレと同じ高等師範学校を受験する心づもりもあったが、ほかならぬアランの指導を仰ぎたかったからだ。アランの教授職の前任者は、アンリ・ベルクソンでありレオン・ブランシュヴィクである。その後ベルクソンはコレージュ・ド・フランスでギリシア・ローマ哲学の教授となり、パスカルの『パンセ』編纂者としても有名なブランシュヴィクは、パリ高等師範学校の哲学教授となり、シモーヌ・ヴェイユの卒論指導を担当し、落第すれすれの点をつけた。

パンティエーヴルにて，アンドレと．
1918–19年ごろ．

　しかしアランは、生涯、リセの哲学教授に好んでとどまる。未熟ではあるが将来性を秘めた魂を、挑発し激励し育

アンリ4世校の同級生たちと．前から2列目，左から2人目．1926年．

成することに歓びをおぼえたのだろう。この師のおかげで進むべき方向をみいだしたヴェイユの第一期の思索にも、あきらかにアランの哲学の影響が、もっといえば哲学にとりくむ姿勢の影響が認められる。アランはみずからも公言するとおり、なんらかの新しい学説を唱道する思想家ではない。プラトンとデカルトを敬愛し、カントの批判学の手法でふたりの哲学を再吟味し、その使信の核心を後進に伝えることを使命とした。スピノザにたいする愛は、自身の師ジュール・ラニョーから学んだ。アランもラニョーも、彼らが敬愛する先人と同じく、哲学と政治と数学をひとしい情熱で愛した。アランのよき教え子として、ヴェイユもまた哲学と政治と数学のむすびつきに魅了される。理性によって承認された秩序と思考の自由は同義語であり、放埒や気ままは意志と思考の脆弱さにほかならぬという確信も、この明朗な意志の讃美者アランのもとで得たのだった。

ヴェイユが師に教わったものは、プラトンとデカルトへの愛だけではない。哲学の方法と生きる姿勢も学び、極端さと純粋さにおいてしばしば師を凌駕した。アランはつねづね説いていた。正しい思考は正しい行動をみちびき、欺瞞と妥協にみちた人生は生きるにあたいしないと。この信念があったから、第一次大戦が勃発すると、四六歳の年齢をおして、将校としてではなく一兵卒として従軍を志願する。筋金入りの平和主義者だったが、塹壕内での兵卒の隷属状態のなかで、自由と矜持を失わず思考するすべを身につけようとした。いっそうの説得力をもって戦争の愚劣さを語るために。

『マルス、裁かれた戦争』(一九二一、一九三六)で、アランは戦争のエピソードを語る。ひとりの兵卒がある将校の居場所を尋ねられた。外部からこの種の問い合わせがあった場合、「将校は監視塔におられます」と答えるのが不文律であった。ところがこの兵卒は、将校が酒保で休憩している事実をうっかり告げてしまい、すぐさま(懲罰として)危険な最前線に送られてしまう。このときアランは軍神マルスのひとつの顔をみた。塹壕や兵舎や前線での将校と兵卒の隷属関係が、いかに不合理で無意味で戦意を喪失させるかを、そして抑制されぬ権力の濫用がいかに権力者を堕落させるかを知ったのである(A4 610)。後年、その教え子は同じ決意を胸に、パリの旋盤工場へ、さらにはスペイン内戦のただなかに飛びこんでいく。そして二〇年まえの師と同じ現実に直面する。生産または戦術の必要からではなく、上役または上官の気まぐれだけで、労働者や兵卒に課せられる屈辱や危険を、そして可能なかぎり無際限に自己膨張しようとする権力の本質

第１次大戦時，志願兵として砲兵隊に配属されたアラン．

をかいまみたのである。

アランの哲学の教授法は学生に徹底的に書かせることである。思考の修練を工房での徒弟修業とみなし、一日すくなくとも二時間は書くことを求めた。不統一で乱雑な筆跡は不統一で乱雑な思考を生む、訂正や加筆は構成力の欠如にすぎない、が口癖であった。一九三二年のアランいわく、「いっさいの考察に先だって書きはじめるように、青年たちを育てたかったのだ。一文を書いたあとは即興でつづけよとね。自分の文体をやしなうにはほかの方法はないと思う。訂正は平板な文体をつくる。文体をつくるものは、デッサンでわかるように、連続した運動なのだからね」(AS 254)。

ヴェイユは熱心にこの忠告にしたがい、乱雑で読みにくい筆跡を力づよく規則的な筆跡に変えた。残された原稿やカイエには小さいがきれいな文字が整然と並び、加筆や削除の跡もほとんどない。親しい友人の証言によると、書く速度は遅かったが、確信にみちて筆を進め、めったに訂正しなかった(SP2 646)。もちろん一日二時間の教えも守った。おそらくそれ以上の時間をついやしたはずだ。長文の「自由と社会的抑圧の原因をめぐる考察」と『根をもつこと』のほかに、約一〇〇篇の記事や論考、「雑記帳《カイエ》」を構成する無数の断章、数篇の詩、一篇の戯曲の草稿、そして約二〇〇〇通の書簡と、転変の多い生涯にもかかわらず書きつづけた文書の量をみれば納得がいく。その全貌をあまねく知るには、現在もパリのガリマール社から刊行中の『シモーヌ・ヴェイユ全集』(各四〇〇―七〇〇頁、全一六巻)の完結を待つしかない。

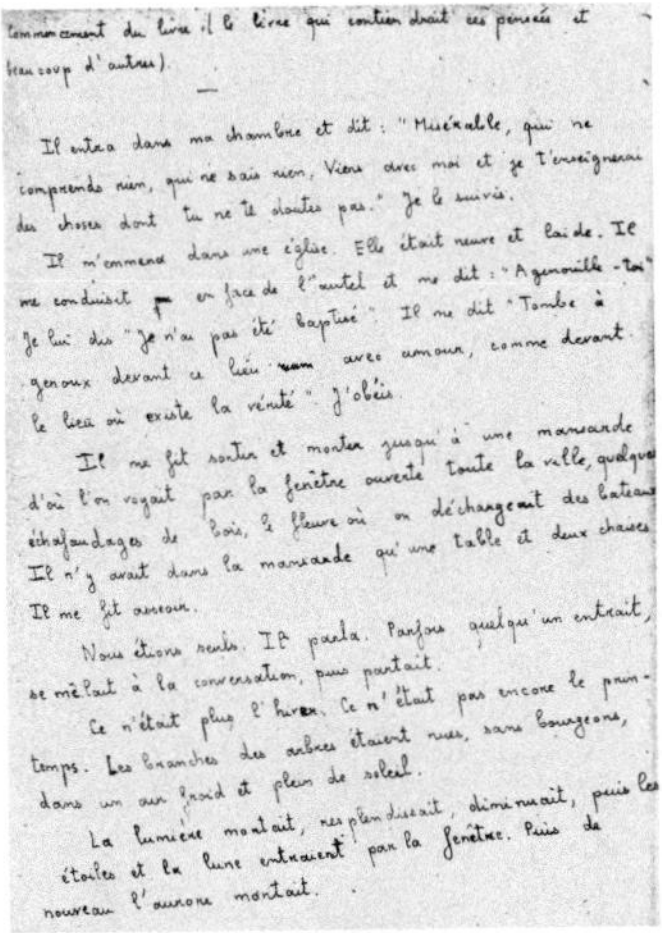
commencement du livre (le livre qui contiendrait ces pensées et beaucoup d'autres).

Il entra dans ma chambre et dit : "Misérable, qui ne comprends rien, qui ne sais rien. Viens avec moi et je t'enseignerai des choses dont tu ne te doutes pas." Je le suivis.

Il m'emmena dans une église. Elle était neuve et laide. Il me conduisit en face de l'autel et me dit : "Agenouille-toi". Je lui dis "Je n'ai pas été baptisé". Il me dit "Tombe à genoux devant ce lieu avec amour, comme devant le lieu où existe la vérité". J'obéis.

Il me fit sortir et monter jusqu'à une mansarde d'où l'on voyait par la fenêtre ouverte toute la ville, quelques échafaudages de bois, le fleuve où on déchargeait des bateaux. Il n'y avait dans la mansarde qu'une table et deux chaises. Il me fit asseoir.

Nous étions seuls. Il parla. Parfois quelqu'un entrait, se mêlait à la conversation, puis partait.

Ce n'était plus l'hiver. Ce n'était pas encore le printemps. Les branches des arbres étaient nues, sans bourgeons, dans un air froid et plein de soleil.

La lumière montait, resplendissait, diminuait, puis les étoiles et la lune entraient par la fenêtre. Puis de nouveau l'aurore montait.

『カイエ4』冒頭に所収の「プロローグ」の手稿. 1941-42年ごろ.

なかでも二〇〇〇通におよぶ書簡は興味をひく。抑制された文体と繊細な感性をあわせもつ書き手が残した、激動の時代の貴重な証言だからである。

ヴェイユはアランを心から尊敬していた。アンリ四世校での三年間のみならず、高等師範学校の学生になってからも、アンリ四世校の哲学級のクラスに通い、アランに作文《トポ》を提出しつづけた。重要な論文はかならず彼に感想を求めた。アランは最後まで「師」であった。それでも、ときにアランを容赦なく批判もした。他の多くの「アラン教徒」には思いもよらなかったことだ。一九三〇年代に入ってもスターリンへの幻想をすてられずにいるアランを批判し(AS 301)、ナチス支配に迎合して親ファシストのドリュ・ラ・ロシェルを主幹にむかえた『新フランス評論(NRF)』に、「さほど重要でもなく緊急でもない」モーリアック論を寄稿したこともゆるさなかった(AS 421)。一九四一年にはマルセイユからアランに手紙を書いた。対独協力者《コラボ》についての態度を決定してほしい、いまこそはっきり言明すべきときなのだからと(AS 421-422)。アランの返事はなかった。

アランのほうも、この風変わりな教え子の言動すべてに共感したわけではない。挑発的すぎる口調は論考の品位をそこなうと危惧し、工場就労などは労働のなんたるかを知らぬインテリ青年の考えそうな無意味な試みだと考えていた。ノルマンディーの獣医の息子の眼に、都会的で土の匂いの希薄な教え子の行動は、ときに理解をこえるものと映ったが、並はずれた知性と精神力は認めていた。一九四九年、ヴェイユの死の六年後に刊行された『根をもつこと』を読んで、日記につぎのように記した。このふたつの魂は死をへだてても響きあったのである。

一冊の重要な本を読んだ。シモーヌ・ヴェイユの『根をもつこと』である。万人にとっても重要だが、わたしにとってはきわめて重要である。この娘を知っていた。わたしは彼女を育て、彼女の死を嘆いたが、この偉大な本を残したと思えば、すこしは嘆きもやわらぐ。わたしの知るかぎり、社会主義を論じた刊行書のなかで唯一のまっとうな本だ。……社会主義と連帯して共産主義を滅ぼす大きな運動がおこるにちがいない。……この書は民主的で社会主義的な社会の完璧な分析だ。……うれしい。この怖るべき娘の沈黙は長らくわたしにとって謎だった。彼女は同輩たちの水準をはるかにこえていたので、比較すらも不可能だった。……わたしは彼女に「火星人」というあだ名をつけた。……彼女はスタール夫人をも凌駕した。これはわれわれの規準では、たいへんなことなのだ。……シモーヌ・ヴェイユは、道徳と政治の真髄において鍛えられた聖書的精神のみごとな一例である。したがってスピノザの誉れとなろう。（AS 439-440）

アランは哲学講義の一環として、毎年かならず哲学者と文学者をひとりずつ選び、通年、週一時間ずつ、学生たちに徹底的に研究させた。このプログラムにそってヴェイユは、一六歳でプラトンの対話篇の大半とバルザックの小説の大半を、一七歳でカントの『純粋理性批判』『実践理性批判』とホメロスの『イリアス』を、最終学年の一八歳でマルクス・アウレリウスの『自省録』とルクレティウスを読んだ(SP2 58)。アランは心理学や哲学の凡庸な論文よりもすぐれた文学のほうが、はるかに研ぎすまされた洞察力をやしなうと信じていた。文は人なり、よく書くことはよく考えること、というわけだ。そしてスタンダールの贅肉のない文体と火と燃える情熱を愛した。そのスタンダールが絶讃したのがスタール夫人の『コリンヌ――イタリア紀行』(一八〇七)だった(A3 802)。アランの哲学級はもっぱら読書と思索と文章修業にあけくれる工房であり、徒弟たちが師の指示にしたがって黙々と修練をつみかさねていた。模倣を多としたルネサンスの担い手たちのように、ヴェイユもまた余人に劣らぬ熱心さでアランの思考法を徹底的に模倣し、やがて高等師範学校卒業とほぼ時期を同じくして、この師のもとを巣立っていった。こうして、師と同じく哲学教授資格者《アグレジェ》となったヴェイユの第二期が始まる。独自の世界の構築への第一歩であった。

第一章　全体主義と革命幻想
――パリ／ベルリン（一九三〇―三三年）

1　世界との最初の接触

高等師範学校を卒業する直前、ヴェイユは「職業の道徳的機能」（一九三〇―三一）という奇妙な題の論文を書いた。二〇歳前後の若書きであるが、個人と集団の葛藤、学習する子どもと労働するおとなの対比、同業組合の存在意義、労働と教育の相補性、プロレタリアートの使命など、ヴェイユが生涯とりくみつづけたテーマがすでに散見される。いかんなく発揮される生来のアナキストぶりも興味をひく。主張はこうだ。社会的機能のひとつである職業につくと同時に、個人はいやおうなく集団の成員となる。ルソーが『社会契約論』で説いてみせたように、個々の人間は集団の構成員としては主権者であるが、集団に従属するかぎりにおいては臣民でもある。公的な人格ともいうべき集団は、一般意志の名のもとに、個人の人格になりかわって、個々人に市民としての義務を命ずるであろう。社会化がもたらす個人の集団への挿入＝従属は、あらたな自由（生命や所有への脅威からの解放)を与えるかわりに、「無知で幸福な野蛮人」の本来的な自由を奪うのだ。かくて自由が不可逆的に変質する。そして学生のヴェイユは結論する。この決定的な移行が生じるのは、青年が学業を終えて職業につく社会人となる卒業期であると。

この〔社会と個人を対立させる〕弁証法的な葛藤は、人生のある瞬間においてしか意味をもたない。つまりは青年が職業につく瞬間においてである。社会と個人のあいだの対立は青年期の弁証法と呼ぶことができよう。存在するまえから自分に愛をそそぎ、自分をありのままに愛してくれた家族からようやく身をひき離し、いまは友愛の時期にある青年は、自分がなすことでしか評価されない労働の冷ややかな世界に入らねばならぬことに憤慨する。そのとき世界は、エジプトの統治、階級制《カースト》の社会、あるいは人間がつくりだす物質的効果とその人間とを同定する機械仕掛となってたちあらわれる。青年はこのメカニズムに対抗すべく、みずからの内的世界、純粋な遊戯にささげられた生、筋肉と思考からなる遊戯の生を築きあげる。エジプトとギリシアの対立は、個々の青年のうちで再現されるのである。(I 262)

学業から労働へのこの移行は衝撃をともなわずにはいない。現代の学生に求められるものは、かつてギリシアの市民の特権であったもの、すなわち自己の陶冶である。「ギリシア人は芸術や運動は知っていたが労働は知らなかった」(VI-1 80, 87, 92–93, 95)。なぜならギリシアは人類の青年期だからだ。しかし職業人に求められるのは、ノルマの遅延なき達成、すなわち他者の必要の充足である。こうして若者は道徳の領域から必然の領域へと放りだされる。おおかたの若者にとって、社会への参入は自己の尊厳の頽落を感じさせる不愉快なイニシエーションなのだ。これが『自殺論』でデュルケムのいうアノミー的移行期に特有の危機でもある。ならば青年期の危機はどのように克服できるのか。

職業が品性の低落を感じさせるのは、おのれの労働がおのれの意志とは無縁の意志に従属し、おのれの労働がおのれの知性では把握できぬ結果を生みだすからだ。監視役の鞭におびえつつピラミッドの石を積みあげる奴隷たちが、みずからの労働のおよぶ射程を理解していなかったように。ところで、奴隷の奉仕を前提にして幾何学や哲学談義に専念したギリシア市民の贅沢は、もはや現代人にはゆるされない。現代にあって他者の奉仕に支えられた余暇は青少年の特権なのだ。ではおとなには救いがないのか。ヴェイユの解決法はこうだ。あのギリシアでさえ生みだせなかった労働の霊性を発見せよ。「運動家の肉体と幾何学者の精神をそなえ、諸欲求の充足を目的とする人間、それがこそ労働者なのだから」(I 270)。精神は世界が自分に押しつけてくる障碍を回避するのではない。むしろベーコンの『新機関』が推奨する方法論にのっとって「自然に服従しつつ自然を支配する」ことで、障碍と世界をもろともに変容させるであろう。

障碍の媒介をへて思考が世界とかかわるという考えは、はやくからヴェイユの思索の中核をなしていた。すでにリセ時代の作文「時間について」(一九二六)の異同原稿《ヴァリアント》(一三〇〇―)は、存在《エグジスタンス》という語を世界とほぼ同義にもちいて、とらえどころのない存在のうちに時間を設定して、存在を了解可能なものにすると同時に、みずからを措定する精神の営為を描きだす。ソクラテス以前の哲学者たちを思わせる口調で、驚きは存在に固有の特性であると断言する。ところで、精神に驚きをもたらすのは概念ではない。たとえば、加算という作業は驚きではないが、みちびきだされた和がまちがっていれば、驚きをもたらす。概念と齟齬をきたして「ふいに現出するむきだしの存在」が、精神に不意打ちを食らわせるのだ。

この不断にくり返される驚きの感覚によって、精神は恒常的にはずかしめられ、世界のなかでいつまでも自分が異邦人であることを知らされる。この驚きが精神を存在から力ずくでひきはなす。驚きは、精神が生成する存在とまじりあっていない状態、精神が概念とむすびついていることの証明でもある。なぜなら「精神が永遠の概念を忘れ、恒常的な生成とむすびつくならば、もはや驚きはない」のであり、この涅槃《ニルヴァーナ》は精神と世界との合一、すなわち永遠の眠りとなろう。しかるに原初の人間は、驚きという神の息吹をうけて土塊《つちくれ》から身をひきはがし、永遠の眠りからめざめて人間となった。

人びとはこの驚きをもたらす物理的な諸力に、人間精神をこえる神々の表象をかさね、存在そのものを神秘化することで、おのれが創りだした不可解な神慮に翻弄された。予測もつかぬ天変地異や狂気や預言などの常軌を逸した現象は、ことごとく神々の悪戯または懲罰、もしくは恩寵というかたちをとった、怖ろしくも気まぐれな介入とみなされたのである。世界は恣意や狂気や奇蹟にみちていた。そして、制御しがたい不安や恐怖は特権階級を生んだ。道具ではなく言葉を巧みにあやつって、意味ありげなそぶりをする特技をもつ人びとが出現したのである。アランの「プロポ」(一九三三)によれば、「めざす目的におうじて、人びとを脅したり宥めたりするための記号操作、すなわち説得」(A2 579)を生業とする「ブルジョワジー」の誕生である。技能をもつ人間への敬意と、言葉をあやつるだけの人間への軽蔑を、この師から叩きこまれた若きヴェイユはつぎのように記した。

原始社会にあっては、狩猟や採魚のすべをわきまえ、みごとな手際で道具や武器をあやつる技能をもった一般大衆が、ある種の要求をもちだす以外に能のない人びとに、唯々諾々としたがってきた。この特権的な人びと、それは祭司である。……事物をあやつる人びとより言葉をあやつる人びとが優位を占めるというこの状況は、人間の歴史のあらゆる段階にみいだされる。(II-1 68–69)

人間はかつて一度もルソーのいう「無知で幸福な野蛮人」ではなく、ゆえに無知という名の牢獄から脱する必要もなかった、とヴェイユは言う。人間の知的歩みは「無知ではなく誤謬によって始まる」(I 161)。不幸なことに一般大衆は、自分たちの得手である感覚的印象の無媒介的な解釈だけでは満足できず、より深遠な知識を専有すると思われる人びとを想定した。自分の手にある不確実な知識の断片では満足できず、「不確かな思惟を愚かな思惟におきかえる以外にとりえのない人びとを優越者と認める」(I 162)という過ちをおかす。この決断は高くつく。「言葉を組立てる人びと、つまり祭司または知識人たちは、つねに支配階級の陣営、搾取者の陣営にくみしていた」(II-1 69)ので、一般大衆は以前よりも苛烈で組織的なくびきに、おのれの首をさしだす窮地に追いやられたのである。

アンリ四世校でアランの薫陶をうけて、ヴェイユはひとしい情熱をもって哲学と政治への関心を培ってきた。いよいよ実社会において、このふたつの領域のさらなる統合をめざすことになる。卒業と同時に工場労働者になる計画をたてていたが、世界的な大恐慌のあおりで失業者があふれ返っており、延期を余儀なくされた。この計画が実行にうつされるのは三年後の一九三四年である。ヴェイユはみずから工場で働けぬまでも、せめて労働者の多く住む工業都市か港湾都市への赴任を望んでいた。しかし、パリ高等師範学校の担当教官と文部省の役人は、過激な言動で悪名をはせていた「アカの乙女」

を、できるだけ首都からも港湾からも工業地帯からも遠く離れた、のどかな小都市のリセに任命することで意見の一致をみた。一九三一年の秋、二二歳の哲学教授はフランス中央山塊《マッシフ・サントラル》にいだかれた街ル・ピュイに赴任する。

リセの担当科目は哲学、ギリシア語、芸術史だったが、のちにラテン語、さらに数学史の自主講義をうけもった。哲学級の生徒たちはみな熱心に数学史の講義にも出席した。哲学では自分がアランから学んだ方法を適用した。すなわち過去の偉大な哲学者と文学者のテクストを徹底的に読みとくこと、そして、できるだけ頻繁に自由作文を書くことを、哲学級の生徒たちに求めた。教師としての本分をつくすかたわら、さまざまな労働組合との接触をこころみた。ル・ピュイから列車で三時間ほどの工業都市サン・テティエンヌでは、労働学校の運営にかかわり、炭坑労働者たちと親しくつきあい、炭坑にもぐって掘削機を動かしてみた。それまでも農家に住みこみで農作業に従事し、漁船に乗りこみ漁師の手伝いをしたりしたが、炭坑での経験にはとりわけ強烈な衝撃をうけた。太陽光線のとどかない暗い穴の底で、生命の危険と隣りあわせで、あつかいにくい機械にふり回されるのだ。この体験により、技術革新はかならずしも労働の軽減をもたらさぬばかりか、しばしば労働者の意欲をそぎ、労働の尊厳をおとしめることを確信する。

ル・ピュイのような一見のどかな街にも不況の波は押しよせ、失業者たちは仕事もなく保障もなく路頭に迷っていた。しかるに彼らを守るべき労働組合は、社会党系の労働総同盟(CGT)と共産党主導の統一労働総同盟(CGTU)とに分裂し、覇権争いに忙しい。ヴェイユは両者の再統合に奔走する。それぞれに長所も短所もあった。CGTは組合の独立を主張していたが、革命にたいしては及び腰で修正主義的だった。一方、CGTUは革命をめざして階級闘争をくりひろげていたが、モスクワの顔色をうかがう共産党に牛耳られていた。革命のための階級闘争は中央集権的な党主導ではなく、自律的な労働組合主導でおこなわれるべきだと、ヴェイユは考えていた。そのためには中核となるべき熟練労働者の育成が不可欠であろう。両同盟の統一への呼びかけも、労働学校への協力も、この信念のあらわれであった。すくなくともこの時期のヴェイユは、「覚醒せるプロレタリアート」となった労働者が推進すべき革命を信じていたのだ。

CGTとCGTUの幹部が対面を重んじて統一の協力をしぶるようなら、下部の組合員が統一を実現させるしかない。組織の支持がなくとも、あるいは反対を押しきってでも。リヨンの建設労働者の機関紙で、ヴェイユはすみやかな統一をうったえる。「労働者階級は、解決不能と思えるこの問題を解決するか、さもなくば革命的勢力としては消滅するか、そのいずれかを覚悟せねばならない」(II-1 63)。ふつう恐慌と階級闘争は両立しえないと考えられている。しかしヴェイユは言う。不況時には労使協調が肝要だとする議論に幻惑されてはならない。ゼネストや権利要求は好況時にしかゆるされぬ贅沢ではない。不況であろうと好況であろうと、雇用者と被雇用者が対立関係にあることは変わらない。こういう状況で雇用側と妥協するのは、瀕死の資本主義体制を延命させ、あらたな恐慌をおのが身にまねく愚挙である。恐慌は予期できぬ不運な災難などではなくて、無際限の生産拡大という資本主義のシステムそのものに内在する副産物なのだ(II-1 66-67)。

しかし、CGTとCGTUは分裂を克服できず、革命の尖鋭となるべき熟練労働者は失業を怖れて闘争から手をひき、多くの労働者はたえがたい環境とあつかいにくい道具に甘んじていた。ヴェイユは最悪のタイミングで社会と対峙したのである。あるいは、そのおかげではやくから革命幻想に見切りをつけ、労働組合の限界を知ることができたというべきか。この経験はマルクス主義の再考をうながすきっかけにもなった。

当時のヴェイユは、なによりもまず人間の意志の力を信じるデカルト主義者である。また、正統派といってもよいマルクス主義者らしく、きたるべきプロレタリア革命において、労働組合《サンディカ》や共産党がはたすべき役割を信じていた。そのうえ、フランスの伝統的サンディカリストでもあったので、革命の主人公たるべき「覚醒せるプロレタリアート」とは、職人かたぎの熟練労働者の発展形であるとも考えていた。労働者を犠牲にするだけの組合の分裂を憂えたからこそ、CGTとCGTUを再統合すべく奔走したのだ。しかし再統合も修復もならず、フランスの労働運動はしだいに求心力を失っていく。やがて一九三二年、ドイツの労働組合や共産党の硬直化をまのあたりにしたヴェイユは、以後いっさいの組合や党に愛想をつかす。これら既存の組織は主導権争いに腐心し、共通の敵であるナチズムやスターリニズムと闘う気概もなく、労働者たちをみすみす見殺しにしたからだ。こうしてアラン譲りの楽観的な革命観は、一年たらずで深刻な修正を迫られることになる。

2　ドイツへの旅

一九三二年八月、ヴェイユはベルリンとハンブルクを訪れる。「世界でもっとも成熟し、もっとも規律正しく、もっとも教養のある」(II-1 145)ドイツの労働者が、どこまでナチスの宣伝の威力に抗えるかを確認するためだ。今後のドイツの命運を左右するドイツ共産党の動向にも関心があった。直前の七月三一日の総選挙で、ナチスは第一党に躍進し、ファシストたちの意気はあがっている。ユダヤ人やコミュニストを標的にした街頭でのいやがらせは、日常茶飯事と化していた。ユダヤ的な名前と風貌で、共産党や労働組合の本部をたずねて旅をするには、あまり適当とはいえない時期である。

とはいえヒトラーの全権奪取前夜のドイツは、深刻なインフレと失業、労働組合の衰退、共産党と社会民主党の確執、民族主義的ファシズムの昂揚など、ヨーロッパ全土をむしばんでいたさまざまな次元の難問が、いっしょくたに放りこまれた坩堝《るつぼ》であった。軍備競争のはての戦争、未曽有の不況がもたらす革命への期待、そしてナチズムとスターリニズムに代表される全体主義、この三要素がからみあって互いを増幅しあうメカニズムを、つぶさに観察するには絶好の状況である。なにごとも伝聞や推量を信用せず、みずからの眼と耳で確かめようとするヴェイユにとって、これほどあつく煮えたぎる歴史の生成の瞬間をみのがす手はなかった。一九三六年には、労働者のゼネストのバリケードに嬉々として駆けつけ、その数か月後にはスペイン「革命」の一報にいちはやく義勇兵としてはせ参じたように。

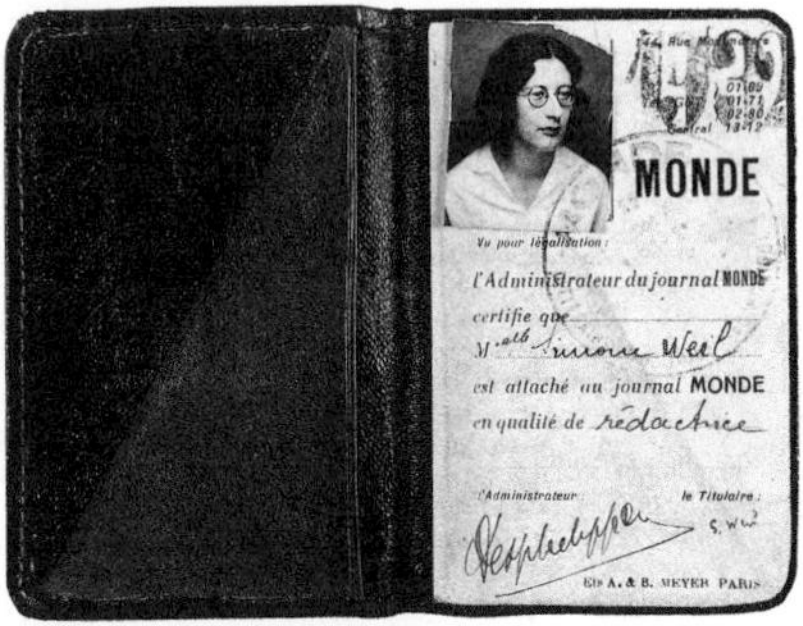

『モンド』誌(アンリ・バルビュス主幹, 1928-35年発行)の記者証. この証明書でドイツに渡った. 1932年.

ドイツへの旅はドイツ関連の論考や記事となって実をむすぶ。当時のヴェイユの筆になるドイツ関連記事の的確さには驚かされる。首都ベルリンや港湾都市ハンブルクの労働者街において、ヴェイユはつぎの確信を得た。ドイツ共産党の腑抜けぶりは、ヨーロッパ諸国の共産党の不甲斐なさの戯画であり、スターリニズムとナチズムが同質の病根を有することを。革命幻想が民衆の苦しみを糧として機能するからくりをみぬき、モスクワの出先機関となった共産党の無能と背信に怒りをおぼえ、労働者の味方と称する党や組合にたいする素朴な共感をすてた。ブルジョワ国家の産業構造への接収も、モスクワ主導の教条主義への屈服も潔しとせず、労働者と運動の自律性を守ろうとするならば、残された第三の道は革命的サンディカリズムであろう。しかし、これもまた幻想ではないかとヴェイユは危惧した。闘争のプロセスにおいて、組合が党と同じく抑圧的な機構とならぬ保証はない。一九三四年、ヴェイユの同志の多くがかかわっていたサンディカ系の雑誌『プロレタリア革命』は、「組合に権力を！」という宣言文をかかげた。この危急の事態に対処するには、「議会主義でもなく、ファシズムでもなく、組合にこそ全権を与えよ」というわけだ。ヴェイユは編集者に抗議せずにはいられなかった。

「組合に権力を！」なる宣言文は強烈なお笑いぐさです。労働者は自分の所属する組合においてすらも権力をもっておらず、数人のボスどもの意のままにされていま す。その連中はいまのところ、官僚主義的な機能のほかには支配の手段をもってい ません。しかし連中がさらに軍隊や警察や国家的な組織のすべてを掌握した暁には、いったいどのような事態になるでしょうか。組合スターリン主義には既存のスターリン主義と同じく魅力はありません。そのときまず発禁に処されるのはほかならぬ『プロレタリア革命』なのです。(SP2 305)

政党と組合に質的な区別はない。組合が政党の出先機関になるやいなや、現実の区別も消えうせる。「権力の座にある一政党と、獄中にある他のすべての政党」(II-1 262)というミハエル・パヴロヴィッチ・トムスキーの警句は、そのまま組合にも流用できるのではないか。

当時の主たる寄稿先の雑誌,『プロレタリア革命』と『リーブル・プロポ』(アラン編集の雑誌).

ドイツの惨状だけが革命幻想との訣別を命じたのではない。もうひとつの決定的要因は、フランスの労働組合運動の衰退である。一九三一年、地方都市ル・ピュイで教職についたヴェイユは、アナキストやサンディカリストの活動にかかわるなかで、経済恐慌に苦しむ労働者を放ったらかして、組合内部の権力闘争にあけくれる組織への批判を強めていく。修正主義者(社会党系)は危険な譲歩をかさね、モスクワ崇拝者(共産党系)は労働運動の主導権を奪おうとしていた。一九三三年に両陣営の距離は最大となる(JD 351)。この分派闘争で被害をこうむったのは、プルードン以来の伝統的なサンディカリズムだったのである。

ヴェイユはあらゆる組織にたいする抜きがたい不信と、労働者の経験と連帯への素朴なまでの信頼とを、アナキストやサンディカリストの少数派と共有していた。だからこそ、労働組合を分裂させ、サンディカの弱体化をまねいたフランス共産党をゆるせなかった。そのうえ、社会民主党を叩きのめすために、ナチスとの共犯関係さえ辞さなかったドイツ共産党の醜態が、失望に追い討ちをかけた。スターリニズムがファシズムとまったく同質の、警察・官僚・軍隊という管理の三要素をかぎりなく強化した全体主義体制であって、自国の労働者を容赦なく搾取する権力機構であることにはすでに気づいていた。しかし一九三二年以降、「労働者の敵」のリストには、前二者と並んで、ドイツ共産党の名も書き加えられたのである。

ドイツ共産党にとっては不運な状況がかさなった。アメリカに端を発する不況の荒波をまともにうけた失業者の大群は、制度内での穏健で漸進的な政策をかかげる社会民主党ではなく、より過激な革命を唱えていると思われた共産党へとなだれこんだ。皮肉にも、この党員の飛躍的な増加がわざわいして、共産党は実質的な弱体化を強いられた。

ドイツから帰国直後、ヴェイユは『プロレタリア革命』誌に論考「待機するドイツ」（一九三二）を寄稿し、当時のドイツの労働者をめぐる社会状況をなまなましく伝え、共産党の弱体化とはすなわち労働者階級の弱体化であると論じた。この連鎖反応はドイツの国境ではとどまらず、いずれフランスをもおびやかす現象となるだろうと。予感は的中する。ドイツに遅れること数年にして、フランス共産党と労働組合は、一九三六年の人民政府樹立とゼネスト成功の成果を生かせぬまま、しだいに影響力を失っていったのだ。

ヴェイユのドイツ報告によれば、共産党の八〇ないし九〇パーセントは失業者であり、党員の半数以上は党歴一年たらず、五分の四以上は二年にみたない。共産党がみずからの責務と称する革命の前衛をまかせられるのは、失業者と新米党員だけという事態である。もはや失うべきものをもたぬ失業者たちは、恐慌期には職を守るために慎重になってしまう熟練労働者とくらべ、急進的な考えへと誘われやすく、したがって秩序転覆をうたう共産党のスローガンにとりこまれやすい。しかし、「あらゆる生産の役割を奪われ、経済機構の外にはじきだされ、心ならずも寄生的生活を余儀なくされ、おまけに経験も政治的教養もない」(II-1 129)失業者たちに、労働者の意識改革と革命の遂行という「プロレタリアートの使命」は重すぎる荷であった。桁はずれの失業率とインフレがもたらした労働条件の悪化は、マルクスが考えたような労働者の組織的な反抗を呼びおこすどころか、一方では熟練労働者のあきらめまじりの従順を、他方では失業者のやぶれかぶれの結集を培養したのだった。

不運なことに強力な競争相手もいた。共産党ばりの暴力的で抜本的な「国家社会主義による革命」を説く指導者のもとで、同じく猛烈な勢いで新党員数をふやしていた戦闘的な集団である。かくてドイツ共産党はヒトラーのカリスマに匹敵するカリスマを求めて、モスクワのスターリンにいよいよ全幅の忠誠を誓う。ところが、外国の官僚機構の威光によりかかるドイツ共産党が、ドイツ民族の血と大地の復権を旗印にかかげるナチスと争っても、たやすく勝ちは望めない。そのうえ両党の発想と党員の心性は奇妙に酷似しているので、同じ土俵で闘わざるをえない。共産党は苦境に立たされた。

そして共産党は致命的な誤りをおかす。ヒトラーの政権奪取をきたるべきプロレタリア革命への露払いとみなし、ヒトラーに資本主義の墓掘り人の役割をつとめさせるべく、ナチスの伸張をさしたる危機感もなく漫然と見守ったのである。一九三一年のプロイセン州議会の人民投票では、「基本的にプロレタリアートとブルジョワジーとの均衡をめざす党である社会民主党と、プロレタリアートの完全制圧とその前衛部隊の殲滅をもくろむヒトラーの党との闘争が問題であった」(II-1 172)。ところがドイツ共産党は、コミンテルンの強力な指導のもと、ヒトラーと手をむすんで与党の社会民主党おろしをくわだてる。その後も、共産党にとって打倒すべき最大の敵は、めくるめく拡張をつづける国家社会主義ではなく、労使間のいまにも壊れそうな危ういバランスをとるのに汲々としている社会民主主義でありつづけた。すくなくとも、ナチスの突撃隊の路上での襲撃が、ユダヤ人のみならず、社会民主主義者にも共産主義者にも無差別にむけられるようになるまでは。

ヴェイユの分析によれば、ここまで各国の共産党を救いがたく堕落させた原因は、革命後またたくまに官僚国家となりおおせたソヴィエト体制である。ナチスへの抵抗力のなさに、その堕落の程度は如実にうかがわれよう。スターリン主義はヒトラー主義を打倒する武器にはなりえない。ともに資本主義にまっこうから対立する姿勢をとりつつ、じっさいは全資本をおのれの統制下におき、労働者をよりいっそう効率的に収奪しようとする企てだったのだから。しかし、「労働者を搾取する資本家」＝「ドイツ民族を頽廃させるユダヤ人」という正確ではないが了解しやすい図式は、ドイツにおいて階級闘争と愛国主義をむすびつける口実となりえた。かくて、資本家を敵視する共産党と、資本主義の枠内で改革を進めようとする社会民主党との共闘は、困難をきわめることになった。

ところが、左翼勢力は仲間割れをしている場合ではなかった。労働者たちをスターリンの国家共産主義やヒトラーの国家社会主義の誘惑から守るには、政党の覇権争いにまきこまれて疲弊し分断された労働組合を、再統合し再生させねばならない。これが、将来おこりうるヨーロッパ全面戦争を回避する最良の方途であり、労働者をいやおうなしの徴兵という最悪のシナリオから救うことになるはずだからだ。そのためには、労働組合の弱体化をまねく要因を排除せねばならない。もはやヴェイユはトロツキーのように、ソヴィエト連邦を「プロレタリア独裁の官僚主義的歪曲」(II-1 111)であるとはみなさない。狂った時計は時計の法則の例外ではなく、その時計に固有の法則にしたがっているにすぎない、とデカルトは言う(『省察』六)。同様に、スターリン体制も狂った労働者国家ではない。たしかに、資本の収奪の形態においては資本主義と異なる。しかし抑圧システムとしては、もっとも苛酷な資本主義体制や、もっとも狂信的な全体主義体制と、すこしも変わらない。狂っているどころか、きわめて緻密な機械仕掛なのだ(II-1 263)。

　はやくも第一次大戦直後、マックス・ヴェーバーは『職業としての政治』(一九一九)で、まったく異質と思える政体がじつは同じメカニズムで作動していることを指摘した。ただしここで比較されているのは、中世の教皇党《グエルフ》(新興の富裕商人中心)と皇帝党《ギベリン》(伝統的な封建貴族中心)の闘争と、ボルシェヴィキとブルジョワジーの闘争における類似性である。教皇党の軍事組織は、じっさいは純然たる騎士軍であり、その指導層のほとんどは封建貴族によって占められていた。同様に、ボルシェヴィキはブルジョワジー打倒を叫びつつ、そのじつ巧妙な保守政策をとった。「たっぷりと報酬をうける企業家たち、出来高賃金制度、テイラーシステム、軍隊や工場の規律などをそのまま温存し、というよりもこれらを再導入して外国資本を誘致する、というしだいで、ようするに国家と経済をどうにかやりくりするため、いったんはブルジョワ階級の諸制度として打倒したものすべてをひとつ残らず再受容したばかりか、かつての秘密警察官《オクラナ》まで国家権力の主要機関としてあらためて雇いいれたのである」(MW 335-336)。ヴェーバーにならってヴェイユもくり返すだろう。ボルシェヴィキの末裔であるスターリニズムも、ワイマール共和国の鬼っ子であるナチズムも、軍隊・(秘密)警察・官僚機構からなる洗練をきわめた管理システムに礎をおいているのだと。

ドイツ旅行の直後に『プロレタリア革命』に掲載された「ドイツの第一印象」(一九三二)で、ヴェイユは反ユダヤ主義と民族主義の両方において、ドイツ共産党はナチスとまったく選ぶところがないと断罪する。ナチスのイデオロギーの驚くべき感染力は、とりわけ共産党内で猛威をふるっている。たとえば、「マルクス主義者のユダヤ人女性〔クララ・ツェトキン〕」に帝国議会の開会議長をまかせるのか、と息巻くナチスの党員たちに、共産党公報紙はこう応酬した。第一に、クララ・ツェトキンはユダヤ人ではない。それに、よしんばユダヤ人であってもかまわない。ローザ・ルクセンブルクは「ユダヤ人であったにもかかわらず」、非のうちどころのない「高潔な人物」であったからだと。かくてコミュニストとファシストは、同じ程度におそまつな人種偏見を露呈しあったのである。

共産党を汚染する民族主義もこれに劣らず深刻で、ファシズムに対抗するために共闘すべき社民党を、「売国の裏切り者《ランデス・フェアレーター》」と呼んではばからない(II-2 117)。ところで、社民党を「ドイツを裏切る国際主義者」であり「プロレタリアートを裏切る修正主義者」であると非難するのは、国家社会主義をとなえるナチスのプロパガンダではなかったか。おかげで、両陣営が路上で闘わす激論さえも、最後には期せずして同意に落ちついてしまい、互いに当惑するという奇妙な光景が生みだされた。この光景はつよくヴェイユの脳裏に刻みこまれ、いちはやくナチズムとスターリニズムの相似性をみぬく契機となった。

3　有効な行動への模索

ヴェイユは「展望――われわれはプロレタリア革命にむかっているのか」(一九三三)でも、革命をになうべきドイツ・プロレタリアートの凋落ぶりと、官僚主導のソヴィエト連邦における労働者や農民の隷属状態をつぶさに分析する。「革命とは、それがために人が殺し、それがために人が死に、それがために人が大衆を死に追いやるくせに、なんら実体をもたぬ語である」(II-2 45)。ここ数世紀をふりかえっても永続的な革命の事例はみあたらない。一八四八年の六月蜂起や一八七一年のパリ・コミューンの例をひくまでもなく、真に自発的で革命的な昂揚は持続しない。いずれも一瞬の興奮がさめるやいなや、事態の収拾をのぞむ政府軍によってすみやかに制圧された。バリケードのうえで血を流したのは、労働者や貧しい民衆である。フランス革命では封建制の残滓を一掃するために、ロシア革命では資本主義的支配の整備に貢献するために。そして叛乱の実りは第三者の手に落ちた。そもそも理論的にみても革命は不可能だ、とヴェイユは言う。

改革や革命をぶちあげて歴史の方向を変えたり、圧制や軍国主義にたいする防御的または攻撃的な行動による救いを望んだりするのは、白日に夢みることにひとしい。……体制はそれじたいの墓掘り人を生みだすというマルクスの定式は、日ごとに残酷な否認をうけている。さらにいえば、奴隷状態が自由な人間をつくりうるなどと、どうしてマルクスは信じることができたのか。史上いまだかつて奴隷状態が奴隷の叛乱によって覆されたことはない。真実はこうだ。有名な銘句によれば、奴隷状態は当の人間にこれを愛さしめるまでに品性をそこなうのであり、自由というものは現実に自由を所有している人間にとってしか貴重ではない。さらにまた、われわれの社会のように全面的に非人間的な社会は、人間的な社会を築きうる人間を鍛えあげるどころか、その制度に服しているすべての人びとを、被抑圧者にせよ抑圧者にせよ、その制度にふさわしく造形するのである。(II-2 102)

抑圧する者も抑圧される者も、ひとしく既存の秩序の維持に貢献している。ひとしく外的な評価や価値観を内在化しているという事実によって。人間が社会をつくるのではなく、社会が人間をつくるのであれば、この閉じた連鎖をいかにして突破しうるのか。

被抑圧者は弱者であるがゆえに抑圧されているというのに、なぜ、ある日とつぜん強者へと変貌しうるのか。「科学的」マルクス主義者によれば、客観的にみて革命をうながす外的状況は整っている。しかし、担い手であるプロレタリアートの主観的な意識が現実に追いつかなければ、革命は現実のものとはなりえない。その逆もまた真である。物理的な状況を担い手がみずからの責務としなければ、外的状況はサルトルのいう状況《シチュアシオン》とはならない。革命とはすぐれて自由を行使するための契機なのだ。

また、ヴェイユは労働者を革命へとかりたてる煽動にも反対した。あまりにも不確実な成果しか望めず、あまりにも多くの流血と犠牲が求められるだけでなく、ほぼ確実に鎮圧されたのちに、以前にもまして苛酷な強制が加えられる。それを知りながら、暴動や蜂起をうながすのは犯罪行為である。革命という名の幻想は、実体がないからこそ、すさまじい供物を要求する。ひとたび革命にむけて放たれた情念にとって、中庸や抑制などは意味のない言葉である。これだけの犠牲を払ったのだ、それなりの戦利品を手に入れねば納得できない。中途半端な戦果で革命の見直しをするのは、流されたおびただしい血にたいして敬意を欠くふるまいであろう。この一見もっともらしい主張を、ヴェイユはきっぱりとしりぞける。これではギリシアやトロイアの戦士たちの論理と変わらない。ヘレネの実体なきうつろな影をめぐって、一〇年の長きにわたって戦い、勝利してなお祖国を衰退へとむかわせた古人の轍をふめというのか。

なによりも冷徹な判断と機敏な行動を要請する革命に、退屈な日常からの逃避、掠奪や破壊がもたらす暴力的な陶酔、玉砕覚悟の敗北の美学などを求める人びとには、とりわけはげしい嫌悪をおぼえた。一九三三年一一月、ヴェイユの主たる寄稿先であった革命的サンディカリストの雑誌『社会批評』に、バタイユによるマルローの『人間の条件』の書評がのった。ヴェイユはこのバタイユの革命観に共鳴しない。バタイユにとっての革命とは、非合理の勝利であり、おおいなる破局であり、病理的とおぼしき本能の解放であり、まったき消尽である、とヴェイユは反論する。逆に、自分にとって革命とは、合理性の勝利であり、損害を最小に抑えるべき方法論的な営為であり、高度の道徳性の体現なのであると(SP2 306)。

『人間の条件』は美しい本である。しかし限界もある。バタイユは本書にふくまれる否定的なものをとりわけ称揚している。このさい、とくと考えるべきは、革命的精神が一種の病気とみなされるべきか否かであろう。この小説の基盤をなし、すべての登場人物に共通するものは、パスカルのいう意味での気ばらしの観念である。すなわち、人間とはたえがたい苦悩なしには自己を意識できず、自己意識を喪失すべく行動に飛びこむのだという考えである。(SP2 308)

バタイユとマルローの悲壮な革命観を切りすてる一方、生命への愛なくして革命家たりえないと断じる。革命とは生命をさまたげる障碍との闘いだ。手段としてのみ意味がある。追求されている目的がむなしければ、手段はその価値を失う。人間の生命に価値がなくなるや、いっさいは価値を失うのだ(SP2 309)。ローザ・ルクセンブルクの『獄中書簡』を評価したのも、書簡集のすべてが「死ではなく生への憧れを、犠牲ではなく有効な行動への憧れを証言していた」(SP2 268)からだ。犠牲や危険にもひるまず勇敢でいられるのは、決意が固いからだ。逆に、決意が固まらぬうちに行動にでるべきではないとも考えていた。革命の不可能性を説き、病的な革命への熱狂をしりぞけてはいても、革命的な理想まで断罪しているのではない。すぐさま実現可能な展望ではなくとも、「実現可能な社会改革の理論的限界」(II-2 45-46)として、革命的な理想を構想すべきだろう。社会的抑圧の廃止こそが革命なのだから。ならば、社会的抑圧と社会的秩序への服従とのちがいはなにか。個人の言動に一定の制限を加える後者の強制は、社会生活を構成するには不可避な要素である。しかし状況しだいで、この不可避の強制は社会的抑圧に変わる。強制を加える者とこうむる者がはっきりと分断され、強制の枠組のなかで優位にある者が、肉体的にも精神的にも他者を制圧してしまうときだ。

ところで、技術の進歩や経済の拡大や生産力の増加などが、直接的には労働条件を改善せず、かえって多くの面で悪化させたことは、もはや疑う余地がない。自然の脅威というむきだしの圧迫は、いわば社会化されてより巧妙でソフトな統制へと姿を変えた。けっきょく、人間は自然と社会の二重の強制をこうむるだけだ。ルソーの「無知で幸福な野蛮人」でさえ自然の強制はまぬかれていない。現代人がこの二重の拘束から完全に逃れることは、夢想でしかない。ならば、すくなくとも労働者の肉体と精神を粉砕せずにすむような、あたらしい生産システムを開発すべきだ。さらに、こうした明確な目的意識に裏打ちされた努力には、絶望の深さが生みだす革命という名のまやかしをうち砕くという、副次的だが重要な効用もある。それに、「ひとたび行動を決意したならば、批判的検討によってほぼ根拠なしとみなされた希望であっても、行動の場面においてこの希望を堅持することはむずかしくない。それこそが勇気の本質なのである」(II–1 280)。

4　革命と抑圧のメカニズム

ヴェイユのスターリニズム批判は、スターリンを教祖とあおぐドイツ共産党の裏切りによって鋭さをましていく。やがて、スターリニズムを準備したレーニンの学説に、そしてレーニン経由でスターリニズムへと発展する要因を秘めていたマルクスの学説そのものにも、批判の矛先がむかう。まずはレーニンの『唯物論と経験批判論』を書評(一九三三)で槍玉にあげる。いわく、レーニンがおおやけにした唯一の純粋に哲学的な理論書といえる本書の目的はただひとつ、エンゲルスの唯物論から離反しようとする労働者運動の理論家たちを反駁することだ。肯定するにせよ否定するにせよ、結論とは検討のすえ導出されるものではないのか。ところがここでは、いっさいの検討をまたずして結論の正しさは保証されている。不可謬の専売特許を有する党が与える結論に、まちがいがあろうはずもないからだ。ヴェイユの反論はこうである。「しかじかの見解は、人間と世界との真の関係をゆがめる、ゆえに反動的だ」。これなら理にかなう。しかし、「しかじかの見解は、唯物論から離れて観念論へとみちびき、宗教に論拠を与える、ゆえに誤っている」。この恣意的な論旨からなにが読みとれるか。思考をなにがなんでも党公認の哲学体系に準拠させることが、自由な人間にふさわしい行為とは思えない。

「現在、ロシアの民衆に重くのしかかっている窒息的な体制は、レーニンが彼自身の思考にむきあう姿勢のうちに、すでに萌芽としてふくまれている」(II-1 304-305)。これではレーニンも、フランス革命を恐怖政治の血の海に沈めたロベスピエールと変わらない。ヴェイユは同じく『社会批評』によせた「戦争にかんする考察」(一九三三)でも、ロシア革命とフランス革命の類似性を浮きぼりにする。

ロシア革命の歴史は〔フランス革命と〕まったく同じ教訓を驚くべき類似性で提供する。ソヴィエト連邦の憲法も一七九三年の憲法と同じ運命をたどった。中央集権国家機関による専制を樹立すべく民主的な理論を放棄したとき、ロベスピエールがボナパルトの先導者となったように、レーニンはスターリンの先導者となった。ただし異なる点もあった。レーニンは強烈に中央集権的な党をかなり以前からつくりあげ、国家機構の支配を準備していた。その後、時勢の要請に合わせて自身の理論を歪曲したおかげで、ギロチンをまぬかれたばかりか、国家という新宗教の偶像の役回りさえ務めおおせたのである。(II-1 295)

その一年後、さらに同じ雑誌に「一四世紀フィレンツェのプロレタリア蜂起」(II-1 334-350)を寄稿する。民主制崩壊の引き金となった梳毛工《チオンピ》の乱を分析し、この蜂起を「プロレタリア叛乱の先駆」とみた。民衆の自発的な結集、掠奪や流血の禁止、市民軍に支えられた合法的政府など、後年のフランスやロシアのプロレタリア蜂起の特徴をそなえていたからだ。

一二九三年の「正義の法令」がゲルマン系の封建貴族を公職から閉めだすと同時に、新興勢力の商業貴族が共和国を掌握する。政治・外交・経済・民事にいたるまで、ありとあらゆる権力が二一の同業組合《アルテ》の成員の掌中に収められた。行政官の選任期間は短く、政務報告の義務があることを考えれば、職人の共和国の原型と呼べなくもない。ところが実態はさほど理想的ではない。裁判官、公証人、医者の自由業はともかく、銀行家、貿易商、毛織物製造者、絹織物製造者などが属するアルテ・マジョーリは、同業組合というより雇主組合である。石工、大工、肉屋、左官など加工業にたずさわる職人は、重要な政治的権限をもたないアルテ・ミノーリに属していた。フィレンツェ共和国の実権を握っていたのは、アルテ・マジョーリのメンバー、とくに大規模な金融・商業・工業資本を有する大市民《ポポロ・グラッソ》である。アルテ・マジョーリとアルテ・ミノーリに属する者だけが人民《ポポロ》であり、それ以外の職人や労働者の権利は無にひとしかった。

何度か蜂起があり、そのたびに鎮圧されたが、ついに一三七八年、ミケーレ・ディ・ランド率いる梳毛工《チオンピ》たちが市庁舎を占拠する。執行機関の最高責任者「正義の旗手《ゴンファロニエーレ》」となったランドは、時代を先取りする制度改革をおこなう。毛織物の熟練工のために二二番めのアルテを、未組織労働者やその他の小職人のために二三番めのアルテを、そして未熟練労働者のために二四番めのアルテ(細民アルテ)を創設したのである。こうしてすべての雇用者と労働者が、大市民《ポポロ・グラッソ》のアルテ・マジョーリ、小市民《ポポロ・ミヌート》のアルテ・ミノーリ、そして無産者の新設三アルテに属することになった。うまく機能していれば、雇主と職人と無産者の三者がほぼ対等に公職を分けあう、画期的な共和政が誕生するはずだった。

しかしこの早すぎた「プロレタリア」蜂起は、その後の多くの革命運動と同じ運命をたどる。「正義の旗手」ランドとアルテ・ミノーリの職人を中心とする穏健な合法政府に業を煮やし、過激化した細民は、一九一七年二月のソヴィエトにも似た非合法の独裁機関をつくりあげた。細民アナキズムに恐怖をおぼえた職人組合(アルテ・ミノーリ)の合法政府は、雇主組合（アルテ・マジョーリ）と手をむすび、昨日の盟友である細民アルテを粉砕した。過激な要求を叫ぶ細民の息の根がとまると、定石どおり、より穏健な主張をかかげていたランドと職人たち自身が、つぎなる弾圧の対象となった。合法政府の秩序を守ったランドが追放され、二四番めの細民のアルテをふくむ新設の三アルテすべてが廃止され、アルテ・マジョーリの支配の復活とともに、一三八二年にはすべてが以前の状態にもどる。いや、商人貴族による寡頭政治はいっそう強化され、細民の境遇はさらに悪くなっていた。

蜂起の失敗はより巧妙で悪質な抑圧をまねく。一七九四年、処刑される直前にサン＝ジュストは述べた。勝利を手にするのはみずから戦う者だが、これから利益をひきだすのは権力者だけだと。民衆は一時的な勝利の美酒に酔ったあと、一転して自身が勝利の歯車にかみ砕かれる餌食となる。無責任な革命幻想こそが民衆を滅ぼす阿片なのだ。一九三〇年代なかばにかけて革命と戦争の考察をかさねるうち、ヴェイユはこの確信を強めていく。一四世紀の民衆蜂起をひきあいにだして、労働者を勝算なき革命へとかりたてるマルクス主義学説を批判した。すぐれて一九世紀的な産物といえるこの学説において、革命は多少なりとも肯定的に戦争とむすびつく。一七八九年の革命家たちは、この輝かしい成果を他のヨーロッパ諸国にも輸出すべきだと考えた。叛乱はもはや犯罪ではなく、不正に苦しむ人民の正当な権利なのだから。かくて一七九二年、ジロンド派の主張により、革命の大義名分のもとに対外戦争が始まる。マルクスもまた、この「一七九二年の革命戦争」を革命の伝播闘争とみなす先入観をまぬかれていない。一九世紀前半には、戦争は革命家にたいしてもある種の威信をたもっていた。抑圧された民衆のための叛乱と解放戦争は、すくなくとも同じ程度に、変化を求める革命家たちに昂揚をもたらす夢だったのである。

しかし「戦争にかんする考察」(一九三三)でヴェイユは断定する。「革命戦争は革命の墓穴である。そして、戦争を指導する機構や警察圧力や特別裁判権や逃亡兵の処罰なしに戦争をするすべを兵士自身に、というよりもむしろ武装した市民に与えないかぎり、革命の墓穴でありつづける」(II-1 296)。戦争(内乱)へと拡大拡散した革命を、二通りの命運が待ちうける。ひとつは挫折の道。一四世紀のフィレンツェの非合法政府や一九三六年のスペイン人民戦線のように、反革命の血なまぐさい武力に屈服させられる。もうひとつは変貌の道。フランス革命やロシア革命のように凄惨な反革命に反転する。前者の典型はパリ・コミューンであるが、純粋に自発的な民衆蜂起という意味で、おそらく史上まれにみるこの企てが、いかなる結末をむかえたかは周知の事実である。

一四世紀のフィレンツェで、一八世紀のフランスで、そして二〇世紀のロシアで、抑圧のくびきに苦しむ不幸な民衆をかくも熱狂させた「革命」とはなにか。その根拠とされる「進歩主義」もしくは「技術革新による生産力の無限の増加」とはなにか。マルクス主義のヘーゲル起源は、マルクスの真摯な唯物論的アプローチを、精神ではなく物質が原動力となって歴史を展開させる「恒常運動機械論」へとねじ曲げてしまった。物質は精神の特性であるはずの「善への志向」を簒奪し、みずからが託宣をくだす神となり、生産力の無際限な増大を一種の宗教的教義たらしめた。「プロレタリアートの歴史的使命」(マルクス『フランスの内乱』)なる神秘的表現は、崇高ではあるが実体をともなわぬ信仰箇条にすぎない。

しかしマルクスの描く真のプロレタリアートとは、ヴェイユによれば、いたずらに既成秩序の転覆を望む不平分子ではない。搾取と疎外の現実をはっきりと把握し、その明晰な現状認識と使命感ゆえに、歴史上かつて類例をみない革命的集団のはずである。すくなくともヴェイユが報告するドイツ労働者は、このマルクスの神話的プロレタリアート像にかぎりなく近い。ただ不幸なことに、こうした労働者を支援すべき組織がみあたらない。ヒトラーの党は「必要とあらば、労働者の組織的な壊滅をもためらわぬ大資本の手中にある」。社会民主党は「支配階級の国家機関と癒着した官僚制の手中にある」。そして頼みの共産党はといえば、「外国の国家官僚組織の手中にある」。いずれも労働者の利益にはひとしく関心がない(II-1 133)。それでもヴェイユは、ドイツのプロレタリアートの基礎体力に期待をかけた。

資本主義経済の解体現象によって、労働者が民主主義諸国において、あるいはソヴィエト連邦においてさえも獲得したものを、反動の波のもとに奪いとられようとしている現状にあって、わたしたちの最大の希望は、世界でもっとも成熟し、もっとも規律正しく、もっとも教養のある労働者であるドイツの労働者階級に、なかんずくドイツの青年労働者に託されているのだ。(II-1 145)

いわく、ドイツの青年労働者は食うにもこと欠くのに、書籍を買い、学習サークルに出席し、議論をかわす。いわく、生きるために必要なものを手にいれようと奔走するのではなく、生きるにあたいする意味を求めている。いわく、自分がうけいれたのでもない古い体制が、若者の特権である未来を自分からあらかじめ奪っていることの不条理に気づいている。さらに、その不条理を表面的な怒りや暴力でまぎらわすことなく、しずかに、しかしたえまなく実感しつづけることで、将来より有効な行動をおこすためのエネルギーとして蓄えている、というわけだ。この「勇敢で明晰で友愛にみちた」青年労働者たちへの頌歌は、「フランスには若者と老人がいるが、ドイツには青春がある」という銘句でむすばれる(II-1 146)。美しくも健気な「ドイツの青春」が、政党や組合の無策ゆえに窒息させられていくのをみたとき、ヴェイユのなかでくすぶっていた革命にたいする最後の希望の火が消えた。と同時に、ヴェイユの青春にも幕がおりた。この時期の「カイエ」に、「ファウスト、夢想から現実へとむかう人間の歩み」(VI-1 146)と記されている。ファウストが魔術で手にいれようと望んだ放恣な夢想は、青年だけの特権である。青年期を終えた人間は、物質的な必然との日常的な闘いをつうじて現実と対峙する。夢想から現実へ、魔術から労働へと歩みださねばならない。

「自由と社会的抑圧の原因をめぐる考察」(一九三四)はその第一歩だった。雑誌に掲載する論文のつもりが、どんどん長くなり、ついにはちょっとした著作の分量にまで達した。とはいっても、やすやすと筆が進んだのではない。ヴェイユは母親に手紙を書く。「自分のなかにあるものを、ひと思いに、まるごと引っぱりだすのは、苦しいものです。残念ながら、こまぎれにしてちょっとずつ、というわけにはいかないのです。……『プロレタリア革命』のために記事を書いていたころは、いまにして思うと、なんの苦もなく書いていたのどかな時代でした。と同時に、なにもわからなかった遠い子ども時代のようでもあります」(SP2 302)。一九三四年五月に始まり夏には終わるはずだった論考は、ようやく一二月になって完成し、なかば冗談なかば本気で「遺書」と名づけられた(SP2 300, 313)。青春をしかるべく弔う墓碑として。あるいは「今後いっさいの政治的・社会的領域からの退却」(SP2 317)の決意表明として。完成の数日後、二五歳のヴェイユは工場労働者となった。

第二章　「遺書」としての「自由と社会的抑圧」

――パリ(一九三四年)

1　原初の自由と社会の抑圧

社会人になったヴェイユに強烈な印象を与えた人物がいる。ボリス・スヴァーリン(本名リフシッツ)である。ゾラの『ジェルミナル』の登場人物にちなむ筆名がしめすように、生粋の労働者にして革命的サンディカリストである。キエフ生まれのユダヤ系ロシア人だが、両親に連れられて三歳でフランスに亡命し、一四歳でフランス国籍を取得する。フランス共産党の創立者のひとりで、新生ソ連でレーニン主導の第三インタナショナル(コミンテルン)に名をつらねるが、やがてトロツキーとともに追放された。フランス共産党を脱退し、スターリンともトロツキーとも袂を分かち、独自の革命路線をつらぬく『プロレタリア革命』の編集に協力し、その後いっそうマージナルな『社会批評』(一九三一―三四)を主宰する。

なによりもヴェイユとスヴァーリンは、トロツキー以上に全体主義的なスターリン体制に批判的であり、ソ連はいかなる意味においても労働者国家ではないとみなす点で意見を同じくしていた。こうした見解はまだまだ少数派であった。トロツキー自身もこの時点ではロシア革命は成功したと考え、第三インタナショナルの存在意義を認めていた。その後の革命収拾の過程で「堕落」が生じてしまったことは遺憾ではあるが、それでもやはりソ連は労働者国家であると主張していたのである。しかるにソ連の労働者は、他の資本主義国家におけるのと変わらず搾取されていたのみならず、伝統的に認められていた唯一の抵抗手段であるストライキ権さえ奪われていた。ソ連はいかなる資本主義国家よりも冷徹で中央集権的な官僚国家なのだ。これほどあからさまな事実に、トロツキーほどの頭脳明晰で勇敢な活動家が気づかないのは、ヴェイユによれば、党から除名され亡命を余儀なくされた身でありながら、「共産党への迷信じみた執着」(II-1 113)に囚われているせいなのだ。

いちはやくソ連の官僚主義が労働者の敵であることをみぬき、いっさいの党派性を排し、熟練労働者を核とする組合再生をとなえる異端の革命家に、知性と技能をかねそなえた熟練労働者の理想をみたヴェイユは、自分が書いた論考の大半をスヴァーリンが編集する両誌によせた。前半生の力作「自由と社会的抑圧の原因をめぐる考察」も『社会批評』に掲載される予定であった。資金難から休刊に追いこまれた雑誌の有終の美をかざるために。ところが原稿の完成を待たずに休刊が決まり、締切や紙数を気にせず執筆に専念できたおかげで、長文の論考が生まれたのである。いまだ学生の論理と語彙の痕跡をとどめているが、マルクスの学説にたいする両義的な視線、革命幻想との訣別、共産党や労働組合への最後通牒をふくみ、まぎれもなくヴェイユ初期思想の集大成である。かつて一七歳にして、ヴェイユはアランの弟子の名にふさわしく、「考える主体であるかぎりにおいて、わたしは自由である。考える主体は必然的に自由だ。自由ならざるものは思考の客体でしかないのだから」と迷わず断定した(I 89)。この素朴な信仰告白は、九年後の「自由と社会的抑圧の原因をめぐる考察」でも、デカルトをもじった「われ思う、ゆえにわれ自由なり」でくり返される。似たような表現ではあるが、その根底にある含蓄はかなり異なる。悪化の一途をたどる時代の趨勢をみきわめた結果、論調が以前よりも現実的になったといえよう。

工場就労期の友人で『社会批評』の主幹ボリス・スヴァーリン(1895-1984)．1935 年.

ヴェイユは、科学技術の発達と社会制度の成熟が、おおかたの楽観的な予想を裏切りつつ、人間の自由を加速度的かつ不可逆的に浸蝕していくさまを描きだす(II-2 52–)。たしかに現代人は、集団的規模で考えるかぎり、大自然の脅威に汲々としていた原初の隷属状態を脱した。原始人がいやおうなく服していたその時々の直接的な欲求や恐怖ではなく、計画的な生産と分配にもとづく労働の法則にしたがって生きている。デカルトが『方法叙説』第六部で予言したように、「火、水、気、星辰、その他すべての物体の力と作用」を職人の道具のように駆使して、自然の支配者となるというわけだ。ところが個人としては支配からほど遠い。集団的支配の一翼をになうにもかかわらず、個人としての人間は、不可思議な転倒によって、原始状態とさほど選ぶところのない過酷な隷従へと転落する。生命をおびやかす飢えや寒さといった自然の専制をまぬかれると同時に、集団が構成する社会の専制のもとにおかれるからだ。

人間はかなりの度合において自然そのものからは解放された。どの程度まで解放されたというべきか。その度合は、欲求をみたすべく直接ふりむけられた仕事の割合で評価できる。行為と欲求の充足とのあいだに隔たりがあればあるほど、人間は自然にたいして自由である。自然の奴隷、それは休むことなく昆虫を追いつづける燕のことだ。狩猟、木の実の採取。しかしこの解放は、社会への隷属という代償を求める。人間は社会によって食物や衣服を与えられる。子どもが親に面倒をみてもらうようなものだ。こうして人間は永遠の未成年者となる。(VI-1 88)

社会的存在となった人間は、衣食住を親まかせでいられた子どものように、社会に依存し、人間どうしで干渉しあう存在となる。狩猟の獲物や木の実で飢えをみたすかぎり、自然の不作や不運に左右されることはあっても、自分以外の人間の意志に左右されることはない。ところが、飢えをしずめるパンを買うためには、まずなんらかの職につき、仕事でついやした時間と労力とひきかえに賃金を得て、パン屋に買いにいくという手順をふむとすれば、欲求とその充足のあいだには多くの中間項が介在する。仕事をクビになるかもしれず、クビにならずとも賃金の支払がとどこおるかもしれず、あるいはパン屋が休みかもしれない。自分では統御できぬ異質な(他者の)意志が、自分の欲求の充足をはばもうとする。このような状況において、異質な意志を制圧することは大きな誘惑となろう。ゆえに、抑圧者であると被抑圧者であるとを問わず、人間は権力への闘争へと追いたてられる。権力を手にした者はその保持に躍起となり、権力から遠ざかっている者はそれを奪おうと躍起となる。かくて権力闘争に終わりはない。

ホッブズがみてとったように、人間にとって最悪の敵対者は、もはやいきあたりばったりに猛威をふるう自然の諸力ではない。ほんとうに怖るべきは、自分のほうが優位とみるや、恣意的な欲求を押しつけてくる同類たちである。進歩は人間を抑圧する勢力を減じはしない。いうならば、勢力の管理権を惰性的な物質の手からとりあげ、人間自身が同類とともに構成する社会のメカニズムへと譲りわたすだけだ。「他者の存在、これこそが隷従をもたらす唯一の本質的な因子である。人間のみが人間をよく隷従せしめるのである」(II-2 82)。独裁者といえども隷従のくびきから自由ではない。主人が自分の奴隷に依存するように、独裁者はよりいっそう劇的に追従者に依存する。およそ社会生活を送るすべての人間は、なんらかの状況において、他者の意のままになっている自分をはがゆく思わずにはいられない。「にもかかわらず」とヴェイユはつづける。「自分は自由のために生まれたのだと感じずにはいられない。なにがあっても人間は隷従をうけいれることができない。けだし人間は考えるからだ」(II-2 71)。

しかるに多くの人間は、この原初的自由の喪失を、あるいは神意による懲罰として、あるいは奇蹟的なめぐりあわせで下賜される恩寵として拝受した。キリスト教の名においてであれ、マルクス主義の名においてであれ、この喪失を合理化するような夢想は「人民の阿片」でしかない。喪われた自由をふたたび身近にひきよせるには、自由の夢想ではなく自由の理解から始めるべきだろう。「自由と社会的抑圧の原因をめぐる考察」が「マルクス主義の批判」の章で説きおこされるのは、論理的必然であった。ヴェイユとてマルクスの画期的な業績を認めるにやぶさかではない。ただ、資本主義的抑圧のメカニズムを説明するマルクスの分析はあまりにも説得力があるので、「いかなる契機によるならばこのメカニズムの機能が破綻しうるのか想像もつかないほどだ」(II-2 31)と、いささかの皮肉をつけ加える。抑圧の経済的な側面、すなわち剰余価値の収奪にのみ着目するならば、その収奪は競争にむすびつき、さらにその競争は私有財産にむすびつく。その意味で、私有財産制度の廃絶はすなわち抑圧の廃絶である、と結論しても誤りではない。

だがマルクス自身も気づいていたように、資本家が傘下にある労働者を搾取するのは、享楽と消費への欲求のゆえではなく、競争相手の企業にうち勝って、かぎりなく事業を拡大する欲求にかられているからだ。労働者の従属は、仮借なき競争原理が要請する生産構造にもとづくものであって、個々の資本家の貪欲や正義感の欠如のせいではない。収奪が競争にむすびついており、競争が私有財産とむすびついているがゆえに、私有財産制を廃止すれば、おのずから競争も収奪もなくなる、と考えるのは単純にすぎよう。そのうえ、私有財産制を廃した社会主義国家であっても、国家的規模で競争するとなれば、すくなくとも資本主義国家と同じ程度には、労働者を搾取するしかない。国際競争での敗北は国家の根幹をゆるがしかねないからだ。地球上に勢力争いが存在するかぎり、そしてその勝利の決定的要因が工業生産であるかぎり、労働者の搾取はなくならない。

つまりマルクスの失策は、戦争という要因を明確に視野に入れていなかったことだ。せいぜいのところ、階級闘争の名のもとにおこなわれる社会戦争への言及が関の山である。時代的な制約もあるが、生産の諸条件が戦争の様式に従属することを理解しなかった。つまり一九三〇年代の労働者が闘わねばならぬ相手は、もはや資本家だけではないのだ。平時の失業と戦時の徴兵という二重の試練が待っている。軍隊・警察・官僚をもって構成される「国家《エタ》という機械仕掛」は資本家と結託して、労働者に敵対する。そもそもこの機械仕掛は労働者＝市民をかみ砕かずには機能しない。国家と企業は共通の犠牲者の肩に重い荷を負わせる共犯者だ。労働者を歯車装置の部品におとしめ、その状態に力ずくでとどめおくのである。肉体労働からはますます職人の技能と知識が失われ、労働者はより徹底的に機械に依存し従属させられる。大企業から下請けにいたるまで、すべてが軍需産業へと転身をとげ、さらなる利益をひねりだすべく腐心する。資本家の手中にある生産が競争の決着をめざすのであれば、国家官僚に牛耳られた技術者の手中にある生産が、戦争準備をめざすのは理にかなっている。「戦闘の技術、監視の技術、行政の技術というものがある以上、軍事的・警察的・官僚的職能が専門職であることをやめ、一般大衆とは区別される常備集団であることをやめる」(II-2 138)とは考えられず、したがって、資本家よりも国家官僚のほうが労働者の福利に心を砕くと考える根拠もない(II-1 274)。

ロシアの不幸な実験が証明してみせたように、一国社会主義が生みだすものは、理論を実践にうつすときの人間の不完全さがまねく不幸な過ちではなく、いっそう精巧で苛烈な労働者の搾取であった。資本家や大地主は姿を消しても工場は残り、搾取する側の顔ぶれは変わっても搾取のシステムや対象は変わらなかった(LP 184)。さらに一九三〇年代には、マルクスの分析が通用しないタイプの国家体制が誕生した。ドイツのナチスがまたたくまに築きあげた全体主義的な中央集権国家体制である。この新体制はロシアと一見まったく異なる様相を呈するが、じつはきわめて類似した体質をもっている。指導者にたいする党員ならびに国民の宗教的な帰依と、指導者を頂点とする堅固な官僚的ヒエラルキアの双方が、(秘密)警察組織によって確保されている。反対者は追放か獄死の運命、よくて強制労働を強いられる。このような息苦しさは、ヴェーバーが『職業としての政治』で予言したように、民衆の「精神的なプロレタリア化」をまねく。そして精神の貧困はかならずや「カリスマ的な指導者への渇望」を生むであろう。

ヴェイユによれば、ナチスの経済政策に同調するドイツの経済学雑誌『ディー・タート』は、ナチス・ドイツとソヴィエト連邦の類縁性を証明する。技術至上主義《テクノクラシー》の統制経済とも呼ばれ、スターリニズムやファシズムとの類似がとりざたされるこの潮流は、ローズヴェルト大統領の顧問団あたりを発信源に全世界を席巻中であった。『ディー・タート』派の経済学者は、さすがに私有財産を廃止せよとまでは言わないが、多くの点でソヴィエト連邦を未来国家の典型とみなし、この国家との軍事同盟すら説いてはばからない。こうしてヴェイユの抑圧の考察は、国境と体制をこえて増殖するテクノクラシー専制へと収斂していく(II-1 265-267)。

技術的および経済的な効率は、資本主義体制においてもソ連の体制においても、同様にありがたがられているお題目である。しかし効率の際限なき追求は、自然資源との関連でいえばエントロピーの増大を生み、労働者との関連でいえば支配の濫用を生むだけだ。ゆえに「労働者は、資本主義が生産に刻印した集団的形態を破壊することなく、労働の諸条件を掌握すべきである」(II-2 94)。所有と分配の形態を変え、生産手段を労働者に譲渡するだけではたりない。機械装置、作業過程、分業の程度、監視制度など、労働現場で生産を左右する諸条件を、労働者がより自律的に働けるように変えねばならない。たとえば、不自然な姿勢を強いられずに操作できる工作機械、思考を停止せずに専念できる作業スピード、自分の気ばらしに部下を苦しめるような監督者のいない作業場である。

2 分業の功罪

ところで近代の産業文明の本質は、専門化とそれに付随する分業である。生産過程における専門化と分業化は、専門家による素人の、つまりは技術者による労働者の抑圧を生む。分業によって隔離される両者を仲介するのは機械である。かくて労働と労働者の頽廃が生まれる。みずからうけいれた規律への服従は自由を疎外しない。スポーツや芸術における禁欲や自律が、より完全な自由へと飛翔するための手段であるように。ところが近代的な生産過程では、規律を課する人間と規律に服する人間が、決定的に分離している。そのほうが効率がよい、すなわち、より競争力が高い。しかも生命のない機械、管理という名の装置を介して、命令はくだされる。そして、もっぱら命令するだけの技術者や職制と、もっぱら拝命するだけの労働者、という半永久的な分業システムによって、両者ともに思考と行動が分断されてしまう。

こうして現代の科学者は古代の祭司と同一視され、人類にとっては平等ではなく不平等をもたらす張本人として糾弾される。そして、このあたらしい支配者のくびきの重みをもっとも切実に感じているのが、自分の理解をこえる機械に奉仕させられるブルーカラーの労働者なのである。ホワイトカラーの勤労者も、掌握不可能なシステムにくみこまれている点では同じなのだが、より間接的で複数の調節弁によって遮られているので、自分の従属性を実感せずにすんでいるにすぎない。だからこそ労働者の教育はすべてに優先すべき緊急の課題となる。代替不可能な特殊技能を有し、自律的に作業する余地を与えられた熟練工だけが、ヴェイユによれば、思考と行動の乖離をくいとめる最後の城砦だからである。しかしこの城砦でさえ大恐慌のあおりでゆらぎはじめていた。

一九三一年に社会人となったヴェイユが積極的にかかわったのは、労働者自身の連帯を重視する革命的サンディカリストの小集団である。サンディカへの傾倒は、革命や労働運動にまで専門家(党幹部や組合専従)と素人(一般労働者)の分離をもちこむ既成政党への反撥のあらわれである。それはまた、消滅の危機にあるフランス独自の職人の伝統への郷愁でもあったろう。小工房の親方―徒弟制度、徒弟による修業をかねてのフランス一周旅行など、前世紀の同業組合主義《コルポラティスム》の復活を期待していたのだろうか。

その意味で、ヴェイユはトロツキストではなく、異端的もしくは修正マルクス主義者でもなく、むしろブランキやプルードン、さらにはソレルなどに代表される、一世代前のフランス・アナキストの系譜につらなる。かつてソレルは『暴力についての省察』（一九〇八）で、「政治的ゼネスト」と「プロレタリア・ゼネスト」を峻別した。暴力をちらつかせての労使交渉である政治的ゼネストは「法規定的で暴力的」だが、国家暴力の絶滅を唯一の目的とするプロレタリア・ゼネストは「無政府的で非暴力的」である。目先の利益や譲歩とひきかえに抑圧的な社会秩序を救済する前者は、抑圧的な構造を法制度によって維持する暴力装置の片棒をかつぐ。重要なのは「神話としての暴力」、すなわち労働者がいだく革命への情熱なのである。その後、ベンヤミンが『暴力批判論』（一九二一）で「摂理的暴力」と呼んだアナルコ・サンディカリズムは、一九三〇年代初頭のヴェイユにとっても魅力ある選択肢であった。というよりも、わが世の春を謳歌するファシズムやスターリニズムに対抗しうる勢力は、ほかになかったのだ。

しかし、ひたすら悪化する状況にあって、熟練労働者に代表される自由な労働は可能なのか。すくなくとも現状ほど抑圧的ではない労働のありかたとはなにか。ヴェイユはプルードンの『私的所有とはなにか』(一八四〇)から、「職人のもっとも単純な天分が自分の利用する材料を自在にあやつるのは、ニュートンのごとき精神が軌道の距離・質量・公転を計算して惰性的な天体を予測するのと変わらない」という一節をひく。熟練労働者は、たんに労働運動だけでなく、より大きな文化的な脈絡においても重要な役割をはたすのだ(II-2 93)。そして科学知識を信仰の対象ではなく思考の糧とするには、科学教育の大衆化が不可欠である。自由にとってたいせつなのは、労働が方法論的であることではなく、働く主体のなかで方法論的に完遂されることだ(VI-1 100)。人間の外部で人間の意志と無関係に達成される自由など存在しない。方法論は労働者の身体のうちにこそ実現すべきものなのだ。

労働者から正当な報酬と労働の歓びをかすめとる元凶は、剰余価値を収奪する資本家だけではない。資本家の究極目的が私財の蓄積ならば、解決はしごく単純である。私的所有を禁止すればよい。ところが資本家がめざすのは権力の掌握であり、この目標は永続的な資本投資と事業拡張によらずして達成できない。資本家が本来は労働者に分配すべき剰余価値を収奪するのは、たえまなく投資と拡張をくり返し、競争相手を圧倒しつづけるためなのだ。のりこえるべきは経済機構ではなく、技術的で知的な障碍である。作業工程や機械の仕組、材料と加工の関係といった生産手段が、現場の労働者の知性と技術に語りかけるものになれば、生産手段は支配と搾取の道具であることをやめて、自由で協働的な労働をうながす純粋に実務的な道具となるはずだ。眠りこけていた精神は、不可解な情念にみちた世界から神的存在を祓魔《ふつま》して、物質の抱擁から身をふりほどく。同じく、道具や機械から神秘的な力の幻影を追い払うならば、労働者は心身をうちのめす屈辱から解放されるはずだ。たとえ労働につきものの疲労や拘束は残るとしても。

支配者の首のすげかえに終わらぬような有意義な改革は、生産様式の変革をつうじてのみ可能であろう。権力がほんとうに労働者の手にわたるには、労働者の団結は不可欠である。しかし、その団結を生みだすものは、「意見の共同体がつくりあげる想像上の絆ではなく、生産機能の共同体から生まれる真の絆」(II-1 74)でなければならない。改革の成否はもっぱら労働者自身の手にある。善意からにせよ、支配欲からにせよ、意見の統一をめざして煽動する知識人や専従活動家のリーダーシップは、断固として排除すべきなのだ。この技術的で知的な革命において知識人の役割があるとすれば、労働者が生産様式や技術上の改革を断行する手助けをすることであろう。この使命感にうながされて、新任の哲学教授ヴェイユは、リセの教壇にたつかたわら、夜間の労働者学校でフランス語、経済学、数学、物理学など、日々の労働や生活と直結した知識を提供する講義をうけもったのである。経済学の知識があれば、賃金体系や剰余や投資などの経済構造を理解し、複雑な数式ではじきだされる自分の賃金を把握する役にたつ。明快なフランス語は、説得力をもって抗議するには不可欠な能力だ。数学や物理学の概要を知るならば、作業場で動かす機械のメカニズムをあらかた把握し、複数の工程全体をみわたすこともできる。労働者がほんとうに必要とする知識を供給する、これが真のプロレタリア革命だ。知識は贅沢な教養でもなく暇つぶしでもなく、文字どおり日ごとの糧となろう。

デカルトは『精神指導の規則』で、いたずらに詳細な専門的知識を蓄えるのに熱心な専門家を批判した。彼らは「この世でもっとも公平に分配されている普遍的叡智」である「良識《ボン・サンス》」をなおざりにし、この普遍的叡智に寄与する研究だけが尊いことを知らない。アカデミックな難問奇問の解決ではなく、生活の具体的な状況において正しい判断をみちびきだす自然の光を育むべきなのだ。知性と才能の不足は探究の障碍とはならない。専門家が独占するデータの蓄積にすぎぬ認識に価値はない。しかし真に知るべき認識にかぎるならば、いかなる人間でも、専念と方法をもってすれば、人力のおよぶ範囲にあるすべてに到達できよう。そのさい学ぶべき学問は数学であり、その応用としての物理学である。デカルトの数学は、現代的な意味における数学のように、言語(=記号)の役割をはたすのではない。世界についての具体的な認識を構成するのだ。デカルトの物理学は純然たる幾何学である。いや、デカルトの幾何学はひとつの物理学だというべきだろうか。デカルト的比喩において、ある運動はべつの運動に、ある図形はべつの図形にというぐあいに、幾何学的な比例にしたがって転移されるがゆえに、純粋に物理学的な厳密さをたもちえた。幾何学的な類比は、個別的かつ具体的にたちあらわれる必然のメカニズムの総体を、その個別性を捨象することなく、普遍的な法則によって解明する手段とみなされた。個別と普遍を直観的につなぐデカルト的な物理幾何学こそが、一日の大半を個別的かつ具体的な現象とむきあってすごす労働者に、唯一の有意義で有効な知的武器を提供すると、ヴェイユは考えた。

「労働者にたんなる訓練ではなく、技術の十全な理解を与えて肉体労働に相応の尊厳を返し、労働の媒介により知性を世界と接触させて知性にその本来の対象を与える」(II-1 277)。これが労働者教育の眼目であろう。このような試みは以前にもあった。「民衆大学《ユニヴェルシテ・ポピュレール》」の拠点は一九世紀末から第一次大戦までに二〇〇以上を数える。しかしソレルのように、「民衆大学はドレフュス派の著作を読ませるための大宣伝」(『進歩の幻想』一九〇八)にすぎず、階級意識を骨抜きにし、労働者を堕落させた張本人であると糾弾する人びともいる。たしかに、この種の啓蒙運動には大衆洗脳の危険がつきまとう。これらの施設で教育をうけた労働者が知識人に似たものとなることが、それほど慶賀すべき進歩かどうかは疑問の余地があろう。だからといって、この種の試みをすべて廃すべきだろうか、とヴェイユは問う。むしろ、労働者文化推進のさまざまな試みの性質をみきわめて、ほんとうに必要で有意義なものだけを発展させればよいのではないか。

搾取者の専売道具のごとき様相を呈する文化全般に、労働者はふかい疎外感と劣等感をいだいているがゆえに、この知的エリートによる文化の占有を打破せねばならない。階級間にみられるはなはだしい教育の偏りは、知的労働と肉体労働の乖離を合理化し、悪化させ、再生産する。文化全般にたいする労働者の違和感や軽蔑をぬぐいさるには、労働者の血肉となりうる文化を構築する必要があろう。そのさい、エリートむけに蓄積された知識や技術の体系はあまり参考にならない。おおかたの労働者にとって、知識が抑圧の手段であって解放の手段ではなかったのは、たんなる不運でも偶然でもない。労働者にたいする知識伝達や技術教育そのものに、往々にして抑圧的な要素が内在してしまうのはなぜか。さらに、たんに抑圧的でも屈辱的でもないばかりか、労働に意味と尊厳を与えるような知識や技術とは、どのような種類のものなのか。この二重の問いに答える試みのひとつが、「自由と社会的抑圧の原因をめぐる考察」であった。

3　デカルトと近代科学の冒険

ヴェイユの理解するところでは、デカルトがあれほどの情熱をもって称揚した幾何学的に厳密な類比とは、個別的かつ具体的にあらわれる必然のメカニズムの総体を、その個別性を捨象することなく、普遍的な法則によって解きあかす手段であった。これなら労働者にも理解できる。デカルトが『方法叙説』の実践的な応用篇として著した『屈折光学』『気象学』『幾何学』が、投石器や葡萄の圧搾関連の機具や技術などの実例にみちているのは、素人うけする通俗化をめざしたからではない。理性的推論が感覚的吟味に批准されたとき、この物理学は完成するのである。

それゆえ、スピノザが「第一種の認識」と呼んで誤謬の温床とみなした知覚は、デカルトの物理学ではより肯定的な役割を与えられる。デカルトは『省察』で蜜蠟の比喩をもちいる。蜜蠟の知覚とは、視覚でも触覚でもなく想像でもなく、もっぱら精神による洞察であると述べる。その眼でみているつもりの一片の塊を、そのじつ判断力によってのみ了解＝概念化している。『屈折光学』の「盲人の杖」の比喩もしかり。手がつかんでいる杖を媒介として感覚的印象を間接的に知覚するのではなく、杖の先にある諸物をいわば直接に知覚するというわけだ。このとき、感受性はもはや手のうちではなく杖の先端にある。われわれにとって全宇宙がデカルトの「盲人の杖」たらんことを、ヴェイユは求めようとした。杖のように限定された一点ではなく、全宇宙をもって世界にふれるとは、自己を消失点とする遠近法的な視座を失うことだ。道具はある感受性をほかの感受性でおきかえる。自分の手の感覚はないが、フライス盤が部品に当たる感覚はある。水夫は自分の身体ではなく船の動揺をつうじて、波の動きを察知する。このように感受性を転置する技術が一人前の労働者を生む。これが労働に内在的な尊厳の根拠である。

精神と世界の関係は二重である。情念あるいは想像力に流されるなら、精神は世界にたいして受動的になる。しかし理性を梃子にするなら、世界にたいして能動的にはたらきかけることができよう。精神は諸印象をつうじて世界に屈服するが、ある種の思考をつうじて世界に痕跡を残すのだ。わたしはつねに二者である、とヴェイユは言う。世界を甘受するしかない受動的存在と、その世界に掌握力を有する能動的存在、この両者はいかにして結合するのか。ヴェイユは迷わず断言する。「真の行動、間接的な行動、幾何学にのっとった行動、あるいはその真の名で呼ぶならば、労働」(I 209)の媒介によってであると。この間接的な営為が、ひとたび失われた原初的な統一性をわたしにもたらしてくれる。外的世界は人間の無力さの証明であり根拠である。しかしひるがえって、間接的な行動の方法論的な蓄積である労働は、外的世界を手がかりに人間の可能性をひらく。ひとりの人間のなかで受動性と能動性を再融合させるのだ。

世界の特性とは並置である。そこでは、すべてが他のすべての埒外にあり、すべてが他のすべてと異質であってなんの関連もない。この世界を構成するものは、人間の意志や欲望とは無関係に、いかなる方向にも意味なくひろがりうる延長なのだ。この無媒介性が世界の特質なのであり、この無愛想な外界にたいして人間が有する唯一の手がかりは方向づけ、すなわち無媒介的で不分割な延長を分節する能力である。そして「労働とは、省察や説得や魔術とは逆に、当初の感情とも追求目的とも直接の関係をもたず、互いとも直接に関係のない、さまざまな行動の連続である」(I 209)。つまり労働とは間接性の法則なのだ。洞窟にすまう人間が入口を岩でふさごうとする。そのときなすべき行動は、入口をふさぐ目的とは直接にはつながらない。たとえば、岩を動かすのに必要な梃子がわりの厚板をさがす、岩を入口にむけて転がす妨げになる小石をとりのぞく。これら一連の予備的な行動は、入口をふさぐ動機である野獣への恐怖に逆らって遂行される。「精神の混乱と受動性が想像力を野放しにする」(II-2 103)のであれば、逆に恐怖は理性的な行動によって克服されるといえよう。恐怖は想像力に身をまかせる人間を餌食にする。しかし、想像力を抑えこむのは、間接行動をひとつずつ積みかさねる理性である。たえず異なる姿をとって、メネラオスの捕獲を逃れようとするプロテウスの努力はむなしい。つぎつぎに変貌する仮象のうちに連続性を認めるメネラオスは、眼前にいかなる仮象がくりひろげられてもその手をゆるめず、ついにはこの老獪な「海の老人」(『オデュッセイア』)を根負けさせるだろう。人間は労働によって自然を根負けさせるのだ。

近代科学は労働に方法論を与えた。しかし同時に、純粋に客観的なデータを得るために、労働から重要な要素を奪った。すなわち労働から尊厳を捨象したのである。ある部品のビスを締めるのが、聖人であっても悪人であっても、得られる結果は同じである。愛にみちた観照のうちに締めようが、憎悪と倦怠のうちに締めようが、できばえに変わりはない。奴隷の労働にもとづく近代科学は、この機械的で無関心な必然を表象する。

飢えた人にパンを与える行動は、近代科学の観点からは、機械的必然の複雑な網目からなる世界において、ひとつの計測可能な物理的な現象でしかない。パンを与える行為そのものは、聖人でも凡人でも悪人でも変わらない。しかし聖人の与えるパンは相手をはずかしめないのに、ある種の与えかたをされたパンは相手をおとしめる。後者の場合、与える側は優越感と自己満足を、与えられる側は強制された感謝と卑下を味わう。与える者が心から感謝されないのは、与えられる側の忘恩のせいではない。自分が他者にとって善行をおこなう機会でしかないことに、善行をうける側が気づき、恨めしく思うからだ。パンの一片を飢えた人に与えることは自然な行為であるが、物を買うのとは異なる身ぶりでパンを与えるのは奇蹟に近い。それ以外の施しは売買行為だ。自然的な動機にもとづく施しは不幸な人を買うのである(AD3 133-134)。聖人であっても肉体性をそなえている以上、風に吹かれて枝から落ちる木の葉と変わらない。ただの物質的な塊だ。聖人はいわば物質に宿った善にほかならない。全世界に独裁者のごとく君臨する物質的必然の原理と、この物質的必然に強制ではなく説得によって協力をうながす善の原理は、聖人というひとつの実体のうちに共存しうるのである。

善と必然がとりむすぶこの不可思議な協力関係は、古代ギリシア以来、科学者が解明しようとしてきた謎である。たとえばルネサンスの錬金術師は、みずからの徳と叡智を成功に不可欠の要素とみなしていた。ところが、錬金術が化学にとってかわられたとき、科学的探究に決定的な変質が生じた。ラヴォワジエが成功させた酸素と水素の結合は、手順にしたがえばだれにでも再現できる。つまり近代科学の究極目的は、応用可能な諸技術の一覧表の作成にあるのだ。実証性と客観性に重きをおく近代科学が考察する人間は、一定の条件のもとに一定の行動類型をしめす機械奴隷である。宇宙は必然の法則にしたがう無数の歯車の集合体にすぎず、そこでは善を考察する余地もなく意味もない。一方、古代ギリシア人は宇宙に永遠の調べを聴き、天空に美しい円運動を認めた。美や善にたいする関心の有無が、ギリシア科学と近代科学を不可逆的にへだてる分水嶺であった。

4 科学教育の大衆化

サンディカの仲間のなかで強烈な印象をうけたひとりに、女工時代に知りあった労働者出身の技術者ロベール・ギエヌフがいた。フランスの労働者のひとつの典型である無政府主義的なサンディカリストで、腕のいい指物師だったが、共産党員となってシベリアの材木工場に派遣された。機械工としても管理者としても生産にかかわった経験から、共産主義体制下であっても管理的立場は例外なく抑圧的であることを実感し、職制の地位を辞退する。技術専門学校に入学して数学や機械工学を学び、航空エンジン会社の技師となるも、恐慌の余波をうけて失職する。ふたたび工場で働くことになるが、「一度も旋盤にさわったこともなかったのに、最初の日から、同僚たちに専門の旋盤工だと思われるほど、みごとな手さばきで旋盤を回し」(CSW mars–juin 1998 3)、ヴェイユを驚かせた。

ヴェイユは「工場日記」でギエヌフに言及し、「数学を学ばなかったせいで、機械は労働者にとって神秘となる」(II-2 261)と記した。労働者が機械に安心感をもてないのはなぜか。理由がわからないから怖いのだ。調整いかんで機械はがらりと様相を変える。あたらしい操作法を調整工に尋ねると、自分の貴重な時間を失うばかりか、不機嫌な調整工からいやみのひとつも聞かされねばならない。機械の知識を断片的に有する調整工はたいてい横柄で、自分を頼るしかない未熟練工をさげすんで溜飲をさげるからだ。しかしギエヌフにとって機械は神秘ではない。手作業のコツを呑みこんでおり、機械の仕組を理解していたので、最初から熟練工なみの手つきで旋盤を回すことができた。労働者が真に自立するには、手先の熟練と同じくらい、数学や物理学の知識を必要とするのである。

ギエヌフにあてた長文の手紙(CSW mars–juin 1998 2–4)の主要なテーマは、

工場就労期の友人ロベール・ギエヌフ(1899–1986)，ロシアにて，義理の両親(前列)と息子とともに．

労働者の科学教育である。数か月まえに完成した「自由と社会的抑圧の原因をめぐる考察」でも論じられたテーマであるが、ギエヌフへの手紙を読んでみると、工場就労によって問題の所在がさらに絞りこまれた印象をうける。「これ以上苦しまずにすむように、こうした生活におけるもっとも強い誘惑、もうなにも考えまいとする誘惑に屈したくなる」(CO 51)ことを身をもって知ったからだ。くる日もくる日も流れ作業のために細切れにされた思考の断片を、どうすれば整合性をもって再統合できるのか。労働者にとっての日常はたえまなき思考停止である。そのために賃金が支払われているも同然だ。思考は尋常ならざる努力を要請する。これが労働者教育をはばむ最大の障碍であった。

そこでヴェイユが望みをかけたのは、代数的操作にとってかわる類比《アナロジー》による直観的な把握である。おのれの脳内のミクロコスモスに秩序を与えるために天球を範型とせよと説いたプラトンは、現実の天空の等速円運動を真似よと言ったのではない。外見上は似ていない人間の脳と天球が類比によって関連づけられるように、木彫りの鳩時計と総チタン仕上げの腕時計も、機能的には類比関係にある。ヴェイユは「類比のみによる物理学」(VI-1 73)を教育の基盤とみなす。類比のみが既知の現象にもとづく新仮説の構想を可能にするからだ。光の性質を教える類比的な方法は複数あろう。デカルトは光と噴射を比較し、ホイヘンスは光と水に落ちる石が描く波状を比較し、ヘルツは光と電磁気を比較した(I 353-357; VI-1 73)。より一般的には、日々の仕事の手順のなかでだれもが経験する単純な知覚にふくまれる精神の操作と、方法論的な科学知識を構成する精神の操作とのあいだに、明確な類比性をうちたてればよい。両操作をへだてる差異は、程度の問題であって質の問題ではない。これがあきらかになれば、一般大衆と科学者のあいだに穿たれた深い溝を、前者に過度の緊張を強いずに乗りこえられるはずだ。科学選良による一般大衆の抑圧は、前者の後者にたいする偏見と優越にもとづく以上、類比による教育の普及によって粉砕できる、とヴェイユは確信していた。

そもそも人間の思考は、個別の事物にむかうときに精確さを獲得する。一方、推論は普遍的な方法なしには妥当性を欠く。個別に固有の精確さと、普遍に固有の妥当性をいかに両立させるのか。類比による思考によるならば、このジレンマも解消されるはずだ(S 111-112)。絵画や彫刻の均衡のとれた美しさは、計算や分析の助けを借りずとも、一瞥で感覚と理性に入りこむ。同様に、科学的な知識を説明するために使う類比は、できるだけ多くの人の感性にかなうように、できるだけ数多く、精確であるほうがよい。かつ、全体像を直観的に把握するには、類比はできるだけ単純であるほうがよい。こうして記号はデカルトが『精神指導の規則』で構想した地位へ、悟性ではなく想像力にうったえかけるという役割へと連れもどされる。そのとき科学的な作業は芸術家の仕事に似たものとなろう。

あたりまえの作業をこなす労働者があたりまえに使っている方法は、じつは専門家が閉じた空間で進めている研究とも類比関係にある。科学は一部の特権者の独占物ではない。科学を万人が誇ることができる共通の遺産とすること、これがヴェイユのめざした科学の大衆化である。そのためにも科学の体系化は不可欠なのだ。古代ギリシアやルネサンスならいざしらず、今日において、ひとりの人間が科学の全領域をくまなく理解することは不可能である。当代一級の数学者といえども、現代数学のすべてを把握することはむずかしい。応用科学や技術の分野にいたってはなおさらである。しかし、この専門化こそが科学の体系化をはばみ、無数に分化された特権階級の専横をまねいているのだ。そこで科学の発展の一歩一歩を刻み、それぞれの発展段階を有機的に組み合わせ、しかも全体を一挙に把握できるような鳥瞰図を、近代科学の法則にのっとって、一般大衆にも手のとどくかたちで描くべきだろう(S 125)。

ところが事態は悪化の一途をたどっている。一九三〇年代のテイラーシステムと恐慌による不況は、多くの熟練工を単純労働に従事させ、より多くの未熟練労働者をいっそう分断された単純作業に追いやった。

労働者はますます技術的知識を失い、技術者もまた労働の実態を知らぬばかりか、その能力のおよぶ範囲は、たいていの場合、かなり限定された一領域にすぎない。

……技術者は自分の利用する知識の理論的基礎を知らず、科学者は科学者で技術的問題に関与しないばかりか、理論的教養の本質である鳥瞰的な視座を欠く。全世界をみわたしても、自分の専門分野にかかわる歴史や発展の概要を把握している科学者の数は、両手の指でたりるだろう。専門外の学問領域でも真に能力を発揮する科学者となれば、まずは皆無である。(II-1 271)

科学は不可分な統一体であるから、もはや厳密な意味での科学者は存在せず、科学的研究をおこなう労働者が存在するだけだ。科学者もまた、おのれの包括能力をはるかにこえる全体に埋没する一歯車にすぎない。労働者にかぎらずほとんどすべての人間にとって、科学知識が思考ではなく信仰の対象となってしまうのは、科学の有機的な全体像を欠くがゆえに、判断する材料と方法論をもたぬままに決断を求められるからだ。ならば、専門化の名のもとに分断された科学知識を、有効な大衆教育によって有機的につなぎあわせればよい。知識の体系を労働者に把握できるものに再生させる。これこそが真の革命なのだと、ヴェイユは言う。革命とは、なによりも個人の自由を増大させる契機であって、社会的・経済的な構造改革と同時に知的体系の構造改革をもたらすものだ。「集団ではなく個人を至高の価値たらしめたいのだ、ということをわれわれは忘れまい。われわれすべてを細分化するこの専門化を廃することで、まったき人間を復活させたいのだ。労働者にたんなる訓練ではなく技術の十全な理解を与えることによって、肉体労働にふさわしい尊厳を与え、また、労働という手段によって知性を世界と接触させることで、知性にその本来の対象を与えたいのである」(II-1 277)。

「啓蒙の光」が全世界をくまなく照らすまでは共産主義の到来を不可能と考えたブランキも、科学がすべての個人の現実生活と一体をなすことを望んだバクーニンも、知的労働と肉体労働の恥ずべき分離の解消を求めたマルクスも、一般大衆への知識の普及をもって革命を完遂させようとした点において、まさしく本物の革命家である(II-1 307-308)。そして、これらの革命家に先だち、デカルトは『方法叙説』の冒頭で「良識《ボン・サンス》はこの世でもっとも公平に分与されているものである」と宣言した。良識が一部の知識人の特権ではなくて、万人にひとしく分有される共通本性であるならば、真理は万人によって認識されるはずである。この世に真理があまねく認知されていないとしても、欠けているのはしかるべき方法論の普及であって良識ではない。ゆえに方法論の教授はひとつの義務となろう。この論理的帰結にしたがって、デカルトは自分の従僕たちに数学を教え、そのうちのひとりをオランダの大学の数学教授に育て(LP 192)、職人が自分の技術を支える理論的基礎を学べる技術学校を構想した(II-1 309)。このような教育者デカルトは、ヴェイユの理解では、マルクスの弟子たちを凌駕する実践的で誠実な革命家なのだ。

ヴェイユにとっての工場就労は、理論と運動における挫折を現場主義で打開するための苦肉の策ではない。刻一刻と変わりゆく政治状況や労働環境をにらみつつ、ようやく実現された数年来の計画であった。肉体と精神を同時に行使する能力はつねにヴェイユを魅了してきた。ヴェイユが敬愛したアッシジのフランチェスコやアラビアのロレンスは、世塵をはなれて隠遁者になる前は、ともに有能で勇敢な戦士であった。ふたりとも、武勇と精神の明晰という往々にして相反する資質を併せもっていた。三〇歳で大佐に昇進したロレンスは、前半生の華々しい軍事的成功と名声をすて、三四歳のとき偽名で空軍の二等兵となる。匿名の一兵卒として生きるために。より自由に朗らかに生きるために放浪と清貧を選んだフランチェスコと同じく、ロレンスはより誠実な作家活動のために一種の象徴的な死を選びとったのである(CSW juin 1987 131)。

沈思黙考型の思索家にはいざというときの行動力がなく、勇猛果敢な行動家はあれこれ思案して無為な時間をつぶしはしない、という俗説がある。しかし、行動と思考の二律背反は存在しない、と一七歳のヴェイユは断言した。「注意《アタンシオン》が先行しない行動は行動ではなく、眠りのなかで身体が動いているにすぎない。かかる行動は魂にとっては受動である。自分を殺そうとした水夫たちにむかって剣を抜いたデカルトは、その瞬間に行動をおこしたのではない。行動をおこしたのはその直前である。なぜなら、デカルトは数においては圧倒されていたので、……デカルトの強さはもっぱら大胆さにのみ依存していたからだ」(I 316)。自分を売りとばそうとする水夫たちの謀議をもれ聞いたデカルトは、相手の機先を制してさきに剣を抜く。数人の荒くれ者とわたりあうにも単身では絶対的に不利である。にもかかわらずデカルトは複数の剣を制した。注意から生まれた必然的な行動だったからだ。「思考の歴史へと意気揚々と旅立つフランスの騎士デカルト」とペギーが称える「冒険者デカルト」は、「幾何学者デカルト」のもうひとつの相貌だったのである(I 98)。

5　貨幣・機械化・代数学

近代科学から現代科学へといたる過程において、二〇世紀初頭にエピステーメーの変換が生じた、とヴェイユは言う。抽象的な記号操作を重んじる現代代数学は、類比による世界の把握を過去の遺物とし、近代以降のデカルト主義に破産を宣告したのであると(C2I 14, 33, 103, 138; C2III 144; S 111–115)。デカルトは眼と手をつうじて精神を世界とじかに接触させる労働の科学を構想したが、たちまち大きな障碍につきあたった。人間の精神には限界がある。一挙に把握すべき関係性がふえるにつれ、明確な把握はむずかしくなるのだ。ところが、明晰なる概念が自然にたちむかうための武器となるには、かなり多量の概念が蓄積されていなければならない。そこで個々のデータをつなぐ必要が生じるのだが、具体的なデータを記号化してつなぐのが、もっとも便利で安易な方法である。こうして肝心の概念はデータからこぼれてしまう(CSW mars-juin 1988-9)。マルセイユ時代の論考「科学とわれわれ」(一九四二)は、ギリシア／近代科学と現代科学をへだてる断絶を論じ、断絶の主たる原因を一九〇〇年前後に登場した量子論に帰する。

質から量への転移の操作はすぐれて代数的である。概念すなわち記号内容《シニフィエ》を記号《シーニュ》におきかえることで、思考のおよぶ領域は飛躍的にひろがった。ちょうど、近代以降の労働が目的を手段におきかえることで、雇用主による被雇用者の収奪を強化させ、生産効率を飛躍的に高めたように。しかし支払った代償は大きい。記号と記号内容のむすびつきは恣意的であるので、その関係性を忘れずにいるのはむずかしい。連想のない記憶は定着しないのだ。そこで、記号と記号内容の関係を自明の法則とみなすことで、不可解な組み合わせを不可解なまま活用する。つまり思考が自動的になる。自動的な思考とは、けっきょくは思考の不在である。記号と記号の組み合わせは、厳密でありつづけつつも、思考にとってはきわめて不透明な操作となる。同様のメカニズムによって、細分化されたオートメーションやテイラーシステムなどの合理化は、仕事をこなすための方法論を人間の身体と精神から引きはがし、機械や作業工程へとうつしいれるのだ。具体的な諸項の鎖をとかれた系列の無限定な集合体となった代数学が、思考する機能を人間の精神から記号の体系へと転移したように。単純な操作も代数学の計算も、まさにその普遍性のゆえに、ひとたび理解されるやどこまでも無限定に無批判に適用されうる。そのつど理解する必要はない。逐一の検討は無益であり、たんなる時間の無駄である。

かくて労働における合理化は、労働者から考える余地をすこしずつ削りとっていく。ひたすらネジ一本を回すだけの作業、メーターの針の一定の動きを監視するだけの任務に、創意工夫はむしろ邪魔である。工場において思考する役割は人間ではなく機械がになうのだ。死せる労働が生ける労働にとってかわった、とマルクスなら言うであろう。方法論的な労働もまたしかり。仕事が方法論的に遂行されるには、諸工程が多すぎず複雑すぎず、ふつうの労働者にも全過程が掌握可能でなければならない。ところが、近代以降の工場の現実はこれに逆行する。原料から完成品まで、中間に介在する工程が多すぎて、個々の人間が全体を把握することができない。方法論は人間の外部に逃れていく。

現代世界の頽廃の特徴のひとつとして忘れてはならないのは、努力と努力の結果とのあいだの関係を具体的に考えられなくなったことだ。仲介物が多すぎる。他の場合と同じく、この関係はいかなる思考のうちにもやどらず、ひとつの事物、すなわち貨幣のうちにやどる。そして貨幣はその存在様式ゆえに、努力と努力の結果という二項をつなぐ思考のうちに深淵をうがつのである。(VI-1 99-100)

「貨幣、機械化、代数学——現代文明の三つの怪物、完全なる類比関係」(VI-1 100)とヴェイユはいう。この三者は類比関係にあるだけでなく分かちがたく関与しあう。この三種の偶像《フェティッシュ》のまえでは、懐疑と洗練をきわめる現代人もひれふす。代数学は機械化を推進する応用科学を生みだし、熟練職人の矜持を支えていた生産物の品質は、単純労働者の賃金をみちびきだす出来高にとってかわられた。これもまた質から量への転移である。貨幣は現実の個物と切り離された記号となって、究極の互換性を与えられ、いよいよ便利な手段となる。貨幣は万能の仲介であり、究極の偶像である。

質が量に変移するプロセスのなかで、手段もまたあざやかに目的に変移する。膨大な量を処理するために不可欠となった代数学的な発想が、この変移の元凶である。そして近代以降、あらゆる領域において、量をこなす代数学的手法はますます重宝されるにいたった。現代の科学も労働も代数学も、代替可能な項の組み合わせによる増殖が可能だからだ。その増殖のスピードはすさまじく、個人のかぎられた思考の努力をあざ笑うかのように、幾何級数的に膨張する。ギリシア以来の中庸の観念は失われ、貨幣が貨幣をはてしなく生む金融操作の過剰がもてはやされる。かつて神々の憎悪をかった身のほど知らずの過剰への欲求、すなわち傲慢《ヒュブリス》は、もはや悪徳であることをやめた。質よりも量が尊重される時代となって、デカルトが『方法叙説』で力説した「単純性《サンプリシテ》」は、似て非なる概念の「一般性《ジェネラリテ》」に座をゆずる(VI-1 95)。幾何学的「単純性」にたいする代数学的「一般性」の優位は、質にたいする量の優位を決定づけたのである。

量の領域に移行した思考は個人の手におえなくなり、いやおうなく集団の支配する領域に入る。個人の思考を逃れでた体系は、社会的なもの、つまり集団的思考に吸収されてしまう。したがって思考を個人の領域にとどめおく工夫が必要だ。「社会にたいする個人の依存は専門化に比例し、個人にたいする社会の依存は必要な活動の機械化に反比例する」(II-2 77)。雇用主は効率の向上をうたって専門化をおし進めるが、労働者にとって、専門化とは熟練労働から単純労働への転落にほかならない。そして労働の専門化はかならず管理の専門化をまねく。

労働の領域において本質的機能をになうのは機械である。生産と消費を関連づけ、生産物の交換を規定するのは貨幣である。さらに、調製と指導の職能が一個人の知性と思考にとって重すぎる場合、この職能は奇妙な機械仕掛にゆだねられる。すなわち、その部品とは人間たちにほかならず、その歯車装置は規則や関係や統計によって構成される、官僚組織と自称する機械仕掛なのである。(II-2 96)

フェティッシュとしての貨幣、とめどなき機械化、代数学のあまねき覇権は、集団にたいする個人の従属、つまりは集団的思考にたいする個人の思考の従属をもたらす。ところが厳密にいえば、集団的思考なるものは存在しない。個人がその微々たる存在感とあらゆる限界をもってしながらも、おのれを無限に凌駕する集団を圧倒しうるのは、もっぱら思考の領域においてである。にもかかわらず個々の人間は、独自に存立しえない系列が現存する諸項を規定するように、存在すらしない集団的思考なるものに呪縛されている。この呪縛をうち破らねばならない。肉体労働に本来の尊厳と役割をとりもどすことによって。肉体労働から苦痛をなくすことは不可能であるのみならず、肉体労働がもたらす苦痛が堕落や頽廃をひきおこすともかぎらない。芸術や学問とは方法を異にするけれども、労働もまったく等価値の営みである。これらの営為はどれもみな、宇宙の現実、真理、美、さらには宇宙の秩序を構成する永遠の叡智との接触なのだ。ところが一九三〇年代の失業の恐怖と流れ作業は、労働にたずさわる人びとの思考を停止させ、宇宙との貴重な接触の可能性を粉砕した。

革命の機は熟せり、とマルクスが判断してすでに一〇〇年がたった。ところが機は熟すどころではない。マルクスの革命プログラムじたいに齟齬があったからだ、とヴェイユは言う。マルクスは生産力の拡大と社会システムの転覆とをむすびつけ、その変化の触媒役に労働者を指名した。しかし、社会のメカニズムに密接にくみこまれた抑圧の諸因子が、なぜ理由もなく霧散するのかを説明していない。大工業、機械、労働の堕落があるのに、いかにして労働者は歯車以外のものたりうるというのか。一介の歯車が、いかなる天与の僥倖ゆえに、ある日とつぜん「支配階級」となれるのか。「自由と社会的抑圧の原因をめぐる考察」で、ヴェイユはこれらの問題点を析出したが、明快な解答には達せなかった。その後に飛びこんだ工場でも対処法をみいだしたとは思えない。ただ、生身の労働者たちと同じ視線と挫折感を共有し、生涯消えることのない「奴隷の烙印」(AD3 42)をうけ、なにかが決定的に変わってしまったと感じた。ヴェイユが工場で得たものは、伝達や検証が可能な知識ではなく、安易な言語化をしりぞける深い孤独をともなう感受性であった。

第三章　教室・工場・戦場のはざまで
――パリ／バルセロナ(一九三四―三六年)

1　教室から工場へ

本章から第五章にかけて論じる第三期(一九三四―四〇)は、ヴェイユの生涯の分水嶺である。工場就労や人民戦線の挫折やスペイン内戦の経験をつうじて、ヴェイユは不幸のなんたるかを理屈ではなく身をもって知る。社会の底辺にある人びとをうちのめすのは、苛酷な労働からくる疲労や経済的な逼迫だけではない。恒常的で不可避の身体的な苦痛に、社会的な失墜と心理的な屈辱が加えられるとき、言葉もなく名前もない真の不幸が生まれるのだ。ヴェイユは工場のなかで不幸の酷薄な相貌をかいまみる。以前から、この世界に多くの不幸があることは知っていたし、そのことが頭から離れなかったが、はっきりと実感したのは初めてだった(AD3 141-142)。本章であつかう一年半ほどのこの時期は、学生時代のなごりであるアカデミックな論争癖を完全にふりきって、ときに言語化をこばむ現実とむきあうための通過点となった。まずはアランの教室でかたちを整えられ、やがて工場と戦場という究極の鍛冶場で容赦なく打たれて、ヴェイユの思考は一気に硬さと鋭さをましていく。

一九三三年一〇月から翌年四月まで、ヴェイユはロアンヌのリセで哲学を教えた。高等師範学校を卒業して最初のル・ピュイ(一九三一—三二)、翌年のオセール(一九三二—三三)から数えて、すでに三つめの赴任地である。学校当局や保守的な保護者からみると、労働組合や失業者への過剰と思える肩入れや、バカロレア受験準備など念頭にない型破りの哲学講義は好ましいものではなかった。ヴェイユの講義を視察した大学視学官の報告は、両義的である。「生徒のために骨身を惜しまず」、「優秀な知性の持ち主であり」、「その信念と無私の精神は賞讃すべきである」(JC1 80-81)と述べる一方で、およそ系統だっているとはいえない講義はしばしば生徒の理解能力をこえており、「きわめて急進的な政治的見解ゆえに職場でも孤立している」とも指摘する(JC1 79-80)。

それでも哲学級の生徒たちは、この風変わりな哲学教授の人柄と講義に心酔し、自分たちは受験用のつめこみではなく本物の哲学を学んでいるのだと感じた。受験用の手引書や練習論文を無視し、クラスで使用されるテクストであるデカルトの『方法叙説』と『省察』、カントの『プロレゴメナ』、プラトンの『国家』を熟読した。しかし視学官はバカロレア合格率の低下を予測し、その予測は的中した。表むきはこれが理由で、どの職場からも一年かぎりで追われ、転任は年中行事となった。

ヴェイユは教育者として失格だったのだろうか。そうは思わない。たしかにバカロレア合格率は下がったが、受験勉強ではなく「哲学をした」数人のすぐれた教え子が育った。かつてラニョーがアランに教え、アランがヴェイユに教えたように、ヴェイユもこのふたりの先人にならい、さまざまな主題で文章を書かせ、徹底的に添削した。主題はできるだけ現実に即したものが選ばれた。たとえば知覚と認識のかかわりを意識させるために、「感覚だけをたよりにある事物を記述せよ」という課題をだした。ある生徒は消しゴムを選んだ。その作文はなかなかのできであった。

ロアンヌのリセ，校長(前列右)と４人の生徒(後列)と．1933–34 年ごろ．

さらに、小学校教諭セレスタン・フレネの印刷教育法にヒントを得て、よく書けた作文はタイプさせた。「書かれた言語の本来的な意義は印刷されたかたちで読まれることにある」(JC1 78)と考えていたのだ。ル・ピュイ時代の生徒は、「偉大な思考は、書くまえの反省からではなく、筆の先から湧きでる」(JC1 52)というヴェイユの言葉を書きとめた。オセールでの講義は、「この一年で期待すべきことは、ひとつの意味をもつ文章が書けるようになることです、哲学者になるには時間がたりませんから」(JC1 75)という言葉で始められた。意味のある文章は意味のある思考に不可欠の前提なのである。

こうして書くことを身につけた生徒のひとりが、『シモーヌ・ヴェイユの哲学講義』(一九五九)の編者アンヌ・レイノーである。ロアンヌ時代の教え子のレイノーは、ヴェイユの哲学講義をかなり詳細に記録し、貴重な資料にまとめあげた。ヴェイユは講義を生徒に書きとらせるタイプの教師ではなかったし、編者も速記術を心得ていたわけではない。この講義録は、あくまで一七歳のリセの生徒が理解して書きとめた記録であって、ヴェイユ自身の手になるテクストではない。それでもこの講義録は多くを語る。この時期のヴェイユは、翌年に工場就労を始めるに先だって、社会的抑圧のメカニズムについてはかなり明確な概念をいだいていた。なぜ抑圧がみえないのか。「踏みにじる側はなにも感じず、感じるのは踏みにじられる側というぐあいに人間はできている。抑圧されていた人たちの側に身をおいて、ともに感じるのでなければ、このような嘘の仕組を理解することはできない」(LP 142)。ロアンヌの教室でこう語ったとき、学期終了後に予定していた工場就労が念頭にあった。工場での労働は、社会的抑圧の仕組、あるいは抑圧を持続させている嘘の仕組を実感するために、避けることのできぬひとつの通過儀礼《イニシアシオン》であった。その後のヴェイユは労働の神秘を語りつぐ秘儀参入者《イニシエ》となろう。

ヴェイユは家族を離れて、パリの労働者街に間借りをし、失業者に支給される手当で暮らした。恵まれた境遇にある多くの人間に欠けているものは、不幸な人びととの現実的な接触ではない。あたかも塵や芥のように、あるいは透明人間のように遇されている人びとが、自分とまったく変わらぬ人間であることに思いいたる能力である。こうした洞察力は経験によって自然にそなわるとはかぎらない。たとえ労働者階級の出身であっても、のちに企業家や職業闘士に転身した人間が、かつての仲間の労働者の気持を理解できるとはかぎらない。労働者は外界から隔離された孤島の住人である。外部の人間には孤島に近づくすべがないし、そもそも近づく気にもならない。運よく島を抜けだした人間はふり返ることを嫌う。だからこそ、島と外界をつなぐ架け橋となる人間が必要となる。ヴェイユはこの架け橋になろうとした。

後年マルセイユで書かれた「工場生活の経験」(一九四一—四二)は、ヴェイユがみずからに課した使命を物語っている。外部の人間がこの孤島をどこまで理解できるかという疑問はあろう。そのような期限つきの実験的経験は、永続的にそこにとどまらざるをえない人びとの経験と同じではないのだから。選択の余地があることじたいが贅沢である。しかし例外もあろう。「自分が外部からやってきて、またそこへ帰っていくことや、いまここにいるのは旅の途上にすぎぬこともすっかり忘れて、自分自身が感じているものと、人びとの顔、眼、仕草、態度、言葉、大小さまざまなできごとのうちに、自分が読みとるものを不断に比較しつづけるならば、ある種の確信が生じてくるはずだ」(CO 252)。

一九三四年六月、ヴェイユは文部省に一年の休職を申しでた。理由は「個人的な研究」である。申請書には「重工業の基礎である現代技術と、現代文明の本質的諸相との関連について、すなわち一方では現代の社会機構、他方では現代文化との関連について、哲学の学位論文の準備をしたい」と記されていた(SP2 300)。たんなる便宜上の嘘ではない。休職までして実現にこぎつけた工場就労は、あらかじめ設定した緻密な仮説にもとづく実験であった。理論を内側から照射し、経験による修正を理論へと返すために、不可避の現場検証なのである。一九三一年に始まるアナルコ・サンディカ系の労働運動への参加を第一段階とすると、一九三四年末の「自由と社会的抑圧の原因をめぐる考察」がとりくんだ労働理論の批判と展望は第二段階である。工場就労はいわば労働問題研究の第三段階であり、理論と実践を統合する試みだったといってよい。学位論文の執筆にはむすびつかなかったが、この経験はさまざまな脈絡において言語化されることになる。

2 テオリアとプラクシスの統合

前半生の思索を総括する「遺書」をしあげ、そのまま息つくまもなく未熟練女工として、アルストン工場で日がな一日旋盤を回すようになったのちも、ヴェイユは書くことをみずからに義務づけた。かつて教師として生徒たちに書くことを奨励したように。この「工場日記」には他の「雑記帳《カイエ》」にはない特徴がいくつかある。ふだんはバランスよくきちんと書かれる文字が、せせこましく縮こまっているだけでなく、文章が頁の端に偏っていたりする。疲労のせいか、誤字脱字が多い。省略文字も多い。それでも最初から、この「日記」を科学的な観察記録と位置づけていたらしく、表記法に工夫がみられる。ノートの左頁には日付や具体的なできごとやデータが、さらには仲間の男女の未熟練工、熟練工、機械調整工、監視役、時間測定係や出納係についての詳細な観察が、右頁にはそれらに関連するメモが記されている。左頁と右頁では内容も文体も異なる。客観的な観察でうめられる左頁とは対照的に、右頁では主観的な記述がめだつ。

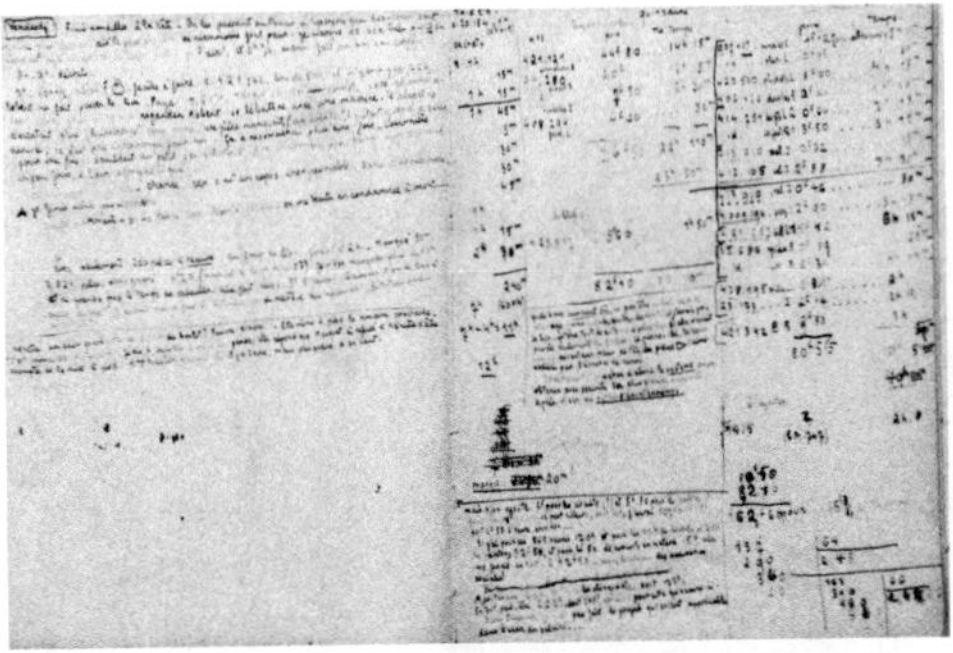

「工場日記」の手稿．右頁にはアルストン工場での給料計算．1934–35 年ごろ．

上役の理不尽なふるまい、仲間のちょっとした思いやり、そのときどきの気分が語られているのだ。ヴェイユはふたつの実験を並行させようとしていた。まず、工場でどのように作業が進められ、どのように管理がなされているかを、できるだけ精確に把握し描写する。さらに有効なデータを収集すべく、自分をふくめた労働者たちがこの状況をどう感じているかを、やはりできるだけ公平に細大もらさず書きとめた。

毎日の作業工程や進捗状況、出来高払いの給料の煩雑な計算法、機械の故障の頻度や原因、同僚や上司との会話や噂話にいたるまで、体力と気力がゆるすかぎりこまごまと書きとめられた「工場日記」は、哲学的な思索が大半をしめる通常の「雑記帳《カイエ》」とは趣を異にする。これは省察の記録ではなく臨床の記録なのだ。ヴェイユが工場で働いたのは、一九三四年一二月四日から翌年八月二三日までの約九か月にすぎない。それすら病気や解雇のせいで断続的であった。しかし、せめぎあう使命感と疲労感にみちた「工場日記」は、一九三六年にカタロニアの前線で記された「スペイン日記」と双璧をなす。いずれも真摯な思索の軌跡をリアルタイムでしめす日記であると同時に、部外者にはうかがい知れぬ現場の雰囲気を伝える貴重な資料でもある。ゆえに、簡潔な描写や観察が思いもかけず読者の胸をうつ。

労働者をほんとうに苦しめるものは、一見つまらない現象のうちにあらわれる。たとえば、作業に使う腰掛けが人数分だけないので、椅子とりゲームのようにかならずだれかがあぶれる。製品を入れる箱もたりない。恒常的に不足する箱を工員どうしで奪いあう光景は、殺伐とした雰囲気を生む。友愛はほとんど不可能だ。賃金は製品の出来高払いだから、腰掛けや箱をさがす時間はそのまま賃金の減少にはねかえる。しかも賃金計算の基本になる勤務時間の測定係も賃金を支払う出納係も、おざなりな態度で、しばしば正しくない数字を(なぜか多めではなく少なめに)はじきだす。疲れはて全気力をふりしぼって働くが、手に入る賃金の少なさに泣きたくなる。自分の労働と正当な報酬が、他人の気まぐれに左右されるのは、ほんとうに情けない(II-2 263)。こうした些細だが日常的な失望や屈辱感が、すこしずつ労働者の自尊心をむしばんでいく。仲間うちでの嫉妬もたえない。割のいい仕事がほかの連中にいくのではと、だれもが疑心暗鬼である。一サンチームでも多く稼ごうと必死なのだからむりはない。

後年、マルセイユで書かれた記事「工場生活の経験」(一九四一―四二)は警告する。「場末の街を徘徊して、もの悲しく薄暗い部屋や家や路地をのぞいてみたところで、そこでどのような生活が営まれているかを理解する助けとはならない」(CO 241)。労働者の悲惨のおおかたは、工場においてこそ日々再生産されるのだ。作業工程や管理の構造そのものが労働意欲を阻喪させ、機械の不可解性と職制の恣意性とがあいまって最悪の不安な雰囲気をかもしだす。労働者にとってなにより抑圧的なのは、気まぐれな監視役や横柄な調整工の存在である。仕事が求める規律や物理的拘束ではなく、他者の意志への不合理で不透明な従属こそが、労働者をうちのめす元凶なのだ。こうしてヴェイユは、労働者への科学教育の必要性と、工場の施設や管理体制の変革の必要性を、いままで以上に切実に感じることになる。いやおうなく一日の大半をすごす工場で、労働者が自分は尊厳ある人間であり、自分の労働には意味があると実感できなければ、どれほど賃金が上がろうと、労働環境や条件が良くなろうと、根本的な解決にはならない。いかに誇りたかい労働者であっても、自分はなんの権利もなく発言力もない異邦人として、機械を操作するためではなく機械に奉仕する付属品として存在するにすぎないと、なにかにつけて思いしらされるならば、矜持と思考力をたもちつづけることは不可能であろう。そんなものはないほうがずっと作業ははかどるし、なによりも苦しまずにすむ。かくて思考の放棄は工場内における最大の誘惑となる(CO 16)。

ところで、いっさいの叡智は労働者の手に委託されている。ただし個別の労働を抜きにしては実現しないようなかたちで。ところが労働者はこの委託の事実を知らない。労働者から不当にも奪われている叡智を、類比をもちいて個々の労働と関連づけねばならないのだ。プロタゴラスの有名な銘句「人間は万物の尺度である」(プラトン『テアイテトス』)は、主語を「労働する人間」におきかえれば、ヴェイユの銘句ともなろう。働く人間の身体は精神が機能するために不可欠の場である。自然の諸力と無活動状態の人間のあいだには、いかなる均衡も存在しえない。前者は後者を無限に凌駕するからだ。しかし、人間はおのれの生命を再生産する手段、すなわち労働をもって、自然の諸力に拮抗する均衡をみいだすことができる(VI-1 87)。だからこそスピノザは『エチカ』で、「きわめて多くのことがらに有能な身体を有する人間の魂は、その大部分において永遠である」(VI-1 87)と言ったのだ。

この世界には、労働のみが変化させうる物質の世界しか存在せず、これを理解することが真の叡智である、とヴェイユは言う(I 217)。この叡智の利点は、すべての労働者が体得しうることだ。嵐のなかで舵をあやつる舵手や、麦穂を刈るために鎌をふるう農民は、「ワレ思ウ、ユエニ、ワレ在リ」が諸概念をあつかうのと同じ方法で、自分自身と世界を知るのだ。荒海のただなかに放りだされた精神は、おのれの位置を知るにまったく無力である。しかし渦巻のまんなかに一定の操作をおこなう帆と舵をそなえた船をおくならば、帆と舵をあやつる身体をつうじて、精神は自分のおかれた位置の確定はできぬまでも、おおよその予測はできる。刻一刻と変化する外界の諸力を、かなりの精度をもって列挙することもできよう。ヴェイユは言う。「道具はすべて、その完全性に程度の差こそあれ、偶然を限定するための手段である。人間は自己の周囲から偶然を払拭することはできないが、すくなくとも自己の内部から偶然を排除することはできる」(II-2 76)。

おのれの身にふりかかる偶然を封殺することはできない。しかし偶然のおよぶ範囲を予測し、対処法を考え、その衝撃をやわらげることはできる。それが叡智というものだ。人間は神のように世界を無から創造することはできないが、ひとつだけ神を真似る方法がある。与えられた必然の素材を使って創造することだ。ヴェイユが「自由と社会的抑圧の原因をめぐる考察」にかかげたエピグラフは、マルクス・アウレリウスの「理性をそなえた存在は、あらゆる障碍をおのが労働の素材となして、有効に活用することができる」(『自省録』)であった。外界は人間におのれの限界を知らしめる障碍であるが、この障碍なくしては外界におのれの意志を刻むこともできない。水夫は自分を翻弄する波と風があるからこそ、これら自然の諸力をあやつって小舟を思いのままに動かすことができる。このとき水夫は真に創造的な存在となる(II-2 75)。

働く人間はみな自分の周囲にあらたな世界を創出する。各人は創造者の資格において平等であり、自己と他者の労働のわざを類比的に理解するがゆえに、働く人間たちは協働へとうながされる。自分の機能を理解するのみならず、他者の機能を同程度に具体的とまではいかずとも、概念としては明確に把握できるようになるからだ。すくなくとも小規模の作業場では、それぞれの労働者は類似する障碍をのりこえるべく、同じように理性を活用せざるをえない。こうして互いが運命共同体であることを心から理解する。オーケストラの団員や船の乗組員はその典型である。ヴェイユによれば、働く者どうしの協働関係を基礎にするかぎり、表面的で一過性のものであれ、複雑で永続的なものであれ、すべての人間関係は健全である。すでにこの考えは学生時代の論文草稿にも認められ、宗教と対置された労働に軍配があがる。協働は「なにものにも替えがたい荒々しい友愛を現出せしめる」。「平和を生みだすのはこのぶっきらぼうな友愛である。家族や恋人やある種の友人、さらには同じ宗教を奉ずる人びと……をむすびつける愛着が、平和を生むのではない。これらの愛着はあまりに甘美な一致を育むので、あらゆる争いの種となる」(II–2 91–92)。

ここで名指しされる宗教とは、広義の意味におけるいっさいの党派主義をさす。感情はすべて特殊な対象にむかう。理性が普遍をめざすのとは逆に、感情は特殊を求めるがゆえに排他的になりやすい。ところで、労働の場で発揮される協働の精神は排他的ではありえない。同じ目的をめざして同じ手段でたちむかう人びとだけが、人間的な絆である友愛を築く。他方、情緒的で甘美な特殊性は、仲間ではなく他者を自動的に生みだす。この排除にもとづく社会的な絆が生むものは、自由と平等へとひらかれた友愛ではなく、拘束と序列をもたらす執着である。友愛と執着は似て非なるものなのだ。平和ではなく争議の元凶となる広義の党派心は、晩年の主著『根をもつこと』で詳細に論じられることになる。

3　工場から戦場へ

一九三六年七月一七日、スペイン「革命」勃発を知ったヴェイユは、躊躇なく剣を抜きはなったデカルトにならうかのように、すぐさまバルセロナ行きを決意する。従軍記者の資格でスペイン入国のヴィザをとり、騒乱勃発の三週間後の八月八日にはスペイン国境をこえていた。左翼連合の人民戦線《フレンテ・ポプラール》政府を打倒すべく、フランコ将軍一派がモロッコで旗あげし、カタロニア農民は合法政府を支持して決起した。ヴェイユはカタロニア農民を支援すべく国境をこえる。のちにスペイン内戦へと発展する騒乱は、軍部をたのみとする地主階級や教会勢力への民衆の根ぶかい反感を糧に燃えあがった。ヴェイユの参戦の理由は明確だった。ジョルジュ・ベルナノスへの手紙(一九三八)にはこう書いた。「一九三七年、わたしはパリにいました。戦争は好きではありません。ですが、戦争でわたしをぞっとさせるのは銃後の状況です。いかに自制しようとも、心情的にこの戦争に参加しないわけにはいかない、つまり毎日毎時、一方の勝利と他方の敗北を願わずにはいられないことを理解したとき、パリは自分にとって銃後であると考えるにいたりました」(EHP 221)。

当時の多くの左翼青年にとって、カタロニアは最後の希望だった。ヨーロッパではすでに下火になっていたアナルコ・サンディカリズムも、カタロニアではいまだ健在であった。一八七二年、第一インタナショナルがマルクス派とバクーニン派に分裂したときも、カタロニアの全国労働連合（ＣＮＴ）はアナキストの盟主バクーニンを支持した。自発的な労働者の共同体《コミューン》と労働組合《サンディカ》による革命を説き、いっさいの党や組織主導の「上からの革命」を拒否したＣＮＴの姿勢は、ヴェイユの共鳴を呼ぶものであった。当初はマルクス主義統一労働党（ＰＯＵＭ）に接触するも、前線での危険な任務を与えられないと知るや、ＣＮＴの領袖のひとりドゥルーティ率いる分隊に合流したのも偶然ではない。

そのうえカタロニアには、数年後にヴェイユを魅了することになる南仏のラングドックにつうじる魅力があった。「カタロニア」は「ラングドック」と同じく、地域をさす名であると同時に言語の名でもあり、いずれも「イスパニア」あるいは「フランス」にたいして一定の距離をおき、国民国家の一地域としてではなく、より広義の意味での地中海文明圏の一員たりつづけようとした（HT 16-17, 44, 86-87）。「ラングドック」が「一二世紀のルネサンス」を育んだように、「カタロニア」は「一九世紀のルネサンス」と称される輝かしい文芸を生んだ。さらに、独自の税関、貨幣、領事、自治政府、国民議会《コルテス》などを擁する独立心旺盛な都市国家《シテ》の名でもある。「カタロニアは祖国《パトリ》で、スペインは国家《ナシオン》だ」というカタロニア人の主張に、ヴェイユはふかく賛同したはずだ。

こうしたカタロニアの特殊性を背景に、ＰＯＵＭは中央集権的なスペイン共産党と正面きって対立し、国内の左翼陣営のなかでも孤立の危機にあった。「レーニン主義に立つが反スターリン主義であり、トロツキストのシンパであるがトロツキーからは批判され、その原則に異議をとなえつつも左翼連合に加わり、内戦の展開のなかで人気を得てきたソヴィエト連邦には猛烈に敵対した」(PVi 65)。この孤立無援の反共姿勢が、『カタロニア讃歌』(一九三八)のオーウェルやヴェイユのような周縁的知識人の共感をよんだのだ。やはりPOUMに好意的な報告を書いたオーウェルによれば、当時の西欧諸国において、共産主義は一部の富裕層の人びとを惹きつけたが、トロツキー主義のほうは一年に五〇〇ポンド以上の所得者層には完全にそっぽをむかれた(HT 707)。つまり共産主義がある時期までは一種の知的スノビズムたりえたのにたいし、トロツキー主義は真に貧しい人びとの占有物だったというわけだ。

一九三〇年代初頭の労働運動と共産党の隆盛は、ヨーロッパの政治地図に大きな変化をもたらした。各左翼陣営の共同戦線から生まれた人民戦線政府は、そのひとつである。一九三一年、スペイン・ブルボン家の王アルフォンソ一三世が退位し、一八七四年に復古した王政は幕を閉じた。「労働者の共和国」を自称する第二共和政の誕生である。女性や兵士にまで普通選挙権を拡大した完全な議会制民主主義の勝利とみえた。やがて一九三六年二月、総選挙で人民戦線派が圧勝する。その勢いはピレネーの国境をこえた。同年五月、フランスでも人民戦線が勝利したのである。しかも一九三一年制定のスペイン憲法は、一九一九年のワイマール憲法に範をとっていた。当時もっとも民主的とされたワイマール憲法が結果的にヒトラー独裁を準備したように、皮肉にもこのスペイン憲法がフランコによる軍事独裁の呼び水となるのである。ドイツの「アーリア人種の優越」やイタリアの「ローマ帝国の再興」のかわりに、スペインでは「生きかた」や「過去」が右翼陣営のアイデンティティとなった(PVi 31)。スペインの農民や労働者をけちらしたフランコ派の軍勢が、「エル・テルシオ」(スペイン領モロッコの「外人部隊」)と「ムーア人」(モロッコの「正規軍」)から大量にリクルートされていたとしても、このアイデンティティ信仰にかげりはなかった。実体ではなく旗印が問題なのだ。

イギリスとフランスの態度は、ドイツとイタリアの態度と対照的であった。ヒトラーとムッソリーニは、フランコ叛乱軍がモロッコで旗あげするや、一週間後には軍事支援を決定した。ところが、政権の座にある保守党がフランコ派に共感していたイギリスは不干渉を決めこみ、イギリスに牽制された人民戦線政府の首班レオン・ブルムは志を同じくするスペイン政府への援助を断念した。イギリスやフランスの厭戦気分は強く、正論が通じにくかったとはいえ、議会制民主主義の及び腰や国際政治のかけひきの歪みがあらわになった瞬間である。英仏二大国の優柔不断な姿勢は独伊西のファシスト連合を奮いたたせた。右翼陣営は「ボルシェヴィキ＝ユダヤ人＝秘密結社フリーメーソンの陰謀」(PVi 22)のかけ声のもと結束を固めた。一方、左翼陣営は「プロレタリア革命の実現」というお題目のほかに気のきいたスローガンをもたなかった。かくてスペイン内戦は各勢力の角突きのアリーナと化す。ファシスト勢力とソヴィエト勢力をともに全体主義の変種とみなし、民衆をまどわす幻想と断ずるヴェイユにとって、この内戦はあらゆるイデオロギーを冷静に値踏みする絶好の機会であった。ヴェイユの同窓生のスペイン史家ピエール・ヴィラールの表現によれば、「われわれの世代にとって、スペイン内戦は、ヒトラーの脅威、ムッソリーニの虚勢、議会制民主主義の蒙昧、そしてソヴィエトの謎(強いのか弱いのか、希望なのか地獄なのか)を意味したのである」(PVi 4)。

4 変貌するマルスの顔

ヴェイユがCNT義勇軍に合流してまもなく、司祭ひとりと大地主三〇人ばかりを「処刑」したと報告する仲間に、「ファシストだったからか」と問うと、「いいや、だが、まあ、ファシストも同然のやつらなんでね」という答が返ってきた。ようするに「気にくわない連中だった」という意味だ(II-2 381)。この地域のアナキストたちの反聖職者感情は強かった。聖職者と大貴族《グランデ》(=搾取者)の結託は、彼らの眼には自明の事実であったから、聖職者は捕まればただちに殺された。カタロニア沿岸のある地域では、犠牲者の四三・八パーセントが聖職者だったという。「しあわせになりたきゃよ、くそ、地主は吊るせ、坊主はふたつにぶったぎれ」とぶちあげたフランスのアナキストの歌そのままに(PVi 108)。いずれにせよ、捕虜もなく裁判もない戦争である。ヴェイユは言う。自分だって捕まればすぐにも銃殺だ。それもしかたがない。こちらの陣営もずいぶん血を流した。おそらく罪のない血も大量に。しかも自分も精神的には共犯である。罪がないとはいえない(II-2 380)。

スペイン内戦の経験がもっとも痛切な響きをもって語られるのは、ベルナノスへの手紙においてである。ベルナノスはスペイン系フランス人で、右翼カトリシズムと反ユダヤ主義を標榜するアクシオン・フランセーズに属し、思想的・政治的にはヴェイユの対極にある。スペイン内戦初期は心情的にフランコ派にくみし、その息子はフランコ派の義勇兵として戦う。しかしベルナノスはまもなくフランコに幻滅し、評論『月下の大墓地』(一九三八)でフランコ陣営とカトリック教会の癒着と欺瞞をあばいた。この評論を読んで感銘をうけたヴェイユは作者に手紙を書く。「あなたは王党派で、ドリュモン〔強硬な反ドレフュス派にして反ユダヤ主義者のカトリック右派〕の弟子ですが、それがなんだというのでしょう。アラゴンの民兵だったわたしの仲間たちよりも、あなたのほうがはるかにわたしに近いのです」(EHP 221)。和気あいあいの食事の席で、「ファシストの坊主ども」を殺した手柄話に興じる仲間のアナキストたちにふれて、ヴェイユはつぎのようにつづけた。

世俗にせよ教会にせよ、なんらかの権威ある当局によって、生命になにがしかの価値があるとされる人間の埒外に、ひとつの範疇に属する人びとが定められるやいなや、こうした人びとを殺すこと以上に自然な行為はなくなります。懲罰も非難もこうむらずに殺せると知るなら、人は殺すものです。あるいはすくなくとも、殺人者たちを励ますような微笑を送るのです。たまたま最初はいささかの嫌悪を感じたとしても、これをあえて口にはせず、いくじなしと思われたくなくて、すみやかに押し殺してしまいます。衝動あるいは酩酊のようなもので、よほどの強靭な精神力なしには、この誘惑に抵抗することはできません。思うに、こうした精神力は例外的なものです。わたしは寡聞にしてそのようなものを眼にしたことがないからです。

(EHP 223)

たとえ高邁な理想にもえて戦地に赴いたとしても、残虐で無意味な殺戮が正義の名のもとに正当化されるうち、殺人をなんとも思わなくなっていく。恐怖や憎悪にかられた人間は、いくらでも勇敢にも残忍にもなれるものだ。アナキストたちは「ファシスト坊主」を殺し、フランコ軍は「アカども」を殺す。どちらも相手を「生命になにがしかの価値があるとされる人間の埒外」において殺戮の対象とするので、いささかの良心の痛痒も感じない。ヴェイユとベルナノスは対立しあう陣営にそれぞれ共感をよせていたが、ふたりとも両陣営に共通する血なまぐさい嗜好を唾棄したのであった。

武装した人間と丸腰の人間とをへだてる深淵も、前線のヴェイユを驚かせた。それは富裕な人びとと貧しい人びとをへだてる深淵を思わせた。とつぜん小銃を手渡された一七かそこらの少年が、武器をもたない農民や市民を軽蔑せずにいるのはむずかしい。自分の一挙手一投足に顔色を変える人びとをまのあたりにして、どうして力の幻想に酔わずにいられよう。この陶酔のただなかで、犠牲的な概念をいだいて志願兵となった人びとが、またたくまに無慈悲な傭兵になりさがる。そして残虐行為の増加とひきかえに、人間として払うべき敵への敬意の感覚は失われていく(EHP 224)。攻撃を心理的にはばむものは、もはやなにもない。

前線に配属後まもなく、ヴェイユは不運な事故で脚にやけどを負い、戦線離脱を余儀なくされる。おそらくこの事故がなければ戦死したであろう。自分の身を守るためには銃を使うまいと決めていたからだ。フランコ派の影響下にあるシトヘスの病院ではろくな治療がうけられず、一九三六年九月末にピレネーをこえて帰国する。その二か月後、世界じゅうから集結した国際義勇兵《インテルナシオナーレス》の「国際旅団」が、はじめてマドリード市内を練り歩いた。ヴェイユはPOUMに復帰する気でいたが、その後の状況の変化ゆえに戦線には復帰せず、「スペイン日記」は中断された。しかしこの二か月でヴェイユは知る。カタロニアの農民蜂起がスペイン全土を覆う内戦へと変質し、さらには全ヨーロッパ列強をまきこむ第二次大戦の前哨戦、あるいは新兵器の実験の場へと変貌をとげていったことを(EHP 221)。

反フランコ派の民兵服姿のヴェイユ，シトヘスにて．1936 年．

スペイン内戦のドキュメントで、ベルナノスの『月下の大墓地』と並んで、ヴェイユが共感をよせた著作はアーサー・ケストラーの『スペインの遺書』(一九三八)であろう。ケストラーはブダペスト生まれのユダヤ人だが、自伝によると、「一七歳でハンガリー語からドイツ語へ、さらに三五歳でドイツ語から英語に言葉をかえた」(『真昼の暗黒』一九四一)。一九三〇年代に共産党に入党するが、まもなく離脱、第二次大戦後はイギリスに帰化し、シオニスト運動に賛同した。イギリスの新聞社の通信員として内戦の取材中に、フランコ軍に拘束される。一九三七年二月九日に投獄され、釈放されて自由の身になるまでの一〇二日間を、処刑の恐怖におびえながら獄中ですごした。ヴェイユの「カイエ」にこの書への言及がみられる。ここでは『スペインの遺書』から補足しつつ引用する。

、自分の尊厳を確信しているにもかかわらず、看守たちのほうが自分より上等な存在だと思わずにはいられない。囚われの身という感覚は、少量ずつしみこむ毒素のように、わたしの性格を変えてしまう。これは純粋に心理的な修正などではなく、たんなる劣等感でもない。自然だが致命的な変容という印象をうける。……特権階級に属する人びとを生物学的に優秀な種族だとみなし、彼らの特権を正当で自然なものだと考えることに、これほどやすやすと慣れてしまうとは思ってもみなかった。(逮捕は一九三七年二月九日、これを書いたのは三月一五日、五週間後である)(VI-1 235(　)内はヴェイユの註記)

ケストラーの例が証明するように、いかに誇りたかい人間であろうと、奴隷の精神状態におちこむには五週間の投獄でたりる。似たような精神の頽廃のメカニズムを、ヴェイユも工場で経験ずみだった。他者からの敬意や軽蔑や無視といった対応、身体的・心理的な自由の有無、物理的な生活空間の質といった「外的」状況は、やすやすと自尊心や自己イメージをゆるがし、アイデンティティを支える「内的」根拠をつき崩す。この生の現実とむきあったことのない人間は、真の自己を知っているとはいえないのだ。

個人としては迷わず参戦を選びとったヴェイユだが、もともと筋金入りの平和主義者でもあったので、「たとえ皆殺しの危機にある革命的民衆を救うためであっても、あえて平和を犠牲にすることには賛成できない」(II-3 43)と考えていた。したがって、一国の首相としてのブルムの判断は、政治的に正しかったと結論するしかあるまい。ただし条件がある。平和を守るとの理由で、フランスと同じ人民戦線政府をいただくスペイン民衆を見殺しにして不干渉政策をとった以上、今後はいかなる国家や民衆にたいしても不干渉政策をつらぬくべしと。安全保障条約をむすんでいるからといって、たとえばチェコスロヴァキアを守るためであっても、戦争はすまい。アルザスやロレーヌの領有権を主張するためであっても、戦争はすまい。モロッコの宗主権のためにも、たとえドイツが横槍をいれてこようと、ぜったいに戦争はすまい。この徹底した非戦の姿勢は、ヒトラーのズデーテン割譲要求を列強諸国が丸呑みした一九三八年のミュンヘン会談でもつらぬかれる。こうした譲歩にもかかわらず、あるいはこうした譲歩ゆえに、ヒトラーは会談の半年後にはチェコスロヴァキアに軍を進め、ヴェイユはついに戦争回避の幻想をすてることになる。

第四章　大戦への序曲

——ヴェネツィア(一九三七―三八年)

1　美の啓示

第二次大戦直前の一年余は、二度にわたるイタリア滞在のおかげで、ヴェイユの生涯のなかで唯一といってよい晴朗さにみたされる。かつてヴェイユは友人に語った、もし自分に複数の人生が与えられているのなら、そのひとつを迷わず詩作にささげたいと。ただ、与えられた人生はひとつだけで、そのひとつの人生もさほど長くはなかったから、活動は哲学と政治の領域に収斂することになった。しかし詩作への夢はすてがたく、イタリアの自然と芸術の美しさにふれてよみがえる。イタリアでめざめた詩作への憧れは、ヴェイユに唯一の戯曲『救われたヴェネツィア』の執筆をうながした。陰謀の指導者の任務をまっとうして仲間の信頼に応えるか、それとも陰謀の密告者となって、美しくも誇りたかい共和国を救うのか。このむずかしい二者選択を迫られて苦悩する主人公の姿に、ヴェイユ自身の姿がすけて見える。一部の人びと(たとえばチェコスロヴァキアの共産主義者とユダヤ人）の犠牲を前提とする非戦をうけいれるべきか、ヨーロッパ全域により大きな災厄をひきおこすドイツとの全面対決をあえて選ぶべきか。道義的にも戦略的にも困難な選択であった。

最初の旅行で二か月かけて、パッランツァ、ストレーザ、ミラノ、ボローニャ、フェラーラ、ラヴェンナ、フィレンツェ、ローマ、ペルージャ、アッシジ、そして再度フィレンツェと回りながら、労働者街に安宿をとり、下町のカフェで食事をした。独裁者ムッソリーニをいただく国で、労働者や農民の生活や考えが変貌をこうむったか否かを、例によって自分の眼と耳で確かめるためだ。足しげく通ったのは場末のカフェやビストロだけではない。レオナルド・ダ・ヴィンチの「最後の晩餐」「受胎告知」「聖ヒエロニムス」、ジョルジオーネの「合奏」、ジョットのフレスコ画、メディチ家礼拝堂、フランチェスコが祈ったサンタ・マリア・デリ・アンジェリ小聖堂、ミケランジェロが設計したサン・ピエトロの円蓋をあかず眺めて立ちつくした。「天国がシスティナ少年合唱団の歌声がひびくサン・ピエトロのようなところなら、行ってみる価値はあります」(SP2 425)と母に書きおくるまでに。

各地のオペラ劇場やマリオネット小屋にもまめに足を運んだ。ミラノのスカラ座ではヴェルディの『アイーダ』やドニゼッティの『媚薬』を、フィレンツェではロッシーニの『ブリュスキーノ』や五月音楽祭の演目『フィガロの結婚』を聴いた。ブルーノ・

ワルター指揮の音楽もすばらしかったが、軍国主義一色のはずのこの国で、舞台上とはいえ、小姓のケルビーノが威勢よく自分の軍服を地面に投げすてたとき、ヴェイユはこみあげる笑いをかみ殺すのに苦労した。どうしてこの国はこんな上演をゆるしておくのかと。しかし、音楽祭の最後をかざるモンテヴェルディの『ポッペアの戴冠』を聴いたとき、モーツァルトの名作からうけた感動もふっとぶ気がした。「ボボリ公園の円形闘技場《アンピテアトル》で、満天の星空のもと、ピッティ宮を後景にしたがえての上演」(SP2 429)という絶好の上演状況であったとはいえ、なぜこの歌劇にこれほど感銘をうけたのだろうか。

『ポッペアの戴冠』は壮絶な物語だ。皇帝ネローネ(ネロ)は夫のある身のポッペア(ポッパエア)を愛し、貞淑な皇后オッタヴィア(オクタウィア)を離婚しようとする。元老院や民衆の同意が得られないので、まずはオッタヴィアを宮殿から追放し、さらに姦通のぬれ衣《ぎぬ》を着せて殺してしまう。乱行をたしなめたセネカもネローネの逆鱗にふれ、自殺を強要される。ポッペアの夫オットーネ(オト)は妻を殺そうとするが、ポッペアを守る愛の神にさまたげられ、企てをはたせず国外追放となる。姦計と残虐をもって「愛をつらぬいた」ネローネとポッペアが、二重唱をたからかに歌いあげるクライマックスで、新皇后ポッペアの戴冠式が陽気にはなやかに成就する。

血管を切って自決するセネカを見守る友人たちの嘆き、ローマを追われるオッタヴィアの惜別の歌、そしてネローネとポッペアのあっけらかんとした愛の讃歌が、響きあいからみあい、ほろ苦い後味を残す。貞淑な妻と無力な夫は追放され、ストア主義者の老哲学者は泰然と浴槽で死んでいき、無慈悲な愛人たちは追従者たちの笑顔に囲まれてめでたくむすばれる。ネローネとポッペアの悲惨な末路は、すくなくとも歌劇中には暗示されていない。運命の女神《フォルトゥナ》は暴力的な人間の意にしたがう、という俚諺そのまま、あまりにもバロック、あまりにもローマ的ではないか。モンテヴェルディのほぼ一世紀まえに、フィレンツェの市民マキアヴェッリが描きだした、混沌とした巨大なエネルギーがうずまく世界さながらに。

一六四二年の降誕祭の翌日、ヴェネツィアのサンティ・ジョヴァンニ・エ・パオロ劇場で初演されたこの歌劇は、ヴェイユの心にヴェネツィアへの憧れをいよいよ募らせた。のちに自作の戯曲『救われたヴェネツィア』を構想するにあたり、花咲く果樹に春めく美しい街の情景描写や、街のお偉方への傭兵たちの反感や不平に、舞台の袖でかすかに響くモンテヴェルディのマドリガルをかさねることを考えた(P68)。そこへ主人公ジャフィエの独白をもってくる。「わが生命を失いしは、都市《シテ》よ、汝《な》がため／わが死までも失いしは、都市よ、汝がため／汝《なんじ》、黎明のきらめきをその頭《こうべ》にうけよ／日没きたりしも、穏やかに浄らかにあれかし」。ヴェイユが憧れのヴェネツィアを訪れたのは、一九三八年の初夏である。最初のイタリア旅行で訪れなかったのは、フィレンツェにすっかり心を奪われてしまったので、ヴェネツィアを愛する準備ができていなかったからだ、と友人への手紙に書いた。このふたつの都市は別格だった。三二年のドイツの旅で、国際政治へのあらたな視点を得たように、三七年と三八年の二度にわたるイタリアの諸都市への旅では、悲劇のただなかにあらわれる壮絶な美への感応力を磨いたのである。

もちろん、いかにイタリアの市街や山野や芸術作品が美しいとはいえ、戦争前夜のファシスト政権下の国で、すべてがのどかであろうはずもない。ヴェイユが訪れた労働者街は、かつての女工時代の境遇を思いださせる光景にみちていた。とくに労働者たちのまなざしに心をうたれ、ミラノの労働者街で何時間もすごしたあと、友人に手紙を書いた。「たいへんな代価とひきかえに、わたしはある能力を手にいれました。一日の仕事を始めるために、あるいは終えて、工場を出入りする労働者たちのまなざしを読むという能力です」(CSW juin 1987 108)。政府広報が一律賃上げを告げた翌日、新聞紙上は感謝の言葉であふれた。しかしヴェイユは行間にべつのものを読みとった。賃上げでは解消されず、ただ圧殺されるにすぎない、駄獣の諦めにみちた屈辱感を。そして、メディチ家礼拝堂を飾るふたつの彫像「黎明」と「夜」に衝撃をうけた。

眠りは甘し、石とならばさらによし、
不幸と屈辱にうちひしがれるよりは。

見えぬこそ、聞こえぬこそが幸いなれ。
されば わが眠り妨げるな、ああ、低き声にて語れ！

ミケランジェロは自作の彫像の序幕式にこの一四行詩《ソネット》をしたためた。「黎明」はあらたな生気と希望ではなく、終わりなき疲労と屈辱の一日の始まりをもたらし、「夜」の眠りは安らぎではなく、一日また一日と先延ばしにされた死をもたらす。それは奴婢の境遇におちたエレクトラの救いなき覚醒でもある。それでも日々の労苦に打ちひしがれる奴隷にとって、「夜」すなわち「死の影」は「至高にして最善の治癒薬」なのだ。ヴェイユはミケランジェロの悲壮なソネット集を読みながら、この一対の彫像があらわす不安な覚醒と忘却の惰眠のうちに、パリの労働者街の一室で暮らしていた自分の姿をかさねていたのだろう。

「眠りは甘し」のソネットと二体の彫像にこめられた苦い悲しみは、当時ミケランジェロがおかれていた状況を考慮せずには理解できない。彼がこの制作を途中でなげうって、あらたに手をそめたのは築城術である。復位をうかがうアレッサンドロ・デ・メディチの軍勢を押しとどめ、共和国を防衛するサン・ミニアートの城砦を強化するためだった。数学の研究を棚上げにして、シュラクサイに攻めこもうとするローマ軍を撃退する武器製作に没頭したアルキメデスのように。アルキメデスはローマ兵の槍に倒れるが、ミケランジェロは生きのびて、誇りたかき共和国の壊滅の生き証人となり、新君主が掠奪と暴虐のかぎりを尽くすのを一〇年間も見ていなければならなかった。

もちろんミケランジェロでなくとも、フィレンツェは感慨をよびおこす都市である。ヴェイユはこの街で独裁と文明の相関性について思いをめぐらせ、マキアヴェッリの『フィレンツェ史』を再読し、共和国フィレンツェの歴史を三段階にわけて考察した。いわく、フィレンツェが厳密な意味での民主都市だったのは、一三七八年の梳毛工《チオンピ》の乱までで、ダンテ、ジョット、ペトラルカらはこの時代に活躍した。この民衆蜂起が抑圧されたあとに成立した政府は、以前よりも権威主義的であったが、大市民《ポポロ・グラッソ》が党派抗争にあけくれていたせいで言論の自由は守られていた。自由が失われたのは一四六六年であるとマキアヴェッリは言う。つまり、ブルネレスキ、ギベルティ、ドナテッロ、ヴェロッキオなどの芸術家の出現は、すべてコジモ・デ・メディチの息子ピエロの独裁以前の話なのだ。

レオナルド・ダ・ヴィンチ（一四五二―一五一九）やマキアヴェッリ（一四六九―一五二七）やミケランジェロ（一四七五―一五六四）の前半生は、すでに言論の自由が危うくなっていたとはいえ、ピエロの息子ロレンツォが共和的平等の外見のもとに穏健な権威を行使していた時代（一四六九―九二）とかさなる。ロレンツォの死後、またしてもフィレンツェ特有の党派分裂が生じ、やがて一五二七年から三〇年のかたちばかりの共和政を経由して、都市《シテ》としてのフィレンツェは消滅。一五六九年には、スペイン・ハプスブルク王家や教皇庁の威光を後ろ盾に、メディチ家がトスカナ大公位を世襲するにいたる。これ以後、フィレンツェ関連で銘記するにたる人物は、チェリーニ(一五〇〇―七一)、ジャンボローニャ(一五二九―一六〇八)、ガリレイ(一五六四―一六四二)くらいだろう。

ここからヴェイユは結論する。「創造力の飛躍や知性の熱くたぎる昂揚がみられるのは、自由が謳歌されている時期、もしくは内紛による混乱期である」(CSW juin 1987 107)。内紛はやがて強力な権威を生み、権威は文明の開花をうながす。かかる権威は思考をして自己のうちに沈潜させ、婉曲法によって自己を表現することを強いる。ところがこの種の抑制こそが、置換のわざによって生きる芸術にとっては、きわめて好ましい要件なのである。じっさい、ヴェイユの敬愛するダ・ヴィンチ、マキアヴェッリ、ミケランジェロの三人は、いずれも専制君主にして「最大の文芸庇護者」ロレンツォの治世に才能を開花させたのであった。

2　サン＝レアルの創作と史実のヴェネツィア

『救われたヴェネツィア』の註記にヴェイユが残した要約(P 53)によると、一六一八年、ヴェネツィア駐在のスペイン大使ベドマール侯爵は、ヴェネツィア駐屯の傭兵部隊による軍事クーデタを画策した。イタリア半島にあっていまだ独立をたもっていたヴェネツィア共和国を、スペイン・ハプスブルク王家の支配下におくためである。一国の大使という立場ゆえに自身は表に立たず、年配のフランス人貴族ルノーにクーデタの計画を、プロヴァンス出身の「海賊」ピエール大佐に実行をゆだねた。傭兵部隊の兵士たちと外国人の将校たちが叛乱に加わり、実行は聖霊降臨祭の前夜に決まった。ところが掠奪にさらされる街の運命を憐れんだ首領のひとりジャフィエが、叛乱計画を十人会《ディエチ》に通報し、クーデタは頓挫する。

ヴェイユは戯曲を書くために、サン＝レアル師の『ヴェネツィアにたいするスペイン人の陰謀』(一六七四)を参照した。一七世紀のフランス人歴史家が告発したこの「スペイン人の陰謀」は、とりわけスペインの歴史家によってその史実性が否定されてきた。たしかな例証も反証もともに存在しない。ただ、一六一八年になんらかの騒乱が勃発し、有能なヴェネツィア駐在大使ベドマールが本国に召還され、数百人におよぶ将兵が処刑されたのは事実らしい。主人公ジャフィエの親友ジャック・ピエールや陰謀の首謀者ニコラ・ルノーらが、決行直前に一味のひとりに密告されて、十人会に逮捕され、裁判もなくすみやかに処刑されたという記録もある。史実的な信憑性はともかく、サン＝レアルの作品は当時ひろく反響を呼び、イギリスのオトウェイ(一六五二―八五)、ドイツのゲーテ(一七四九―一八三二)、オーストリアのホーフマンスタール(一八七四―一九二九)など、多くの作家や詩人にインスピレーションを与えつづけてきた。ヴェイユもまたそうした系列につらなりつつ、みずから戯曲を書きあげようとした。この事件のどこに興味をいだいたのだろう。

ルイ一四世のフランス・ブルボン王家が征服戦争にあけくれていた時期に発表されたサン＝レアルの作品には、スペイン・ハプスブルク王家の覇権主義への牽制というあきらかに政治的な意図が認められる。だからこそサン＝レアルは六〇年以上もまえの事件をこの時期にとりあげ、戯曲はフランス国内で好評を博したのだろう。フランドル戦争（一六六七―六八）もオランダ戦争（一六七二―七八）も、抗争の最終的な相手はスペインだ。フランス・ブルボン王家とスペイン・ハプスブルク王家は、互いどうしでも周辺諸国の王室ともいりくんだ姻戚関係にあったがゆえに、ことあるたびに各地の帰属や王位継承権をめぐって争うはめになっていたのである。

一七世紀のイタリア半島もまた、両王家が角突きあわせる場であった。オーストリア＝スペイン両ハプスブルクに頭があがらぬ教皇領はべつとして、ともかくも独立国の体裁をなしていたのは、スペイン系副王オスナ公爵が治めるシチリア＝ナポリ王国、ヴィラフランカ公爵が牛耳るミラノ公国のほかは、スペイン王フェリペ二世の娘婿でありながら親仏派のカルロ・エマヌエーレ二世のサヴォワ公国、そしてスペイン駐在大使のベドマール侯爵の影響力にさらされつつも自前の総督《ドージェ》をいただくヴェネツィア共和国だけだった。オスナ公、ヴィラフランカ公、そしてベドマール大使、このスペイン系トリオは、唯一の共和国であるヴェネツィアの凋落を望んでいた。おまけにヴェネツィアの傭兵の大半はフランス系とオランダ系のユグノーである。ルター／カルヴァン派プロテスタントとカトリックという新旧キリスト教の宗派対決の要因もからんでくる。かたやルイ一四世にしても、サヴォワとヴェネツィアを足がかりに、イタリア半島のスペイン支配をうち破ろうと機会をうかがっていた。フェリペ二世の手に落ちようと、ルイ一四世の手に落ちようと、ヴェネツィアが長らく体現してきたイタリア共和政の伝統は失われてしまう。

右手にヴェネツィアで滞在した宿．
1938 年．

こうしてみると、ヴェネツィアがヴェイユの心をとらえた理由は明白であろう。教皇、神聖ローマ皇帝、スペイン王、フランス王らが具現するのは全体主義的な巨獣だ。この巨獣がおびやかすのは多分に理想化されたヴェネツィアの共和政である。ヴェイユはこの理想の都市《シテ》を自作の戯曲のなかで救おうとしたのだ。もちろんヴェネツィアの実態はヴェイユも知っていた。一二世紀なかばには、三五名の大評議会と六名の「賢人」小委員会が

「いとも貴き君主」と奉られる総督《ドージェ》を補佐する体制が整った。一三世紀末には、金権貴族による寡頭支配がますます強まり、銀行家、船主、大商人などの名家三〇〇余が議席を独占していた。一三一〇年にある貴族がクーデタをくわだてるも、事前に発覚してあえなく失敗。この事件を教訓に一〇名の公安委員会(十人会《ディエチ》)が新設された。この一種の秘密警察は市民の公私の生活を監視し、密告を奨励し、被疑者を拘束し、裁判権まで有していた。『救われたヴェネツィア』のジャフィエも、この十人会の書記にクーデタを通告する。情報を得ても首謀者は罰しないとの書記の誓言は、国家理性《レゾン・デタ》を盾にあっさりと反古にされる。相互監視制度や複数の命令系統からなる統治システムは、集団の利益と安寧の名のもとに個人の善意や友情までもふみにじる。全体主義と共和主義の闘いは、都市《シテ》の命運をめぐる集団と個人の闘いでもあったのだ。

3　転移する根こぎの悲劇

ヴェイユの『救われたヴェネツィア』はあたらしい女性を登場させた。十人会の書記の愛娘ヴィオレッタである。戯曲のなかで重要な役割を演じる唯一の女性であり、ヴェネツィアのはかなくも美しい無垢の象徴でもある。ただ、あまりに無邪気で屈託がなく、ほとんど実在性《リアリティ》がない。最後までジャフィエの忠誠と友情を露ほども疑わずに死んでいくピエールにも、やはり生身の人間につきものの曖昧さがたりない。いささか単純にすぎるこれらの人物が、やはりどこまでも高潔な主人公ジャフィエをめぐって、それぞれ愛情と友情の隠喩《メタファー》を一身にひきうける。ドラマ性以上にメッセージ性の突出した作品といえよう。

ヴェイユの戯曲の特色のひとつは、陰謀の黒幕とされるスペイン駐在大使ベドマール侯爵を、舞台上から完全に削除したことだ。その結果、フランス人の亡命貴族ルノーに代表される根こぎにされた叛徒たちと、ヴェネツィア支配層に代表される根づきの恩恵を享受する人びとの対比が、いっそう劇的になる(『カイエ４』258)。スペイン王の威光を背にしたベドマール侯爵は、異国においても丁重に遇されるべき賓客であり、本国では地位も名誉もある。ほかの叛乱仲間のような根なし草ではない。史実としても陰謀が発覚したあとも、本国からの理由不明の召還という体裁で、侯爵だけは連座をまぬかれた。ところが根のない人間には、国籍という防護服を奪われた現代の難民と同じく、頼みとすべき後ろ盾がない。

フランス本国から追放されたもはや若くはない亡命貴族ルノー、一三世紀に全体主義的なフランス国と教皇庁によって叩きつぶされた地域(プロヴァンス)の出身であるピエールとジャフィエ、つぎつぎと雇主が変わってもつねに外様《とざま》でとどまる外国人将校たち、酷使されたあげく老いや負傷で除隊後は物乞いを強いられる傭兵たち、ヴェネツィア人名士にだまされて身をもち崩したと主張するギリシア人の娼婦、彼らはみなそろって根なし草である。そして、ひとしくヴェネツィア人を憎んでいる。ただぬくぬくと自分の都市《シテ》にいるというだけの理由で。もっとも、ヴェネツィア社会にとりあえず居場所のあるジャフィエとピエールは例外である。このふたりはヴェネツィア人になんの恨みもない。

「転移された呪詛。ルノー、ピエール、ジャフィエの三人が、なぜ無謀な冒険家になったかを(個別に)示唆すること。スペインがなぜ攻撃をくわだてたのかを(国家規模で)示唆すること。贖罪の苦しみに遭遇するまで、悪は自動的に転移する」(P 48)。ヴェイユはこう創作ノートに記した。根こぎの呪詛が、個人のレヴェルや国家のレヴェルで、どのように他者へと転移されていくのか。その伝達のメカニズムの解明が、後日、敗戦の日にパリを脱出して以来、ヴェイユの主要な関心事となっていくであろう。『救われたヴェネツィア』と晩年のロンドンで書かれた『根をもつこと』は、前者が綜合をめざす戯曲であり、後者が分析的な論考であるとはいえ、いずれもこの切実な関心事を反映している。

形式的には、『救われたヴェネツィア』はギリシア古典悲劇にではなく、一七世紀フランスの古典悲劇に似ている。二四時間以内という時間制限、ひとつの場所、ひとつの筋という「三単一の法則」をほぼ守っている。幕開けの「征服の歓びにみちた昂揚感」が観客の心をつかみ、ヴェネツィア共和国の転覆をはかる叛徒たちは共感をさそう。叛乱に荷担する者たちはギリシア人娼婦の家に集まる。過去の逆境をしのんで慰めあい、夜明けがもたらすクーデタの輝かしい成功を思って浮かれる。ヴェネツィア共和国とは名ばかりの憎むべき専制的寡頭政体であり、自分たちはよりよき政体と恒常的な平和をもたらす革命家なのだと、かなり本気で信じているらしい。第二場で一堂に会する将校たちをまえに、亡命貴族ルノーが演説を一席ぶつ。聴く者を昂揚させる熱弁である。社会的な巨獣を大義名分でかざりたて、クーデタにつきものの無法状態と歯止めなき残虐行為を心理的にうけいれやすくする。これこそローマ帝国＝スペイン・ハプスブルク＝ナチス・ドイツが、最大限に活用するすべを知っていた修辞《レトリック》である。

君たちは歴史をつくるのだ。ヨーロッパの統一に横槍をいれ、おのれの市民たちからも憎まれている、姦計にたけた専制権力を打倒するのだ。君たちの力によって、全ヨーロッパはハプスブルク王家のもとに統一され、統一ヨーロッパの艦隊は七つの海を縦横に刻み、地球をあまねく征服し、文明化し、キリスト教に改宗させるのだ。スペインがアメリカ大陸のためにおこなったように。それこそ君たちの力によるのである。もしハプスブルク王家の覇権がヨーロッパに平和をもたらさぬとなれば、ヨーロッパは戦乱の三〇年によって荒廃するであろう。オーストリア〔ハプスブルク〕王家の世界制覇はいまや眼前にある。この機を逸するなら、はてるともなく

破滅的な血なまぐさい闘いがくりひろげられるであろう。(P 58)

「専制権力」を「ユダヤ系資本」や「ユダヤ系新聞」に、「キリスト教」を「北欧神オーディン(ヴォータン)崇拝」に、「ハプスブルク王家」を「国家社会主義ドイツ労働者党(NSDAP)」に入れかえただけで、突撃隊(SA)にむけたヒトラーの演説になろう。ヒトラーは『わが闘争』(一九二五―二七)で、「地上でのドイツ民族の使命……とは、わが民族の、むしろ全人類のもっとも貴重な無傷で残っている構成要素を維持し促進させることを、その最高課題とするような国家を形成することにほかならない」と述べ、「文化の創始者たるアーリア人種」を代表するドイツ民族が、全人類の進歩と幸福のためにはたすべき崇高な使命を宣言した。「世界史は少数者によって――数におけるこの少数者のなかに意志と決断力の多数者が顕現するとき――つくられる」。こうして、意志と決断力の巨人たるヒトラーのSAやルノーの叛徒たちは、数のうえで優勢なだけの烏合の衆を圧倒するであろう。

旧約聖書の神もまた、数のうえでは弱小のイスラエル民族を「神に選ばれし民」とし、必要とあらばイスラエルによる侵略や殺戮を祝福した。そこでヴェイユは「旧約聖書をピエールの台詞に混ぜた」(P 46)と言う。侵略者の言い分はいつも同じだ。いわく、戦争は一過性かつ限定的な必要悪である。しかるに、それによって得られる平和は恒常的かつ無際限の善である。自分たちは偉大な歴史をになうべき選良である。ゆえに個人的な思惑にとらわれる。大義をまっとうすべく私心をすてよ。このように個人の大義への献身を説く舌は、個人の集団への接収も説く。秩序と名誉は自由にまさるのだと。自分自身の生命を軽んずる者は、とうぜん他人の生命も眼中にない。すべては厚みのない夢となる。掠奪も殺人も拷問もゲームにひとしい。人間性をきれいさっぱりとすてた者が、巨獣に嘉《よみ》される英雄となろう。

ともあれルノーの熱弁は叛徒たちを感動させる。しかしジャフィエはわずかに顔色を曇らせる。これをめざとく見咎めたルノーは、後顧の憂いを断つべくジャフィエを殺そうとするが、ジャフィエの豪胆と誠実を信じるピエールの猛反対にあい、しぶしぶあきらめる。ところが、クーデタの総指揮をとる予定のピエールが、十人会《ディエチ》の用命で決行当日ヴェネツィアを留守にする。決行日をのばすのも用命を断るのもまずい。ピエールのたっての願いで、ジャフィエに代役がゆだねられる。ピエールはむしろこのめぐり合わせを歓び、当日の指揮権のみならず、その後のヴェネツィアの統治権をもゆずると言う。ルノーはこの気前のよい提案に驚き、「分け前として約束された報酬を他人にゆずるなど、わたしならぜったいにやらないがね」(P 65)と言う。冷徹な即物主義者の彼によれば、重力の法則に服するのが物質の本性であるように、行使しうる権力をあまねく行使するのが人間の本性にかなうのだ。自分に与えられた権力を進んで他人にゆずりわたすなど、どうみても正気の沙汰ではない。しかしピエールは誇らしげに反論する。「それはあなたが友情というものをご存知ないからですよ」(P 66)。このうるわしい信頼が不幸な結末をまねこうなどと、気のいいピエールは夢にも思わない。

いまやルノーはジャフィエの説得に躍起となる。ジャフィエの決然たる指揮にことの成否が、もっといえばルノー自身の野心の成就がかかっているのだ。そこでルノーは一般むけの第一幕の演説よりもふみこんだ政治哲学を、ジャフィエと一対一で、じつに雄弁に開陳する。決行時の心得を説くルノーの長広舌に、ヴェイユはマキアヴェッリの『君主論』の分析をみごとに織りまぜる。クーデタ当日の血なまぐさい残虐行為は、たんに避けがたくやむをえない蛮行ではない。必要にして不可欠、かつ高度に政治的な混乱であるばかりか、むしろ積極的に招来すべきものなのだ。それどころか自分たちは征服されるヴェネツィアの救世主であるとさえ強弁する。

われらがこのように行動するのは、ヴェネツィアの人びとのためでもあるのです。明日から彼らはスペイン王の臣下となります。今後のいらぬ流血なくして服従させるには、一気に、徹底的に、彼らの勇気を粉砕する必要がありましょう。……ひとたび頭をもたげた反抗を制圧するには、より多くの流血が必要となりますし、このような流血は掠奪の恐怖以上にあなたの名声を傷つけるでしょう。しかし今夜の残虐行為は名声をそこないはしません。掠奪をはたらく兵士たちの放縦はだれでも知っております。あまりにひどくなったら止めさせればよいのです。恐怖のあとに秩序と安全を回復するのがあなたの役割ですから。そして住人たちは見境もなくあなたに服従するでしょう、自分の意思に反してでも……。しかしまもなくあなたを愛するようになりますよ。災いも幸せもあなたの手からうけとる以上はね。人間は自分が絶対的に依存するものを愛するものなのです。(P 75)

「人民にたいしては、これを甘言でおだてるか、あるいは抹殺するかである。軽微な傷害には復讐してくるが、重大な傷害であれば復讐できないからだ。つまり傷害を加えるのであれば、復讐される惧れのないかたちでおこなうにかぎる」(『君主論』)と、マキアヴェッリは論じた。征服した人心を離反させるのは残虐行為ではない。中途半端な危害や中途半端な情け心こそが、民衆の憎悪や復讐心に火をつけるのだ。成功する可能性が皆無であるとき、反抗や暴動はおこらない。このことをヴェイユは工場時代に身をもって知った。さらにマキアヴェッリは、紀元前四―三世紀のシュラクサイの僭主アガトクレスの例をあげる。極悪非道な手段で権力を奪い、背信と残虐のかぎりを尽くしたにもかかわらず、安んじて権力を保持できたのはなぜかを問い、策略家ルノーが喜びそうな結論に達した。いわく、すべての破壊行為は一挙に実行し、その後はくり返さぬことで臣民を安心させ、かつ恩恵をほどこして民心を掌握せよ。つまり危害は一気に加え、恩恵はすこしずつ与えよ。圧倒的な暴力をもって反抗心をこっぱみじんにうち砕き、その後は持続的に恩義を感じさせるならば、臣民の依存心と感謝をかちとることができよう。

マキアヴェッリの『君主論』の内容はよく知られているが、その真意はあまり知られていない、とスピノザは『国家論』で述べた。スピノザによればマキアヴェッリの真意はこうだ。君主を暴君たらしめる諸原因を排除できずにいながら、暴君を排除しようとするのは、慎重を欠くふるまいである。ひとたび権力を手にした暴君を排除することは至難のわざだからだ。自己の安寧をひとりの人間に(暴君にせよ開明君主にせよ)委託することの愚かさと危うさを、民衆はもっと自覚すべきなのである。

スピノザと同じく筋金入りの共和主義者ルソーもまた、野生人は「平穏な屈従よりも波瀾万丈の自由を選ぶ」(『人間不平等起源論』)と述べた。ルソーはマキアヴェッリの『君主論』『フィレンツェ史』『ティトゥス・リウィウス論』を精読し、これらの書物のうちに君侯へのいやしい提言ではなく、自由であろうとする市民のための教科書をみたのである。「マキアヴェッリは王侯貴族に教訓をたれるふりをしながら、じっさいは民衆に偉大なる教訓を与えた。マキアヴェッリの『君主論』は共和主義者むけの書物なのだ」。

さらにルソーは、「マキアヴェッリは誠実で良き市民であったけれども、メディチ家への奉仕を強いられていたので、圧制のくびきにつながれた祖国にあって、自由への自分の愛を偽装せねばならなかった」と弁護した。ゆえに、チェーザレ・ボルジア讃美も真意を偽った悪い冗談であると（『社会契約論』）。ヴェイユもまたマキアヴェッリを共和主義者とみていた。ただし、この韜晦《とうかい》の書物を理解するには、「真に公民的・共和主義的な感情、彼自身がおかれていた状況により課せられた言葉の隷属性、そしておそらくは思想の隷属性」（EHP 102）を考慮すべきである。いずれにせよ自由は失われていた。どのみち専制君主をいただかねばならぬとすれば、外国産よりは自前の独裁者のほうがましだろう、といういささか自嘲的な視点も無視はできまい。

ともあれ、『君主論』の応用問題よろしく権力奪取後の支配の鉄則を語るとき、ルノーの弁舌は冴えわたる。手勢の傭兵たちが働いた狼藉を適時に押しとどめ、みずからが平和と安定の具現者となったあとは、貴族とブルジョワが団結せぬように仲たがいさせるだけでよい。貴族が独占してきた諸特権を、もちろん形骸化させたうえで、一部のブルジョワに投げあたえる。貴族が屈服させられるのをみれば、彼らを怖れ敬ってきた民衆の意気も挫けるであろう。階級を分断して統治する、これが支配の王道である。貴族にせよブルジョワにせよ、街の有力者を徹底的にうち砕くのだ。有力者と民衆は利害が対立するが、民衆のほうが数は多いが御しやすい。そのうえマキアヴェッリの指摘をまつまでもなく、民衆は有力者より満足させやすい。民衆の願望はよりつつましく理にかなっている。「有力者は他者を抑圧せんと欲するが、民衆は抑圧されまいと欲するだけなのだ」(『君主論』)。ゆえに有能な権力者は民衆の味方をもって任ずべきである。ルノーは傲慢な貴族たちをはずかしめよとジャフィエに助言する。「高慢ちきで外国人と口もきかぬような連中は、なにひとつできなくしてやるのです。許可をとるにもスペイン人の控えの間でながながと待たされるのでなければ、商売も結婚も移住もままならぬというぐあいに」(P 76)。じっさい、待たせる、待たされる、という時間をめぐる関係性は、当事者間の力学をあらわにする。優位にある者の特権とは、自分の気まぐれで相手を待たせて時間を無為にすごさせても文句を言われず、自分のほうはまちがっても待たされないことなのだ。

4 不幸な人びとの怨嗟《ルサンチマン》と都市《シテ》の存亡

クーデタの成功には実行部隊の慰安も不可欠である。クーデタの当日と翌日の二日間は、軍隊にあらゆる乱暴狼藉をする許可を与えてやらねばならない。ルノーをはじめジャフィエなどごく少数の指導者たちに、掠奪や殺人の歓びといったあさましい褒美はいらない。成功の暁には、偉大な歴史の担い手であるという自負が得られ、名誉ある地位が約束されている。報いは永続的なものであり、一時的な快楽の刺激は必要ない。社会的な威光以上に人間を酔わせる媚薬はないのだから。

ところが叛乱軍の大部分をなす傭兵たちに与えられるのは、一過性の気晴らしにすぎない。乱痴気騒ぎの二日間が終われば、なんの経済的保証も社会的地位もない使いすての一兵卒に逆戻りだ。命令する人間がヴェネツィアの尊大なお偉方であろうと、それ以上に尊大な成りあがり外国人であろうと、命令される側にとってはまったく同じことだ。それにルノーが傭兵たちに期限つきの放縦をゆるすのは、下々の人間への友愛のなせるわざではない。長年の屈辱にたまりにたまった彼らの破壊的なエネルギーを、誇りたかきヴェネツィアの人びとを粉砕する手段として、たっぷりと恩に着せつつ発散させてやるのだ。不平分子のガス抜きもかねて一石二鳥だ。近代以降は革命幻想がになうことになる、めくるめく陶酔と放縦は、その場しのぎの快楽にすぎない。それでも傭兵たちはルノーの配慮にえらく感謝する。それほど状況は絶望的なのだ。

あの人にはわかっている。俺たちにはそんなお愉しみも必要だってことが。怪我をしたり老いぼれたりすりゃ、お役ごめんで、放浪するさだめだ、身をよせる家もなく。物乞いで食いつなぐしかない。あのブルジョワどもが偉そうにわずかばかりの施しを垂れてくれるのさ。それさえままならんがね。たまにはお返しをしても罰は当たるまいよ。（P 84）

支配の欲望と性的な欲望がしばしば嗜虐的な色彩をおびてむすびつくことは、よく知られている。拷問や強姦の暴力は肉体のみならず精神にもおよぶ。死すらも怖れぬ豪胆な人間でさえも、拷問の可能性に縮みあがるのは、それが一過性の肉体的な苦痛にとどまらず、あとに尾をひく心理的・社会的な打撃を与えるからだ。不幸な人間を生みだすのは苦痛ではなく屈辱である。ギリシア人娼婦がその一例だ。クーデタの前夜、将校たちと娼婦がざれごとをいいあう。高貴な家柄の出身なのだが、ヴェネツィア人総督にだまされて身をもち崩した。これが娼婦の言い分である。もちろん将校たちは本気にしない。「ヴェネツィアの娼婦の身の上話なんて、どいつもこいつも似たり寄ったりさ」(P83)と娼婦をからかう。

将校たちからなにが望みだときかれて、娼婦は他の女たちが自分と同じ目にあえばいいと答える。奇妙な迂回のメカニズムによって、娼婦の恨みは自分をおとしめた名門の男たちではなく、彼らの付属品である妻や娘にむかう。下々に命令をくだすことと、まわりが羨む女性を所有することは、往々にして無関係ではない。どちらも権力の発露なのだ。だから娼婦の恨みは名門の女たちへとむかう。自分たちをさげすんだ高慢ちきな女たちにしっぺ返しをすると同時に、横柄にいばりちらしてきた男たちをうちのめす、迂遠ではあるが効果的な方法として。

わたしを穢した男どもはひとり残らず名前をおぼえている。そいつらの妻と娘をことごとく、兵士たちの手に引きわたすのがわたしの望みさ。この国の統治にかかわる男たちの妻と娘もね。ああ、なんという快楽、あした、生き残りのやつらが恥辱に息をつまらせ、わたしの嘲笑に、なにひとつ言いかえせずにいるかと思うと。(P 83)

将校たちがいたときには黙っていた傭兵たちも、十人会《ディエチ》書記とその娘ヴィオレッタが通りすぎるのをみながら、仲間うちで野卑な冗談をかわす。


――あいつを殺す役に志願するぜ。娘のほうは俺がものにする、いちばんにな。

――そいつはどうかな、あの娘は将校のものだろう。

――冗談じゃねえ。将校さんにはよ、いくらでも貴族の娘がいるだろうが。あいつは貴族の娘じゃねえ、俺たちむきさ。だから俺さまがいちばんだ。将校さんがゆずらねえってのなら、しかたねえ、二ばんめで手を打ってもいいぜ。(P 85)

快楽の充足にも階級差がつきまとう。もちろん被害者の側にも。晩年のヴェイユは娼婦たちの実態に関心をいだいていた。工場労働者や農業従事者と同じく、やはり社会の矛盾や欺瞞に傷つかざるをえない存在だからだ。ただ、不幸は聖者の生産工場ではない。

不幸をうけいれる心構えのない(たいていの)人間は、死よりもつらい辛酸をなめて生きのびても、浄化どころか逆に堕落するのがおちである。この種の有害にして無益な不幸をヴェイユは憎んだ。不幸を生む契機を社会からとりのぞく義務はゆるがない。有益な不幸というものは選ばれた人間の特権にすぎないのだ。

決行前夜、ひとりの将校がつぶやく。「都市《シテ》はやすらかにまどろみ、なにが待ちかまえているかなど、つゆほども知らない。この都市を占領するために、われら数名が宵を明かしていることも」。成功を確信している者に特有の甘美な感傷である。しかし、もうひとりの将校は冷静さを失わず、ミケランジェロの十四行詩《ソネット》を思わせる台詞をもらす。一夜にして自由と尊厳を奪われたヴェネツィア人たちは、以後、「奴隷の街を夜ごと蹂躙すべく降りたつ重苦しき眠り」をむさぼるであろうと(『カイエ4』290)。「夜ごとの重苦しき眠り」についての将校の予感は、決行前夜にジャフィエがおぼえる憐れみへの序曲となる。第二の将校はヴェテランの傭兵あがりで、数々の掠奪や残虐行為を経験している。人間の不幸をいやというほど知りつくし、おのれの悪行をごまかさずにうけいれる知的誠実さをそなえていた。しかし、炯眼《けいがん》の観察者であっても、他者の罪をつぐなう贖罪者ではない。不幸の正しい認識はすでにして稀であるが、滅びゆく都市への、根こぎにされる不幸な人びとへの憐れみは奇蹟である。憐れみの行為をつうじてジャフィエは贖罪をこころみた。このような行為が「尋常ではないまでも可能性はある」(P 45)ことを、ヴェイユは戯曲のなかで示唆しようとしたのだった。

不幸な人びとの根こぎと都市の存亡のテーマは、ヨーロッパ全域が際限なき軍備競争へ雪崩をうっていくなかで、ヴェイユにとって重要性をましていく。モンテヴェルディの『ポッペアの戴冠』が初演されたのは、マキアヴェッリ的権謀術数のうずまく一六四二年のヴェネツィアであった。スピノザがハーグに移住したのは一六七〇年である。その二年後にオラニエ派の民衆動乱がおこり、スピノザの友人で執政《レヘント》のヤン・デ・ウィットをはじめとする貴族党の指導者たちが、集団ヒステリー状態の民衆の手で虐殺された。烏合の衆と化した群集がひきおこす暴力と無法を憎んだスピノザは、『神学・政治論』の特徴をなす自由と共和政の讃美をさしひかえ、はるかに現実的で抑制された法治国家を説く『国家論』(一六七五―七七)を書いた。

マキアヴェッリにもモンテヴェルディにもスピノザにも、そしてヴェイユにも、自然な愛着をいだく都市があった。一五世紀のフィレンツェであり、一七世紀なかばのヴェネツィアであり、一七世紀後半のオランダの諸都市であり、二〇世紀なかばのパリである。それらの都市が現実に共和国の名にふさわしい実態をそなえていたかは、このさい不問に付すとして、ひとつの都市、民族、文明を滅ぼすこと以上に、人間に偽りの神性をもたらす行為はあるまい。これほどに力の幻想と陶酔を与える行為はない。ひとりの人間を殺すことは、すなわち自分を死よりも価値があるとみなすことだ。この幻想は魅惑的である(何十人何百人に死をもたらすことができても、たったひとりの死者をよみがえらせることすらできないというのに)。個人の次元でさえこうなのだ。何千何万もの人間の魂をやしなってきた都市を丸ごと殲滅させる行為は、いったいどれほどの陶酔をもたらすことだろう。

自我をかぎりなく膨張させるこの陶酔の魅惑を、ヴェイユは戯曲の中心人物のひとりルノーに代弁させる。つねに冷静沈着な古強者の策士でさえ、おのれの弁舌と栄光の予感に酔わずにはいられない。一般に策謀を弄する人間は夢想家であり、現実よりも夢想を好むものだ。しかし武力をそなえた夢想家は、他者に自分の夢をみさせることができる。ルノーに言わせれば、「勝者はおのれの夢を生き、敗者はおのれのものならぬ夢を生きる」(P 77)。他者に自分の夢を強要することは、他者から実在性を奪うことである。故郷にいながらも自分はよそ者だと感じるまでに。文化、言語、宗教、職業、家族、慣習のかたちでめぐらされている複数の根を、ひとつずつひき抜いていく。支配をまっとうするには、芸術や文芸を根こそぎにするのが最上の方策である。夢想家であり策士でもあるルノーは言う。ヴェネツィアの由緒ある教会やフレスコ画を破壊して、その廃墟のあとにイスパニア風の教会を建てよ。祈りのなかで神を求めるときでさえ、おのれの従属性を意識せざるをえないように。

文化的な根こぎは再生の希望を根底からうち砕く。たとえ政治的な解放がもたらされても、ひとたび連続性を断たれた文明はよみがえらない。天空や太陽や海などの大自然も、芸術の粋をこらした教会や宮殿などの石の建造物も、征服された人びとの眼には実在性を失い、そのくせ奇妙に現実味のある悪夢と化すだろう。ルノーは翌朝には支配者となるジャフィエに進言する。「あなたの意志、あなたの気まぐれ、あなたの夢が、人びとにとって唯一の現実となるのです」。絶対的な夢想家として、他者のうえに現実として、悪夢として君臨する、人間にとってこれほど輝かしい生があろうか(P78)。

例の冷静なヴェテラン将校はヴェネツィアの多くの家族と親交があり、かねてより緊急時には自分の剣で恩義に報いるつもりでいたが、「栄光にむけられた決定的な瞬間が迫りくるいま」、彼らとてもはや地表でうごめく「蟻のごときもの」としか思えないのです、とジャフィエにうちあける(P93)。ルノーも似たような考えを披露する。今後、ヴェネツィア人にはわたしが自分たちと同類の人間だと思ってほしくないものだ、この行為によってわたしは人間を超越する存在となるのだから。国家という個々の人間の集合体を超越するなにかを指先一本で破壊しうる人間とはなにか。それはすなわち、神のごとき存在であろう。創造ではなくもっぱら破壊をこととする神ではあるが、たしかにもはや人間ではあるまい。

そこなおうとする相手が自分と同じ人間ではないと思えるとき、あらゆる残虐行為が可能となる。古今東西、あらゆる陣営が敵兵たちを人間以外の動物に譬えてきた。人種、宗派、宗教、習俗の相違は、そうした差別化を容易にした。それも現在では支障があるとすれば、昨今の映画のように異形の異星人《エイリアン》がいる。人間としてみた相手への憎悪が悪を生むのではない。人を人とも思わぬ注意力の欠如があらゆる悪を培養する。ジャフィエがはげしく動揺するのは、ヴェネツィアという都市《シテ》の実在性、そこに住まう他者の実在性に気づいたときだ。きっかけはヴィオレッタの無邪気な言葉である。ヴェネツィアのように美しい都市には破壊も隷属もありえない、ぜったいに、そんなことは神がゆるさない、兵士でもなく要人の手腕でもなく、ヴェネツィアの美しさがこの街を守ってくれる、と彼女は信じているのだ(P 89)。

この夜、その美しいヴェネツィアになにがおこるかを知っているジャフィエは、ヴィオレッタのあまりにも素朴な信頼に胸を痛める。この運命の夜が明けるとき、眠りからめざめたヴェネツィアの人びとを待ちうけているのは、聖霊降臨祭の陽気な叫び声ではなく、恐怖と苦痛からしぼりだされる低いうめき声であろう。この娘も生きて太陽を拝めまい。あるいは魂をなくした生ける屍となって、死ねずにいるわが身を呪いながら朝を迎えるかもしれない。

5　憐れみと贖いの悲劇

ヴィオレッタに別れを告げてひとりになったジャフィエは、戯曲の中核をなす長い独白をつぶやく。一九四〇年の敗戦から四三年の作者の死による中断まで、幾度となく推敲されて、異同原稿《ヴァリアント》も五〇を数える個所である。戯曲中の白眉といってよい。

ゆっくりと太陽は水平線へと沈みゆく。
その最後の焔のきらめきが、海に、運河に、消えてゆくとき、
都市《シテ》もまた姿を消してゆくのだ。
明日の太陽は光をもたらすのではない。
黎明に、太陽が容赦なくあばきだすのは、
鋼の剣が通りすぎたあとの、街の屍。
鋼に貫かれた者は、二度と太陽にまみえることもない。
あと数時間もすれば、都市は死んでしまうだろう。
瓦礫の山、荒れた砂漠、散乱する動かぬ亡骸。
生きのびた者もみな亡骸にひとしい。
ただ驚き、黙して、服従するのみ。
愛する者たちが穢され殺されるのをみたあとでは、
だれもがおのれの憎む相手に急いで身をゆだねるだろう。

……

今宵、わたしの手で恐怖と恥辱と死が、
彼らのうえにくだる、そして彼らはこのわたしを主といただく。
この地の人びとは、意に反して、わたしに服するだろう。
この夕べ、街はまだしあわせにいだかれて輝いている。
もうひと晩だけ、街の人びとは無疵《むきず》で誇りたかい。
あの最後の太陽が光で街をつつんでいく。
もし知っているなら、憐れみでその歩みをとどめるだろうに。
しかし太陽は憐れまない、そうだ、このわたしも。
太陽と同じく無情であることが、はたしてわたしにゆるされようか、
いかなる都市が滅びに瀕しているかを、この眼で見ているこのわたしに。

(P 94–96)

ジャフィエは太陽が歩みをとどめる奇蹟を求める。姑息な解決法だ。そうすれば自分にゆだねられた殺戮の指揮をとらずにすむ。決行が延期されれば、ピエールが帰還し、指揮権もピエールの手にもどるだろう。しかし太陽は憐れみを知らない。フィレンツェのメディチ家礼拝堂の「夜」と「黎明」の一対の彫像は、ヴェネツィアの命運を先取りする。ヴィオレッタの待ちのぞむまばゆい曙光は、「敗れさった者の眼を黎明の光で傷

つける、生まれるまえに死んでしまった一日」(P 27)を告げる合図となる。このまま太陽のように惰性にまかせるなら、翌朝かならずヴェネツィアは血の海に沈むだろう。しかし良心にしたがって行動するなら、祝祭の日に鎖につながれ拷問の苦しみのうちに死んでいくのは、苦境にあって助けあってきた親しい仲間たちなのだ。どちらの悪を選ぶべきか。ジャフィエを襲うのは、「叡智が、眠りのうちに一雫《ひとしずく》一雫《ひとしずく》と、心に近く滴らせる、苦痛にみちた記憶の痛み」(アイスキュロス『アガメムノン』)である。そして、ふつうの人間たちから切り離され、異質で孤立する存在となる。ひとりで思案し、ひとりで決行し、ひとりで責任を負うのだ。ジャフィエは十人《ディエチ》会書記のもとに行き、仲間の無条件放免の確約とひきかえに、クーデタ計画の次第を告げようと申しでる。

　情報を得たい書記はすみやかに言質を与え、ジャフィエは額面どおりに信じる。厄災は回避されたのか。いや、事態は急変する。もちろん国家理性《レゾン・デタ》は、マキアヴェッリの描く君主と同じく、必要ならば嘘も方便とみなすことを恥とはしない。叛徒を無罪放免するわけにはいかない。裏切り者にたいして誓言を守る必要もない。仲間を裏切る人間などそもそも信用できようか。約束を守らぬ口実が守るべき理由を圧倒する。約束が反古になるのは、陰謀が明るみにでたことで、一挙にジャフィエとヴェネツィア支配者層の力関係が逆転したからだ。書記は生命の恩人にたいして鷹揚な態度をとる。「罪人はすべて死罪に処せられます、ヴェネツィアの安寧のため、生きながらえさせるわけにはいかぬので」。さらに破格の恩恵でもほどこすかのように、「ただし、あなただけは十人会の寛大な処置により、生命を救われ、そのはたらきには謝礼が与えられるでありましょう、この地からの即刻退去とひきかえにではありますが」とつけ加える(P 107)。ジャフィエの最初の反応は怒りである。

かくもいやしむべきやつらを救ってやったのは、かかる仕打をうけるためだったのか。

昨日、やつらは滅びに瀕していた、やつらには死と隷従が、わたしには栄光と幸運が。成功はまちがいなかったのだ。
それなのに、わたしはすべてをすてた、憐れみから、やつらを救おうとして。(P 107)

刑吏に引きわたされた仲間たちも、滅亡の一歩手前で救われたヴェネツィア人も、ジャフィエの行動が理解できない。あまりにも動機が常軌を逸しているからだ。以前からジャフィエの勇気と廉潔を買っていた書記にも、裏切りの真意はつかめず、かつての友人に他人行儀ではあるが慇懃な態度で接する。もっとも、書記がジャフィエに話しかけるのは二度だけで、あとは秘書のバッシオへの命令をつうじて間接的に応じるだけだ。

もはや対等に言葉をかわすべき相手ではないことをジャフィエにわからせるために。ジャフィエの身辺警護を命じられた秘書のバッシオや衛士たちは、不満でならない。なぜ、こんなだいそれた犯罪をおかした逆賊を、しかも仲間を売ったあさましい裏切り者を、民衆の正当な怒りから守ってやらねばならぬのか。やがて集まってくる職人や徒弟にいたっては、あからさまな侮蔑や嘲罵をあびせる。都市《シテ》を救った恩人がユダ呼ばわりされるのだ。

ジャフィエの内的な矜持は崩れていく。社会的な認知のない人格など無にひとしい。だれもジャフィエに話しかけず、だれもジャフィエの訴えに耳を貸さない。当初の憤りは力ない嘆きへと変わる。その嘆きは大自然にむけられ、ジャフィエはアイスキュロスのプロメテウスとなる。神からも人間からも不当な仕打をうけていると感じ、大自然の美しさにも慰められぬほど追いつめられているが、それでも叫ばずにはいられない。

天空よ、都市《シテ》をてらす太陽よ、
海よ、運河よ、水にとける大理石よ、
わたしはきみたちに語ろう、人間たちにではなく、
人びとはもはや聞く耳をもたぬから。
きみたちの輝きを救ったのはこのわたしだったが、

不幸なことに、わたしはもうおしまいだ。
きみたちのためにわたしは滅びさる、呪われよ。
きみたちもまた、いずれは滅ぶだろう。
かつて人びとはわたしの言葉に耳を傾けた、わたしが話せば答えてくれた。
わたしもまた人間だったのだ。だがいまは獣のようだ、
いかに切望しようと、わたしの声はもはや理解されぬ。(P 117)

自己憐憫と無力な呪詛にふけっていたジャフィエも、叛徒の残党が絶望的な抵抗をこころみているという報《しら》せに、はっとわれに返る。ヴェイユが愛したソフォクレスの主人公たち、とりわけアンティゴネーやエレクトラと同じく、嘆きや泣きごとを存分に並べたてたあとで、彼もまた本来の矜持をとりもどすのだ。英雄とは、なにがあっても弱音を吐かず、どんな試練にも動じないような超人のことではない。身近な人びとの支えもなく、苦境のうちに見苦しくのたうちまわったあげく、最後には自分の弱さもふくめて、毅然として不幸をうけいれる人間のことである。受諾によって不幸の加える打撃がいささかも軽減されるわけではないが、不幸が魂を内側から浸蝕することを妨げることはできよう。能動的な受容ともいうべき決断は魂を救うかもしれない。

旧約聖書のヨブはその義《ただ》しさのゆえに悪魔に嫉妬され、社会的にも肉体的にも心理的

にも、ありとあらゆる辛酸をなめた。家族や財産をすべて失い、かさぶただらけの無残な姿にされ、親しい友人にさえみすてられ、絶望の一歩手前まで追いつめられる。しかしまさにそのとき神ははじめて沈黙を破り、ヨブと一対一で対峙し、世界の美しさと奥深さをヨブに啓示する。神が語りかけるのは、万人にうちすてられたヨブにであって、ヨブの「不信仰」をなじって教訓をたれる信心家ぶった友人たちにではない。神の奥義は慰めなき不幸の代価なしには与えられないのだろうか。

たったひとりで僭主クレオンに逆らった気丈なアンティゴネーも、父の殺人者たちの監視のもとで虐待に耐えて復讐の機会をうかがっていたエレクトラも、オリュムポスの支配者ゼウスの不興を買ってまで人間を救ったプロメテウスも、ヨブの孤独を共有する。彼らはみな、一度ならず不条理な運命を呪い、無慈悲な抑圧者を恨み、無関心をよそおう傍観者たちをなじり、みじめなわが身を憐れまずにはいない。

ひとり死に赴くアンティゴネーはせめても同郷の人びとの同情を欲する。「眼をわたしにむけてください、わが祖国の市民たちよ。わたしは最後の道行をたどり、最後の太陽を仰いでいるのです」(SG 61)。エレクトラも弟の骨壺(と思っているもの)をだきしめて悲嘆にくれる。「オレステスの生命の残滓、……このようなかたちでわたしに送り返されるとは。愛しい姿ではなく、灰と虚ろな影として……。ああ、あなたはわたしの滅びをひきおこした、愛しい弟よ。いま、あなたの住まいに迎えておくれ……。死んでしまった人びとは苦しむとは思えないから」(SG 70–71)。ジャフィエは叛徒の群れに身を投じて死ぬだろう。ヴェネツィア名物の洗練をきわめた拷問でむごたらしく殺されていった仲間たちの血を、勝機なき戦いで流されるおのれの血で償うために。「死がわたしを捕らえにやってくる。いまや恥辱はすぎさった。やがて光を失うこの眼に、街はかくも美しい。二度ともどることなく、生者の地を離れねばならぬ。わたしの赴くところ、もはや黎明もなく都市《シテ》もないだろう」(P 133)。

これら孤独な主人公たちは、光(太陽もしくは視力)を失い、生者の地から追放され、憧れも苦しみもない彼岸へ、たったひとりで旅だつ覚悟を決める。土壇場で救われるエレクトラはともかく、アンティゴネーの死もジャフィエの死も無意味な犬死とみえる。しかし、このふたりの死は都市を救う。テーバイを追われたオイディプスが、長い放浪と試練のはてにアテナイの守護神となるように、アンティゴネーはその死をもって、父オイディプスの穢れと僭主クレオンの驕りからテーバイを浄める。おそらくヴェイユはこう言いたいのだ、ジャフィエもこれらギリシアの主人公と同じ機能、みずからの生命を賭して都市を救うという贖罪の機能をはたしているのだと。職人や徒弟たちが注視するなかでのジャフィエの死は暗示的である。自分が救おうとした民衆の無理解と憎悪によって滅んでゆくジャフィエは、大市民《ポポロ・グラッソ》にあおられて暴走した仲間のせいで追放されてしまう梳毛工《チオンピ》の指導者ミケーレ・ディ・ランドでもあった。

ローマの護民官として民衆のための改革を断行したグラックス兄弟は、撲殺または自殺という悲惨な最期をとげた。逆に、護民官の権限を抑制し、独裁者として怖れられたスッラは、公職をしりぞいてからも悠々自適の余生をまっとうできた。やはりマキアヴェッリは正しい。「支配者は愛されるよりも怖れられるほうが安全なのだ」(『君主論』)。敬愛する相手を欲得や卑劣さゆえに裏切ることはできる。しかし怖れている相手には手出しをしない。愛の絆は一方的に断ちきれるが、強大な相手にたいする恐怖の絆はゆるがない。ヴェイユがおかれていた亡命の状況を考えるならば、戯曲『救われたヴェネツィア』の政治的な含意はあきらかだ。根こぎと都市への憐れみの主題は、晩年の主著『根をもつこと』においていっそう敷衍的に考察されていく。

第五章　不幸と注意力
――ポルトガル／アッシジ／ソレーム（一九三五―四〇年）

1　無辜の人間の苦しみ

『救われたヴェネツィア』の主人公ジャフィエは、ヴェイユの意気込みによると、ギリシア悲劇の伝統につらなる「完璧な存在」(P 52)であった。いうまでもなくギリシア悲劇の主人公たち、なかでもアイスキュロスのプロメテウス、ソフォクレスのアンティゴネーやエレクトラが、ジャフィエのモデルであったことは疑いをいれない。これらの神話的形象への共感は古典をみっちり叩きこまれたリセ時代にさかのぼるが、工場就労から戦争へとむかう時期に生じたある体験を境に、いっそう頻繁な言及といっそう独創的な解釈が加えられる。この体験についてはヴェイユ自身が、ペラン師への手紙(一九四二)で語っている。「カトリシズムとの真に重要な三度の接触」である。

一九三五年九月、第一の接触がポルトガルの小さな漁村で生じる。ヴェイユは工場就労を終えたばかりで心身ともに疲れきっていた。舟のまわりで胸がはりさけるほど悲しげな聖歌をうたう女たちをみて、ヴェイユはとつぜんある確信を得た。「キリスト教はすぐれて奴隷の宗教であり、奴隷はこれに帰依せずにはいられず、その奴隷には自分自身もふくまれる」(AD3 43)という確信である。第二の接触の舞台は一九三七年四月のアッシジである。フランチェスコゆかりの小聖堂サンタ・マリア・デリ・アンジェリで、「自分よりも強いなにかに迫られて、生まれてはじめてひざまずいた」(AD3 43)。そして一九三八年四月、ソレームのベネディクト修道院で第三の接触がおきる。つねにもまして苛烈な頭痛と闘いながら、グレゴリオ聖歌に耳を傾けようとしていたとき、「注意力を極限まではたらかせ……、不幸をとおして神の愛を愛する可能性を理解した」(AD3 43)のである。

ヴェイユの「神秘体験」はすぐれて審美的である。ポルトガルのさびしい漁村で耳にした古い聖歌、はれやかなウンブリアの野にいだかれた一二世紀のロマネスク小聖堂の美しさ、ソレームの修道院の聖堂にひびく荘厳なグレゴリオ聖歌、そのいずれの体験においても聴覚的・視覚的な美が大きな役割を演じている。ヴェイユはギリシア語の「主の祈り《パーテル》」がキリスト自身にさかのぼると確信していたが、テクストが人間の手になると考えるには「あまりに美しすぎる」(EL 205)というのが根拠であった。つぎの例でもやはり美の役割は決定的である。非占領地域のマルセイユに住まいをさだめ、かなり具体的なキリスト教の教義や教会に関心をもつようになっても、祈ることは意図的に避けてきた。パスカルが『パンセ』で推奨した祈りの暗示的効能を嫌い、やむにやまれぬ必然に迫られずして祈るのは不誠実であると思っていたのだ。しかし一九四一年の秋、あるきっかけで「主の祈り」を暗唱するようになる。ギリシア語の一句一句の美しさを味わいながら、絶対的に純粋な注意力をこめて、毎朝一度だけ唱えるうち、予想もしていなかった事態が生じた。ヴェイユはつぎのように説明する。思考が身体からひきはがされ、展望も視点もない空間の外に連れさられてしまう。空間がひらかれて、知覚される通常の空間の無限が、二乗の無限、ときには三乗の無限にとってかわられる。同時に、この無限はくまなく沈黙でみたされる。音の欠落ゆえの沈黙ではなく、はるかに実証的な感覚の対象であるような沈黙によって(AD3 48–49)。

こうした体験をとおしてヴェイユは「プラトンが神秘家であり、『イリアス』があまねくキリストの光につつまれており、ディオニュソスやオシリスがある意味でキリスト自身である」(AD3 46)ことを直観する。つまりヴェイユのキリスト教神秘神学は、その本質において、インドの種々のウパニシャッドや『バガヴァッド・ギーター』、メソポタミアの『ギルガメシュ叙事詩』やエジプトの『死者の書』、『マニ教講話』やチベットの仏教や中国の道教、さらには日本の禅仏教の経典といささかも対立しない。学生時代に愛読したギリシアやローマの悲劇や史書や哲学書を、あらたな興味をもって読みかえし、確信したのである。インドやギリシアや中国で実践されていた観想は、キリスト教の神秘家たちとひとしく超自然的であり、プラトンも十字架のヨハネも、ウパニシャッドも道教も、エレウシスの秘儀もピュタゴラス派の数学研究もすべて、唯一無二の神聖な神秘宗教の伝統につらなることを。なぜなら、キリストが永遠の神のロゴスであるならば、紀元前のエジプトにせよギリシアにせよインドにせよ、神の憐れみを心から求める人びとのために降臨したとしても、まったく論理的に矛盾はないからである。

いうまでもなく、こうした非歴史的かつ「諸教混淆的な」視点は、歴史的な連続性とできごとの一回性を重視するユダヤ教や正統派キリスト教とは、根本的に相容れない。そしてヴェイユの「イミタティオ・クリスティ（キリストのまねび）」は、もっぱら十字架上の断末魔にあっていっさいの尊厳を奪われたキリストにむかい、正統教義の中核をなす「復活」はむしろ軽視される。いっさいの力の行使を拒否したがために残酷な死をとげるその完璧な純粋さは、耳目をそばだたせる奇蹟や復活の事実にもまして、説得力をもってキリストの神性を証明する。ヴェイユの語る磔刑のキリストは、さんざん鞭うたれ、鎖につながれ、両眼を焼かれて苦しむプラトンの「完全な義人」であり、「人びとに蔑まれ、のけ者にされ、病を知る悲しみの人」と呼ばれる第二イザヤの「主の下僕」である。それはまた、永劫の業罰を科されたアイスキュロスの悲劇『縛られたプロメテウス』の主人公プロメテウスであり、さらに敷衍すればティタンたちに惨殺されて貪り食われるゼウスの子ディオニュソス・ザグレウスであり、プルタルコスが伝えるところでは八つ裂きにされてナイルに投げすてられた賢王オシリスでもあった。

呪われたオイディプスの放浪につきしたがった忠実な娘アンティゴネーは、叔父のクレオン王の禁止にもかかわらず、祖国への叛逆者として戦死した兄ポリュネイケスを埋葬しようとして捕らえられ、生きながら地中にうめられて死ぬ。トロイア攻めの総大将アガメムノンの娘エレクトラは、父を謀殺した母クリュタイムネストラとその愛人アイギストスに逆らいつづけたため、食事も衣服もろくに与えられず、朝から晩までこき使われる召使の境遇におとしめられる。アンティゴネーとエレクトラはキリスト自身よりは、むしろキリストの足跡をたどろうとするヴェイユの姿とかさなる。

プロメテウスもアンティゴネーもエレクトラも、頑固なまでに潔癖で誇りたかく、そしてそれゆえに孤独と苦しみを強いられる。いずれも絶対的な権威に叛逆し、世間の常識や処世術との妥協をこばみ、家族や友人の支援もなく、社会の敗残者として孤立し、たえがたい肉体的苦痛と心理的屈辱を味わう。それでも誇りを失わず信念をつらぬきとおす。不死のティタンであるプロメテウスは死ぬこともならず苦しみつづけ、アンティゴネーはクレオン王の命令で若く非業の死をとげ、エレクトラは唯一の心の支えであった弟オレステスの死を告げる報せにも、抑圧者の慈悲にすがろうとは一瞬も考えない。ヴェイユによれば、『縛られたプロメテウス』の叡智を欠く粗野なゼウスは、叡智そのものであるプロメテウスと一体をなす。アイスキュロスの他の作品では、ゼウスの第一の属性は叡智であり、『アガメムノン』の合唱隊コロスもゼウスの叡智を讃美する。

ゼウスよ、御身がどなたであるにせよ、この名で呼ばれることを嘉《よみ》されるならば、
この名で呼ぶことにしよう。……
ゼウス、このかたに思いをむけてその栄光を叫ぶ者はだれでも、
充溢せる叡智をさずかるであろう。……
叡智、ゼウスは死すべき者どものために叡智の道をひらいてくださった、
苦しみをつうじて知る、これを至高の法《のり》として定めることによって。
叡智は、眠りのうちに一雫一雫と、心に近く、
苦痛にみちた記憶の痛みをしたたらせる。
神々からすれば、これはあらあらしい恩寵だ、
天上の舵にましします神々からすれば。

この縛られたプロメテウスはゼウスの「分離された叡智」である。岩につながれて苦しむのはゼウスにほかならない。「プロメテウスは人間たちの師であり、彼らにすべてを伝授した。『アガメムノン』では伝授したのはゼウスとされている。だからそれは同一のものだ。ゼウスが人間たちに叡智への道をひらいたのは、プロメテウスを磔刑に処

することによってであった」(SG 45)とヴェイユは書いた。現存しないアイスキュロス作『解放されるプロメテウス』は、ゼウスとプロメテウスの和解を神と神の再合一として描いていたはずだ。至高神たる威厳をたもつべく、人間と親しく交渉してはならぬ超越的な神と、慈悲と愛の神の本性にうながされて、憐れむべき状態にある人間を救い、教え、励ます内在的な神の、分離と統一のドラマとして。さらにいえば、このドラマはギリシア的「三位一体」を含意する。罪なくして過酷な罰にさだめられた「身内の神」に同情しつつも、父神ゼウスの命をうけてプロメテウスを鎖につなぐのは、焔を第一の属性とする鍛冶の神ヘファイストスである。

晩年のヴェイユはコーカサスでくりひろげられるこの三位一体のドラマに、全能の父、父の叡智である子、愛の焔である聖霊の表象をみた。つまりアイスキュロスの悲劇は、人間の救済をめぐる神の贖いのドラマとなる。ヴェイユはこう記す。「人間の犯罪に憤激して、ゼウスは彼らを滅ぼそうと欲した。プロメテウスが人間のために介入したが、聞きいれられなかったので、人間に焔を与えた。これが神的な愛の焔すなわち聖霊である。この瞬間から、人間がゼウスに懲らしめられることは問題外となった」(『カイエ4』571)。だが不従順の罪は贖われねばならず、プロメテウス自身が身代わりに懲罰をうける。白鳥に変えられた兄たちを救うグリム童話の少女のように(I 57-59)、人びとの罪過を負わされる『イザヤ書』の義人のように、打たれても嘲られても口を開かなかったキリストのように、罪なき存在が償わねばならない。アイスキュロスの語るプロメテウスは、人間への憐れみゆえに神性を脱ぎすてて人間となり、生き、苦しみ、死んだキリストを思わせる。

おお、聖なる天よ、速やかなる翼の風よ、
おお、河とその泉たちよ、おお、海とその波よ、
無数の微笑よ、そしてあなた、万物の母、大地よ、
そして万物をみそなわすもの、日輪よ、わたしはあなたたちに呼びかける。
このわたしを見よ、神々がひとりの神をどれほど苦しめているかを。

かくて愛する者は愛されないという法則どおり、プロメテウス＝キリストは、同輩の神々からはもとより恩恵をうけた人間からも、愛されず理解もされない。『縛られたプロメテウス』の最終聯で、孤独な叫びはついには大自然にむかう。天も日輪も海も黙して語らぬと知りながらも。

2　神と人間の認知のドラマ

本性的にゼウスと対等であるプロメテウスと異なり、アンティゴネーやエレクトラは、

人間となった神の子キリストの表象としてではなく、人間としてあるべき範型として理解されている。子どものいない独身女性であるふたりは、係累や子孫によって時空列に根をおろす社会の仕組から落ちこぼれている。頑固で潔癖で誇りたかく孤独な女性(とくにアンティゴネー)は、ヴェイユの自覚的な分身である。工場就労の翌年の一九三六年、ある工場の労働者が読む機関誌に「第一級のギリシア韻文の翻案」(SG 8)をのせることを思いついたときも、迷わず『アンティゴネー』を選んだ。「とてもたえられぬような苦境にあって、たったひとりで闘う勇敢で誇りたかい存在」(SG 57)だからである。しかし、ときには孤独や屈辱にうちひしがれ、勇気も挫けそうになる。怖れやためらいに動揺し、絶望から自暴自棄になりそうになる。だからこそソフォクレスの主人公たちは労働者の共感を呼ぶのであろう。

孤独な墓所となるべき洞穴へと曳かれ、緩慢にして確実な断末魔の苦しみをまえに、さすがのアンティゴネーも自制心を失い、渾身の力をふりしぼって嘆き悲しむ。「このようにみすてられ、友のひとりもなく、あわれなこと、生きながら死者たちの穴へ入っていく。神々のまえでどのような罪をおかしたというのか。それでも、不幸なわたしは、まなざしをむけねばならぬのか、神々のほうへと。援《たす》けをだれに求めよう。こんなむごい仕打をうけるのも、わたしが善いことをしたからなのか」(『アンティゴネー』)。

ラシーヌやコルネイユの主人公ではこうはいくまい。飢えや雑役に追われるフェードルなど想像できない。ラシーヌのフェードルは、一瞬たりとも王妃にふさわしい威厳をすてず、ただひたすらものうげに恋の悩みをうったえる。かたやコルネイユがうたいあげるローマの英雄ポリュウクトは、天の王国のほうが地上の王国よりも征服しがいがあると考え、かつて皇帝のために出陣したのと同じ心性をたもちつつ、天上へのエスカレーターである殉教への道を邁進する。異教徒のアレクサンドロス大王は、征服の対象が地球しかないと涙したが、これらキリスト教徒の英雄たちの征服は彼岸にまでおよぶ。その主たる関心事は、騎士道的名誉や恋愛の成就や権力闘争である。一七世紀フランスの古典悲劇は、韻文の美しさはともかく、ヴェイユに言わせれば有閑階級の暇つぶしであり、日々の労苦に身をかがめる労働者たちとはなんの接点もない。心理的な遠近法が地理的・時間的な遠近法とかさなるとはかぎらないのだ。

『アンティゴネー』についで翻案をこころみたソフォクレスの悲劇は『エレクトラ』であった。工場長や職制から奴隷のような扱いをされている労働者であればこそ、身にしみて理解できる物語だと思ったからだ。「すべての悲劇のなかで、もっとも暗いと同時に、もっとも光にみちている」と、ヴェイユは『エレクトラ』を紹介する。

エレクトラの物語はよくできていて、人生の流れにおいて、不幸であることのなんたるかを知る機会を得たすべての人びとの心をゆり動かす。もちろん、この物語はたいへん古い話である。しかし、悲惨、屈辱、不正、自分はひとりぼっちだという感覚、自分は不幸にゆだねられ、神からも人間からもみすてられているという感覚、これらは古いものではない。いつの世でも、生活が毎日のように不運な人びとに押しつけてくるものである。(SG 63)

この悲劇の終わりには救いがある。エレクトラが弟の訃報に涙する瞬間に一条の光がさしのべる。眼のまえに立つ若者は死んだはずの弟オレステスなのだ。「オレステスはクリュタイムネストラとアイギストスを殺す。ついに抑圧はうち砕かれる。エレクトラは自由の身である」(SG 72)と、ヴェイユは物語を軽やかにしめくくる。アンティゴネーは兄を弔うために死に、エレクトラは弟の手をかりて父の仇をうつ。前者は犬死とも思える末路をとげ、後者は復讐をはたして救われる。結末はまったく逆であるにもかかわらず、一九三六年のヴェイユ翻案では、このふたりの女性は同一人物であるかのように描かれている。アンティゴネーがクレオン王の命令にそむくように、エレクトラも父の殺害者たちの命令にそむく。社会的にひろく認知された権威の掌握者であっても、彼女たちにとっては不当な権力簒奪者でしかない。とはいえ彼女たちが承認する「正当な権威」も、つまるところ伝統的な父権制に依拠している。なんらかの時点で簒奪されなかった権威が存在しないように、未来永劫に安泰な権威も存在しない。権力と簒奪は不可分なのだが、ヴェイユはこの悪しき循環を解体しようとする。アンティゴネーがクレオン王に逆らってもちだす権威は、「書かれてはいないが廃れることのない神の掟」である。問題になるのは「成文律」と「不文律」の相対的な落差ではなく、「人間の掟」と「神の掟」の根源的な齟齬なのだ。

翻案劇『エレクトラ』(一九三六)では、エレクトラの勇気と苦難と解放に焦点があてられるが、ほかにもエレクトラをあつかった論考が二編ある。急速にキリスト教に傾いていくヴェイユの心境を反映してか、「神と人間の認知」(一九四一—四二)と「エレクトラの嘆きとオレステスの認知」(一九四三)では、エレクトラは不幸に呻吟する人間の魂に、オレステスは死んで復活するキリストに模される。ヴェイユが訳出する詩句は、福音書が語るマグダラのマリアと復活のキリストの再会を思わせる。

エレクトラ　不幸な子、あの子の墓はどこですか?
オレステス　そんなものはありません。生きている者に墓はないのです。
エクレトラ　あなた、なにをおっしゃるのですか。
オレステス　わたしの言葉に嘘はありません。
エレクトラ　では、あの子は生きているとでも?
オレステス　はい、この息がわたしのうちにあるのならば。

エレクトラ　では、あなたが、あなたがあの子なの？
オレステス　……
エレクトラ　おお、愛しい光よ。
オレステス　たしかに愛しい。わたしが保証します。
エレクトラ　おお、その声、あなたはここにいるのですね。
オレステス　もはやよそに尋ねる必要はないのです。(SG 53-54)

イエスの遺体が葬られたはずの墓が空《から》であると知って、マグダラのマリアは途方にくれる(『ヨハネ福音書』)。報せを聞いて駆けつけた弟子たちは、すぐにあきらめて帰ってしまうが、マリアはいつまでも泣いている。後ろをふり返るとイエスが立っているが、それがイエスだとはわからない。イエスは彼女に言う、「なぜ泣いているのか、だれをさがしているのか」と。彼女はイエスを園の管理人だと思い、遺体はどこにあるのかと尋ねる。イエスが彼女に「マリア」と呼びかけた瞬間、マリアはイエスを認知し、「先生《ラボニ》」と応じる。エレクトラもマリアも愛する相手をすぐには認知できない。認知への第一歩はオレステスもしくはイエスの側からなされる。それもエレクトラやマリアの悲嘆の烈しさに負けたかのように、ほとんど意に反して正体をあらわすのだ。だから、唯々諾々と強者にしたがう従順な妹のクリュソテミスや、イエスの死をあっさりうけいれる弟子たちは、再会の機会をみすみす逃してしまう。あらゆる希望や期待がうち砕かれたあとも、偽りの慰めに逃げこまず、失意の闇にふみとどまる者だけが、予期せぬとき、予期せぬ状況で、予期せぬ相手のうちに、だれよりも愛する者の顔をかいまみるであろう。

アンティゴネーが死にいたるまで忠実をつくすのは、第一義的には兄のポリュネイケスだが、最終的には「隠れたる神」である。ただし、この「隠れたる神」は此岸では力がない。愛と力は無関係である。ゆえにクレオンがアンティゴネーに言うように、「愛さねばならぬのなら、あの世のものどもを愛する」しかない。「アンティゴネーは完全に純粋で、完全に無垢で、完全に英雄的な存在であるから、罪ゆえに彼岸で不幸な宿命にさだめられた兄を救うべく、みずからを死にゆだねる」(IP 19)。エレクトラに人間の魂を演じさせたヴェイユは、アンティゴネーにも一個人をこえた役割を課する。すなわち罪ある人間を救う罪なき贖い主の役割を。

多くのギリシア悲劇には、罪に端を発する呪詛が、世代から世代へとひきつがれてゆき、ついには完全に純粋な存在に達し、この存在があらゆる苦渋をなめつくす。そのとき呪詛はとどめられる。こうしてライオスがおかした神への不服従の罪から、ひとつの呪詛が生まれた。呪詛をその身にこうむって呪詛をとどめる純粋な存在は、アイスキュロスにあってはエテオクレスであり、ソフォクレスにあってはアンティゴネーである。……ギリシア悲劇における宿命と呼ばれるものは、はなはだしく誤解されてきた。ひとたび罪によって生じるや、人から人へとひきつがれてゆき、神にしたがう純粋な犠牲者の苦しみによってのみ破壊されうる、という呪詛の思想があるのであって、宿命なるものは存在しないのだ。（IP 20）

凡庸な人間は、周囲の世界を変えることで、つまり悪を他者に転嫁することで、わが身にふりかかる苦しみをまぬかれようとし、悪はそのまま他者へと伝達されつづける。不遇時代に身をよせたペロプスの子息を誘惑したライオスの罪が、代々ひきつがれていく一連のオイディプス神話を生みだすのだが、この呪詛を一身にうけとめて浄めるのは、ヴェイユの解釈ではオイディプス本人ではない。たとえ意図的ではないにせよ、オイディプスは純粋な存在ではないからだ。「宿命の女神アテーは走る。爪先で人間の頭上を跳びこえながら、頭から頭へと、だれかが彼女をとどめるまで。そのとき彼女はその人のなかに入りこむ」（『カイエ4』4）。つまり、テーバイの始祖カドモスの末裔たちにのしかかる呪詛の連鎖を断つのは、オイディプスの無垢の子らである。

この罪の浄化のメカニズムを理解するには、懲罰と赦免の連関を考察せねばならない。だれかに理由もなく殴られたら、即座に殴りかえすか、それが立場上できないならば、ほかのもっと弱いだれかを殴りたくなる。悪をこうむった者は、その悪を自分の外部に放りだすまでは気がすまない。外部とはすなわち、自分の意のままになる他者であり、いわばゴミ箱としての世界全体である。悪を撤廃するのではなく、悪を自分の存在の枠内から遺棄するだけであり、悪の際限なき再生産に寄与するだけのふるまいを、ヴェイユは「弁償行為《サティスファクション》」(『カイエ4』155–158)と呼ぶ。ところが神の存在領域は森羅万象におよぶがゆえに、神には悪を投げすてるべき外部がない。神の内部にかかえこまれた悪は、悪の撤廃を望む神の願望にふれて、虚無のなかに落ちこむ。これが神による「弁償行為」である(『カイエ4』158)。アイスキュロスのエテオクレスやソフォクレスのアンティゴネーは、おのが身に悪をひきうけ、その受諾によって悪を苦しみに変え、苦しみを味わいつくすことで悪を消滅させる。アダムの不従順の罪は呪詛となって人類のうえに降りかかったが、キリストの肉体に打ちこまれた釘は呪詛とはならず、「ただ神を傷つけて消滅する」(『カイエ4』158)ほかなかった。このときはじめて呪詛の伝達経路は断たれ、その断絶に贖罪の光がさしこむであろう。

ヴェイユはギリシアの古典を読みなおすと同時に、ウパニシャッドや『バガヴァッド・ギーター』などインドの聖典もひもとくようになる。「親しき友なる二羽の鳥が、同じく樹の枝にとまり／一方は無花果《いちじく》の甘き果実を食し、他方は食さず見つめている」という『ムンダカ・ウパニシャッド』の一節がある。一般的な解釈では、「食べる鳥」

は欲望を充足する消費者を、「見つめる鳥」はその充足行為を監督する優越者をさす。『ムンダカ』もヴェイユも、「食べる」のではなく「見つめる」ことを奨めるが、放棄と注視によって優越せよ、事物をあるがままに見つめ、情念の中立状態に身を移せと説く『ムンダカ』と異なり、ヴェイユはいっさいの力の行使を(精神や意志の力もふくめて)否定する。美しいものはとりわけ欲望をかきたてる。できることなら食べてしまおうと思うが、美がやしなうのは胃袋ではなく眼であって、欲望の充足にはつねに隔たりがつきまとう。美は飢えを呼びおこすが、その飢えをみたしてはくれない。

人生の大きな苦しみは、見ることと食べることがふたつの異なる作用だということだ。……すでに子どもでさえ、ケーキを長いあいだ見つめたあげく、食べたくはないのだが我慢もならず、ついには意に反して手にとって食べてしまうとき、この苦しみを痛感する。おそらく悪徳や頽廃や犯罪というものは、ほとんどつねに、あるいは例外なくつねに、その本質においては、美を食べるという企て、ただ見つめているべきものを食べるという企てである。(AD3 156–157)

イヴは見つめるべきものを食べて神に背いた。とすれば、食べずにいることは救いをもたらすはずだ。ヴェイユの「見つめる鳥」は食べることを拒否する。食べることで外界を変えるのではなく、食べないことで自分自身が変わることをうけいれる。食べてしまえば願望の対象は消滅し、見つめることができなくなる。対象を破壊せずに保存したいなら、食べること、すなわち欲望の充足はあきらめねばならない。注視は放棄を意味し、離脱を前提とする。すべて願望の対象はエネルギーの源泉であるが、とりわけ美しいものは願望をかきたて、強烈かつ膨大なエネルギーを供給する。しかし、このエネルギーは消尽されず、魂は飢えの状態にとどめおかれる。こうして願望の対象物によって供給される低次のエネルギーは、この離脱の装置をつうじて、昂揚したエネルギーに変質させられるのだ(SG 120)。ところで、この地上においては「食べること」も「見つめること」も「愛」と称されているが、同時に、このふたつの営みは両立しえない。欲望をそそる対象を摂取するのではなく、しばし注視できるようであれば、いくらかでも救われるかもしれない(『カイエ4』447)。しかし、果実に手をのばさずに見つめていようとする者は、『救われたヴェネツィア』の主人公ジャフィエのように、不可能な善の選択を迫られるであろう。

3　不幸と匿名性

ヴェイユは「梃子としての小舟」(I 29, 63; C2II 80)の比喩を好んでもちいた。茫洋たる大海の波間にただよう小舟は、小さな舵をもって大自然に抗う。大自然の力は舵をかぎりなく圧倒する。にもかかわらず不変定数の役割をはたす舵は、自然の諸力と小舟との関係を熟知した乗り手にとって、変分系列の総力を自在にあやつる道具となる。量的に微少でも方向づけられた力は、強大でも制御されていない力と拮抗しうるのだ。

はるけき星辰は、かくもやすやすと力をふるう
夜ごと、あらたな襞を水面に織りこむべく
天にささげられた塊、従順をうつす鏡よ
永遠に波をつながれたる散り散りの海よ
軛《くびき》につながれて黙々と服する海

透明な水のひそやかな腕木をのばした天秤
立会人もなく公平に、波間にただよう小舟のために
おのれ自身と水泡と鉄塊の重さを測る
眼にもあざやかな線をあやまつことなく
舟にきざむ青い喫水線は均衡の関係をえがくのだ（P 31）

この「海」と題された詩は、無限定な物質を象徴する海と、限定する数を象徴する星

辰との相互のかかわりをうたう聯で始まる。そして、「空と水のあいだに宙吊りにされた翼は／夕暮の反射光にはえて輝く」(P 31)と、小舟と海の関係がうたわれ、「広大なる海よ、不幸な死すべき者どもに寛恕なれ」(P 32)と、美しくもあらあらしい海に滅びゆく人間への鎮魂歌で終わる。

プロメテウスが人間に与えた恩恵は数多い。最大の贈与である「創造者であり破壊者でもある芸術家たる焔」(P 22)によって、人間は寒さと闇と飢えから解放され、農業と狩猟を可能にする冶金術を学んだ。やがて車輪や梃子によって、円運動を直線運動に、下降を上昇に変換するすべも知った。熟練の手があやつる帆は海の風を制御する手段となり、ランプは鉱物がうまっている地中への降下の道標となった。記号や言語よりも輝かしい贈与は、「妖怪や悪魔たちを息もたえだえに去らせる」(P 23)数である。数の透明性のまえに、気まぐれで残酷な神々として君臨した星辰も、「底なしの空にしかるべく位置を占め／嘘もなく帆布に語りかける」(P 23)。プロメテウスは、ある意味で、圧倒的にイエス・キリストに近い存在である。ふたりとも「神的」な存在でありながら、人間たちを救おうとして至高神から「懲らしめ」をうけた。とはいえ、「人間」でもあったイエスは十字架上で息たえたが、不死なる神であるプロメテウスは死ぬこともならず苦しみつづけねばならない。人びとからも神々からも遠く離れた索漠たるスキュティアの岩山に鎖でつながれて、巨大な鷲に日ごと再生する生き肝を食らわれるのだ。暗闇で獣のごとくみじめに生きる人間を憐れみ、無断で神聖なる火を与えてしまったために、オリュムポス山の支配者ゼウスの怒りにふれたせいで。

過酷な運命が彼をうちのめす
鉄の鎖で岩に釘づけにされ、額はゆらぐ
十字架に吊るされているまに
冷たい苦痛が刃のように入りこむ
時間が、季節が、世紀が魂をむしばみ
日また日がすぎて、心臓を萎えさせる
身体は縛めをうけてむなしくのたうつ
逃れゆく瞬間が彼の嘆きを風にのせて運ぶ
ひとり、名もなく、不幸にゆだねられた肉体よ（P 24）

ゼウスとプロメテウスのはなばなしい反目は外見上のものだ、とヴェイユは言う。アイスキュロスの『アガメムノン』で「死すべき者どものために叡智の道をひらいた」のはゼウスであり、同じ詩人が『縛られたプロメテウス』ではプロメテウスこそ叡智の伝達者だと告げている以上、両者は唯一の神の異なる神格でなければならない。「このわたしを見よ、神々がひとりの神をどれほど苦しめているかを」と、ゼウスの無慈悲な仕打を嘆くプロメテウスは、神からさえもみすてられ呪われていると感じた十字架上のキリストとかさなる。「ひとり、名もなく、不幸にゆだねられた肉体」であったプロメテウスと同じく、キリストもまた、群れをなして闘技場にむかう朗らかで潔い殉教者ではなく、一声で神に逆らう罪人どもをうち殺す勇ましい預言者でもなく、物見高い群集に囲まれて鞭うたれ嘲笑を浴びながら息たえた不幸な人だった。不幸は悪でもなく罪でもない。マルセイユで書かれた「神の愛と不幸」によると、不幸とは社会的失墜、心理的な衝撃、身体的な苦痛が生みだす混淆である(AD3 100)。どの因子が欠けても真の不幸とはいえないが、なかでも社会的な失墜は、かつてローマの奴隷が額に焼きつけられた刻印を、不幸な人びとの魂に刻みつける。

人生の大きな謎は、苦しみではなく不幸である。無垢な人びとが殺され、拷問され、自分の国を追われ、悲惨や奴隷状態を強いられ、強制収容所や独房に閉じこめられることは驚くにあたらない。かかる行為におよぶ犯罪者はいるものだ。病気が課する長期の苦しみが生命を麻痺させて死に似たものとしても、やはり驚くにあたらない。自然は機械的な必然の戯れにしたがうからだ。しかし驚くべきは、無垢な人びとの魂を捕らえて、至高の支配者として魂のすべてを左右する力を、神が不幸

に与えたことだ。不幸の刻印をうけた人は、よくても魂の半分しか保持できまい。(AD3 101)

不幸は肉体的な苦痛やそれに準ずる無数の兆候《しるし》と切り離せない。たとえば不況の一九三〇年代における工場の身分証明書、占領下でみかける軍服姿のドイツ兵、あるいは衣服につけさせられる「ダヴィデの星」がそうだ。小手先の心理的な操作で消滅するような苦しみは想像上のもので、淡い失恋の痛みや思春期の孤独の夢想のように、ロマンティックで甘美な自己満足すらともなう。肉体的な苦痛や外的な必然だけが、隙あらば不幸から逃れさらんとする思考を、慰めなき不幸のただなかに釘づけにする力を有する。治癒すればなんの痕跡も残らない歯痛は、いかに強烈な痛みであっても不幸を構成しない。逆に、痛みそのものは緩慢でも、慢性的で治癒の見込みのない疾病や障碍は、不幸の要因となりうる。「寝ても覚めても一秒の中断もなく」ヴェイユを苦しめつづけ、「間近に迫る廃疾の恐怖さえおぼえさせた」偏頭痛も、このたぐいの疾病に分類されよう。もっともヴェイユ自身は、頭痛は社会的失墜という根本要因を欠くがゆえに、生物学的・心理的な次元に限定された「半‐不幸」にすぎぬと考えていた(PSO 79)。

不幸の特性のひとつは匿名性であって、癒される希望のない病気や障碍は、苦痛の無限定性ゆえに人間をうち砕く。解放の希望をもてぬままに延々とひきのばされた「緩慢な死」はたえがたい。キリストが治癒の手をさしのべた人びとの多くは、この種の病や障碍に苦しんでいた。あらゆる厄災と苦痛と恥辱にうちのめされた義人ヨブは「神は罪なき人びとの不幸を笑う」と叫び、十字架のうえでキリストは「なぜわたしをみすてたのですか」と問わずにはいられなかった。不幸は一瞬にせよ神を不在にする。「わたしはあなたにむかって叫ぶが、あなたは答えてくださらず……、その手の力でわたしを攻めたてる」と嘆くヨブが、絶望的な口調でおのれの無垢を主張するのも、もはや自分でもほんとうには無垢を確信できないからだ。磔刑のキリストはヘブライ人が忌みきらう「木に吊るされて神に呪われた者」(『申命記』)となった。試練をうけてヨブやキリストは友人に慰めや励ましを期待するが、返ってくるのは嘲笑や沈黙やおためごかしの説教ばかり、頼みの神も肝心なときには黙して語らない。

それでもヨブもキリストも真の義人であったから、救いなき絶望の闇のなかでも愛することをやめなかった。しかし多くの人間はそれほど強くも清くもない。不幸をうけいれる準備のない人間の魂を不幸にさらすならば、その魂は確実に死ぬ。だからこそ不幸がダモクレスの剣のごとく万人の頭上に吊るされている時代にあって、不幸への備えを説かずにおくならば、大半の人びとの魂をみすみす不幸の餌食とするにひとしい。

人間の感性は不幸と罪をたやすく混同する。じっさいしばしば両者はからみあっているので、めったにこの混乱の不当性が意識にのぼらない。「われわれの理性が罪にむすびつけるすべての軽蔑、すべての嫌悪、すべての憎悪を、われわれの感性は不幸にむすびつける。キリストがその魂のすべてを占めている人はともかく、すべての人がほとんど無意識にせよ不幸な人を多少なりとも軽蔑している」(AD3 104)。往々にして人びとは罪悪を軽蔑すると称して、じっさいには不幸を軽蔑する。両方がまざりあった状態にある人びとは、罪悪が軽蔑の口実になるがゆえに、最大の軽蔑の対象になろう。「不幸な人や弱者を軽蔑しないキリスト教は革命的なのである」(SP2 68)。残虐な連続殺人や国家叛逆をおかした犯罪者には、ある種の畏怖を鼓舞する非日常性と威信がまとわりつくので、大衆が惨めさや弱さにむけるあからさまな侮蔑にはさらされない。逆に、軽犯罪で裁かれるコソ泥は遠慮なしの嘲笑の対象となる。私的所有という日常的な執着への侵犯であり、凶悪犯罪の特権である威信にも欠けるからだ。悪逆非道な強者は怖れられても侮られることはない。まんまと巨額の金を強奪せしめた銀行強盗ではなく、うかつな通行人の懐から小金をかすめとるスリが嘲られる。軽蔑はつねに弱者にむけられるのだ。

そのうえ不幸は自分自身への侮蔑や嫌悪を増殖させ、罪と穢れの感覚をいだかせる。奇妙な逆転のメカニズムにより、罪や穢れの感覚は、芯まで悪に染まった加害者ではなく、罪なき被害者のほうに襲いかかる。「この感性の法則は自己にたいしても同様にはたらく。不幸な人にあっては、軽蔑、嫌悪、憎悪が反転して自己にむかい、魂の中枢に達し、そこからさらに毒のある色彩で宇宙をくまなく塗りつぶしていく」(AD3 104)。

まい。

「家族全員をなぶり殺しにされ、自身も長いあいだ強制収容所で拷問をうけた人」や「自民族の大虐殺をひとりまぬかれた一六世紀のインディオ」は、それまでは信じていた神の憐れみをもはや信じなくなるか、以前とはまったく異なる考えかたをするようになろう(C2III 49)。以前と以後では、神の憐れみは不可逆的な変質をこうむらずにはいまい。

しかし、これほど重要な概念が運命という名の偶然にゆだねられてよいのか、とヴェイユは問う。むしろ、自分や自分の身近な人びとがいかなる運命に見舞われようと、消滅もせず変質もせず、いかなる人間にも屈辱を与えずに伝えうる構想を求めるべきではないか。同時に、ヨブの友人たちの因果応報説、「不幸は神の教育の一環」式の摂理による合理化、一部の犠牲が全体の福利に貢献するという功利主義など、安直な合理的説明はきっぱり排除せねばならない。無神論者を自認するイヴァンは信仰あつい弟アリョーシャを挑発する。親に虐待された子どもが「愛する神さま」にささげる涙を放っておくような神を、自分はぜったいに認めることもゆるすこともできないと。たとえ全世界の人間を幸福にする巨大装置を作動させるために必要であり、「たったひとりの子どものたった一滴の涙という代償ですむとしても、そんな代償を払うことをぼくは断固として拒絶するね」(ドストエフスキー『カラマーゾフの兄弟』)。

この一節をうけてヴェイユは記した。「わたしはこの感情を全面的に支持する。ひとりの子どもが流す一滴の涙の代償として、いかなる理由をもちだしても、わたしにこの子の涙をうけいれさせることはできない。……ただひとつの例外をのぞいて。超自然的な愛によらずには理解できないが、神がそれを欲したという理由がその例外である。この理由のためであれば、わたしはひとりの子どもの一滴の涙どころか、純然たる悪でしかない世界すらうけいれるだろう」(C2III 49-50)。真意はおそらく後半部にある。世界に生起するすべてを神の意志として無条件で受諾するという決意は、悪や不幸や矛盾さえも神の内部に包括するスピノザの世界観にもつうずる。

それでは悪や不幸とはなにか。神は純粋な愛であるからこそ、愛のほかはなにも創造しなかった、とヴェイユは考える。創造のわざを終えた神は、自由意志をそなえた被造物からできるだけ遠くへとしりぞいた。奴隷の服従ではなく自由な愛を望んだからだ。愛のないところに隔たりや別れはない。隔たりとはすなわち愛であり、隔たりの大きさは愛の大きさに比例する。別離の悲しみは再会の歓びと同じであり、伝えるメッセージも同じである。愛のないふたりが別れても別離はなく、出会っても再会はない。隣接する独房に収容されているふたりの囚人が、壁によって遮られていると同時に、壁を叩いて合図ができるように、隔絶は疎通の手段となろう(C2III 126)。

第六章　政治の空白と思索の充溢

――ヴィシー／マルセイユ（一九四〇―四二年）

1　共和国の終焉

一九三八年のヨーロッパではあらゆる状況が戦争を示唆していた。ドイツとイタリアは決然と、イギリスとフランスは及び腰で、それぞれの事情なりに戦争準備をしていた。一九三八年のミュンヘン会談の成果をひとまず評価し、徹底的な非戦主義をとなえたヴェイユでさえ、ヒトラーへの譲歩は戦争を回避する解決策ではなく、一時的に延期するだけの対処療法であることを覚悟していた。数年まえなら、フランスは経済的にも軍事的にもドイツより優勢であったから、国境や債務の問題で鷹揚な態度を示してドイツに恩を売ることができた。まだまだかろうじてドイツと対等な口がきけるが、それもいつまでのことか。両国の関係は急速に変化している。今後、フランスは滅びへと追いやられるだろう。全体主義的な国家は、いかなる主義信条によるにせよ、周辺に強大な国家の存続をゆるさないのだ。この危惧は二年後に現実のものとなる。

パリの民衆には輝かしい革命の伝統がある。一七八九年の大革命、一八三〇年の七月革命、一八四八年の二月革命と、三度にわたって王政を転覆させたばかりか、一八七一年三月には、プロイセン軍のパリ入城と国民衛兵の武装解除に抗議するパリの民衆が蜂起、一時的とはいえ「真に民衆的な革命政権」を誕生させた。普仏戦争に敗れたフランス国防政府がビスマルクと休戦条約をむすんだあともプロイセン軍に抵抗した、あの勇敢なパリ・コミューンの再現は、七〇年後のパリ市民には望むべくもないのだろうか。それでも、一九三六年六月の全国ゼネストの導火線となったパリ金属労働者の工場占拠や、同年七月のフランコ叛乱軍のクーデタに逆らって蜂起したカタロニア農民の「革命」は、それぞれの現場に居合わせたヴェイユ自身の記憶にあざやかに刻まれていた。

しかし期待はみごとに裏切られる。一九四〇年五月、ドイツ軍はフランスの誇る鉄壁のマジノ線を迂回してベルギー―フランス国境をやすやすと突破、六月一〇日、フランスの首都はあわてて「無防備都市」を宣言、その四日後にドイツ軍はパリに入城する。気ぬけするほどすばやくヴィシーにしりぞいた政府もろとも、大多数のフランス人は敗北をあっさりとうけいれ、フランス軍の武装解除は粛々と進められた。パリは抵抗のそぶりもみせず、うつろな朽木が音もなく倒れるように、断末魔の叫びすらもらさず崩れおちた。一九四二年末、ロンドンのヴェイユは状況をふりかえる。フランスの突然の崩壊は、根こぎの深刻さをしめす指標にすぎない。根こぎの病弊はドイツでは攻撃的なかたちをとったが、フランスでは惰眠と昏迷のかたちをとった。「フランスはこの惰眠を乱しかねない戦争を憎んだ。そして一九四〇年五月および六月、怖るべき一撃で半殺しにされたフランスは、見せかけの安寧のうちに眠りつづけるために、ペタンの腕のなかに身を投じたのである」(E 50)。

かくて宣戦布告から九か月後、多数派のひそかな安堵と少数派の憤激とともに「奇妙な戦争《ドロール・ド・ゲール》」は終わる。徹底抗戦を覚悟していたヴェイユは、パリ市民が街を防衛する気概もなく、「ドイツ人だって野蛮人じゃない、話せばわかる、きっとうまくやっていけるさ」と話すのを聞き、まずは耳を疑い、つぎに憤りをおぼえた。六月一三日、いっこうに防戦の構えをみせぬ首都をあとに、ヴェイユは両親とともにリヨン駅に直行し、南をめざす人びとであふれかえる汽車に飛びのった。一刻の猶予もないと判断し、家にはもどらず、手荷物もなかった。翌日にはドイツ軍が首都に到達し、鉄道は封鎖された。間一髪でパリを抜けだしたヴェイユと両親は、七月初めから八月末まで、新政府が樹立されたばかりのヴィシーに滞在する。一か月半の滞在は、ヴィシー政府の反動的な性格をみきわめるに充分だった。

いまではヴィシー体制の片棒をかつぐ高等師範学校時代の反戦の同志たちが、早期の休戦とドイツとの「協力《コラボ》」は賢明な選択であったと考えていることに、ヴェイユは衝撃をうける。「羊の啼き声しか出さぬ」と揶揄された平和主義者たちのみごとな変節にも傷ついたが、この期におよぶまで事態をみぬけなかった自分自身もゆるせなかった。この犯罪的な誤謬は身体的な疲弊に起因すると思えた。もちろん免罪の理由ではなく反省の材料として。「疲れきった一日、手紙を書いたりベッドを整えたりする気力がなかったこと、それらが日ごとに累積していった結果、自分の国にたいする犯罪的な怠慢の過誤に落ちこんでしまった」(『カイエ4』577-580)。

かくて、私的領域で日々くりかえされる無数のつまらぬ怠慢は、公的領域でおかされる重大な過誤を準備する。この怖るべき関係性をヴェイユは「犯罪の間接的なメカニズム」と命名した。あらゆる過ちが重大な結果をまねきうる以上、「つまらぬ過ち」などは存在せず、したがって過ちに程度の差もない。これほど決疑論から遠い立場はあるまい。一〇年来の偏頭痛に気力を萎えさせていた自分も、総辞職すべきではなかったポール・レイノー内閣も、平和主義をとなえていた反戦家たちも、その他多くの「一般のフランス人」も、めざめて闘うべきときに惰眠をむさぼるという罪をおかしたのだ。あるいは無気力、あるいは無関心、あるいは無思慮によって。

ヴェイユがヴィシーに到着した半月後の七月二二日、一九三三年のヒトラーの政権奪取以来、急増したドイツやオーストリアからの難民を排斥する「国籍法」が施行された。「あまりに容易なフランス国籍取得を可能にした」一九二七年の国籍法にのっとって国籍を得た五〇万人分もの書類が再審査され、うち一万五〇〇〇人が無国籍者とされる。

はたしてユダヤ人は国籍剝奪者の四〇パーセントを占めていた(ROP 214)。占領地域とロワール川以南の非占領地域をつなぐ、あらゆる通信・交通・物流の手段は、またたくまにナチス・ドイツの監視下におかれた。ロワール川の南側の非占領地域には、アルザス－ロレーヌやパリ近郊のように、重要な工場や鉱山があるわけでもなく、心理的にも戦略的にも旨みはない。ドイツ軍には手間隙《てまひま》かけて占領し統治する気もなかった。ナチスのユダヤ人問題担当局はフランスの非占領地域を「ユダヤ人のごみすて場」とみていたのだ(GSB 455–459)。

一九四二年一月、実質的にはユダヤ民族殲滅《ショアー》を意味する「ユダヤ人問題の最終解決」が採択されるまで、ナチスはドイツとフランス占領地域のユダヤ人を、ロワール川の南に「転出」させるのに全力をあげた。一方、ヴィシー政府のほうは、この望ましからざる「転入」を食いとめるのに躍起となる。自陣営から他陣営へとユダヤ人を駆逐せんとする熱意と工夫において、ヴィシーはナチスの言いなりになる追随者ではなく、むしろ頑固で手ごわい競争相手だった。境界線の南でも北でも、ドイツ語を話そうとフランス語を話そうと、ユダヤ人が厄介者であったことに変わりはない。

一九四〇年八月二七日、人種差別的言説を規制するマルシャンドー法が破棄された。生まれ新聞や雑誌などのメディアが、「市民や住人のあいだに憎悪をかきたてる目的で、生まれによって特定の人種や宗教に属する個人からなる集団を攻撃し」ても、法に抵触するおそれはなくなった(GSB 455)。ドレフュス大尉の逆転無罪でこっぴどい敗北を喫して以来、鬱々と息をひそめてきた右翼や国粋主義者たちも、いよいよわが世の春を謳歌する。さらにナチス・ドイツがフランスの占領地域でユダヤ人取締法を施行するや、一週間後の一〇月三日には非占領地域でもヴィシー政府により「ユダヤ人排斥法」が制定される(PVe 413-414)。一九二七年以降に国籍を取得した移民ユダヤ人が対象の「国籍法」と異なり、この新法は数世代にわたる同化ユダヤ人にまで効力をおよぼすものだった。父母や祖父母の世代からフランスに住みつき、社会の各階層にしっかり根をおろし、フランスを自分の国として愛する市民たちを、フランスがみすてた瞬間であった。

ターゲットは「祖父母に三人以上のユダヤ人、もしくは配偶者がユダヤ人である場合は祖父母に二人以上のユダヤ人を数える人びと」である。これらの「ユダヤ人」は、あらゆる産業分野における経営参画を禁じられ、公的機関、軍隊、新聞やラジオ、演劇や映画からも排除され、国家公務員である大学教授の総数も大幅に削減され、開業医や弁護士などの自由業にたずさわる人数にも制限が加えられた。伝統的にユダヤ人が好むとされ、彼らの「不当な」参入のせいで多くのフランス人が排除されてきた職種が、ことさらに狙い撃ちにされたのである。「ユダヤ人」の規定を曖昧なまま残したヴィシーの法律は、運用面での濫用をゆるす。「ユダヤ人」と「ユダヤ教徒」を同義とみて、人種ではなく宗教の概念で総括したナチスのニュルンベルク法(一九三五)よりも、ある意味でいっそう苛烈である(GSB 456)。この新法施行に前後する九月二七日、ドイツ国境警備隊は南北フランスを分かつ境界を閉鎖し、非占領地域から占領地域への移動に「アーリア人証明」の提示を求めるようになる。ロワール川にそって蛇行する境界線は、ユダヤ人にとって越えがたい障壁となった。ほぼ二年後、占領地域に再潜入しようとしたヴェイユは、マルセイユ―カサブランカ―ニューヨーク―ロンドンという迂回を強いられる。ある意味で、フランス国内の境界線よりも大西洋のほうが横断しやすかったのだ。

一九四〇年七月で休職期間は終わっていたが、教授職への復帰は、文部省の黙殺また

マルセイユのカフェにて．ジルベール・カーンの友人で映画監督のジャン・ランベール(アンドレ・ジイドの娘婿)と．2枚ともジルベール・カーン撮影．1941年春．

は奇妙な手違いにはばまれていた。この処遇と施行されたばかりの「ユダヤ人排斥法」の関連をただすために、ヴェイユはヴィシーの文部大臣に「ユダヤ人」の定義を問う手紙を書いた(SP2 527–528)。この語が宗教をさすのであれば自分はその範疇に入らない。自分自身はただの一度もユダヤ教会堂《シナゴーグ》に足をふみいれたことも、ユダヤ教の祭儀に列席したこともない。四人の祖父母のうち、会堂に通っていたのは父方の祖父母だけだ。ゆえに「祖父母のうち三人がユダヤ人」という条項にも該当しない。この語が人種をさすのであれば、なおさら荒唐無稽なこじつけである。キリストの同時代人のユダヤ人史家フラウィウス・ヨセフスは『ユダヤ年代記』でローマとユダヤ民族の戦いを記した。ティトゥスがユダヤ民族を根こそぎ虐殺したというその記述を信じるならば、この同じ民族がさほど多くの子孫を残したとは考えにくい。自分の父の一族は古くからアルザスに住んでおり、母の一族はガリチア地方のスラヴ系に属するので、どう遡ってみても自分が遠い昔のパレスティナの住民の末裔とは思えない。

この手紙を書いたのは、遅れている教授任命をうながすためではなく、ましてや自分のユダヤ性を否認して保身をはかるためでもない。こういう状況では、ひっそり身を隠して口をつぐんでいるのが、なによりの保身術なのだから。ヴェイユはただ、宗教的実践を口実にするにせよ、人種的分類をあてはめるにせよ、歴史的連続性にうったえるにせよ、ユダヤ人を抽出する根拠としては、ことごとく論理的に破綻していると指摘したかったのだ。しかし文部大臣の返答はなく、以後ヴェイユがふたたび教壇に立つことはなかった。

2 帰農の歓び

一九四一年六月、親ドイツ派の国家主義者グザヴィエ・ヴァラが率いるユダヤ人問題総合委員会(CGQJ)により、最初の法律をさらに強化した第二の「ユダヤ人排斥法」が施行される。その数か月後、フランス国籍のユダヤ人と外国籍のユダヤ人のあいだの境界も撤廃される。ヴィシー政府は「大地への回帰」のスローガンを喧伝し、排斥法により失職したユダヤ人に厚かましくも農作業を推奨していた。このスローガンにはなんの強制力もなかったが、かねてより農作業に関心をもっていたヴェイユは、ペラン師の紹介で「農民哲学者」ギュスタヴ・ティボンの農場で働くことにした。アルデシュの南隣のガールの小村サン・マルセルにあるティボンの農場で、朝から晩まで休

ローヌ河畔のサン・マルセルで農作業をしたときの住まい，友人のギュスタヴ・ティボン所有の小屋. 1941 年 8 月.

みなく一か月働いて自信をつけ、今度はべつの小村で一か月の葡萄つみの作業に入った。一日じゅう南フランスの強い陽光にさらされて、段々畑状につながる低い葡萄棚の下でかがんで葡萄の房をつみ、ひとつの籠に二、三〇キロかついで、日に十数回も運ぶ。現在もほぼ同じ状況でおこなわれるこの作業は、通りすがりの散策者にはのどかな情景と映っても、生まれながらの屈強な農民にとってさえ過酷な重労働である。

同じくアランの薫陶をうけた旧知のジルベール・カーンは、ヴェイユが農作業にたずさわることに反対した。ヴェイユの高等師範学校時代の論文指導教授レオン・ブランシュヴィクの甥で、ブランシュヴィクと同様、彼自身も「ユダヤ人排斥法」のあおりをうけて、南仏の田舎への隠棲を余儀なくされていたのである。ヴェイユの健康状態からみても農作業は無謀かつ無意味な企てであると考えたカーンは、ヴェイユの使命はみずからの肉体の限界にいどむことではなく、与えられた知的資質を開花させることであると説得しようとした。一方、ヴェイユは自分にとっての農作業の必然性を説明する。「わたしは疲労の結果として知性が消滅する状況に直面しつつあります。それでもわたしは、肉体労働を一種の浄化、苦しみと屈辱の次元に属する浄化とみなしています。そしてその根底に、なにものにもかえがたい、魂をやしなう糧となる、深い歓びの瞬間をみいだすのです」(SP2 567–568)。

身体的条件と知的活動の相関性は工場で体験ずみであり、結論もでていた。疲弊にもそこなわれない尊厳と知性の閃きだけが貴重なのであり、外的で偶有的なものを惜しむべき理由はないと。社会の底辺にいる人びとの場合、外的で偶有的なもの、つまり余分なものはすでに奪われている。物理的・心理的な状況に左右されぬものだけが真の拠りどころとなろう。ヴェイユはそのようなゼロ地点を農作業にもみいだそうとした。さいわい、陽光と実りに祝福された農作業には、冷たく人工的な工場労働につきものの閉塞感はなく、全身をしびれさせる疲労すらも歓びと無縁ではない瞬間をもたらした。

工場就労に先だつ二四、五歳のときに書いた「カイエ」でヴェイユは言う。「人間は労働によって自分の周囲に宇宙をつくりだす。おまえが収穫の一日ののちに畑にむけた一瞥を思いだせ。散策者が投げかける一瞥といかに異なる視線であったことか」(VI-1 87)。そぞろ歩く者にとって畑は美しい背景にすぎないが、働く者はその肉体によって畑を所有し、そこに「歓びの尽きせぬ泉」をみいだすのだ。奴隷が主人を主人たらしめるという意味で、主人は奴隷の奴隷である(ヘーゲル『精神現象学』)。同様に、労働者は自然に仕えることで、ひるがえって自然の主人となる。眼前にひろがる世界のすべてを、生活のすべてを所有していることを忘れず、いかなる放棄によってもこの全体をあらかじめ切断してはならない。「万物はわたしとの調和のうちにあり、世界よ、万物はきみと折りあうわたしと折りあいをつける。時宜にかなってきみのもとに来たるものは、わたしにとっても早すぎも遅すぎもしないのだ」(LP 188)と、哲人皇帝マルクス・アウレリウスは言った。ストア的な受容が諦念ではなく歓喜であったように、農作業は苦行ではなく世界の美との接触の場である。こうして働く人びとは真の世界市民《コスモポリタン》となろう。

農作業にいそしむ一方、ヴェイユは「ユダヤ人排斥法」の発布者ヴァラにも公開書簡を送った(SP2 590–592)。「ただの一度も会堂に足をふみいれたことはなく、自由なものの考えかたをする両親に育てられたので、いかなる種類の宗教的実践にもあずからず、ユダヤ教に魅力を感じたこともユダヤ的伝統に愛着をおぼえたこともなく、幼いころから、ギリシア的・キリスト教的・フランス的な伝統にのみ糧を得てきた」。したがって自分はユダヤ人だという自覚はまったくないが、ユダヤ人は大地を耕せとの政府命令にはよろこんで服すると述べた。さらに、自分を無為な知識人階級から離脱させ、大地を与え、ひいては大自然のすべてを与えてくれた法令とヴァラに、皮肉たっぷりに感謝する。「疲労にうち砕かれた四肢が味わう日々刻々の苦しみをつうじて、体内に大地と自然を入りこませた人間だけが、自然と大地を所有します。月日も季節も蒼穹も、黎明と日没とを日ごとに分かつ時間の隔たりを、疲労に疲労をかさねながら乗りこえねばならぬ人びとに属するのですから。……しかも貴殿および他の指導者のかたがたは、みずからは所有しておられぬものを、このわたしに与えてくださったわけです。そのうえ清貧という無限に貴重な賜物をも与えてくださったのですが、これまた貴殿ご自身は所有しておられぬものであります」。

農作業が与えてくれるのは歓びや清貧だけではない。労働は離脱へとみちびく。なぜなら労働のもたらす疲労や消耗感は、「だれでも、ほんとうにだれでも、鞭と鎖によって、壁と閂《かんぬき》によって、あるいはまたある種の文字が記された一枚の紙片によって、わたしから奪いさることができる」もの、ようするに余計な装飾にすぎぬものを心身から削ぎおとすからだ。一枚の紙片とは、総動員をかける召集令状であったり、過去の国籍法を反古にする通告であったりするわけだが、法的拘束力をもつ以上、対象とされた人間の運命を左右する威力をもつ。逆に、出生証明書やパスポートやヴィザなどの公的書類の後ろ盾をもたない身の上ほど、傷つきやすく寄る辺ないものはない。十数年前、一五歳のリセの生徒だったヴェイユは、将来の自分の姿を予測するかのような、いや、将来の決意を語るかのような「ある富める少女に」という詩を書いた。「城砦よりも堅固な数枚の紙片が／おまえを保護す

ヴェイユが利用した各種証明書．労働証明書，パスポート，記者証，国立図書館利用証など．

る。そんなものは燃やしてしまえ／そうすれば心臓も臓腑も／打撃をうけて、全存在がうち砕かれよう／それらの紙片がおまえを窒息させ／天空と大地を隠してしまう／死せる人びとと神とを隠してしまうのだ／温室から出でよ／氷のごとき冷たい世界の風に裸で震えるがいい」(P 13-15)。

いまや進んで燃やすまでもなく、ユダヤ人という理由だけで「城砦よりも堅固な数枚の紙片」を奪われ、温室の外で「氷のごとき冷たい世界の風に裸で震える」身となった。悲しむことはない。世界とじかにふれあう機会を与えられたのだ。しかもみずから選びとる決断の結果ではなく、意に反して外部から押しつけられる必然として。「鞭と鎖」や「壁と門」や「ある種の文字が記された一枚の紙片」で窒息させられる知的活動ならば、失われることを惜しむ価値もない。工場就労を生きぬいたヴェイユには確信があった。知性のすべての機能を尊ぶ必要はない。身体的な酷使と心理的・社会的な屈辱をたえて生き残る、ある種の知的活動だけに意味がある。労働は神明裁判だ。疲労によっても倦怠によっても奪われぬものが残るとすれば、それこそが無限の価値を有するであろう。

3　ヴィシー症候群

フランス全体が敗戦ショックで呆然とするなか、独立国家の体裁をとりつくろうために首班としてかつぎだされたのが、すでに齢八四歳になる「ヴェルダンの英雄」フィリップ・ペタン元帥である。元帥自身が反ユダヤ主義者であったかどうかはわからない。ただ、アレントの指摘をまつまでもなく(HA1 205)、イエズス会の学院《コレージュ》からサン・シール士官学校、仕上げに陸軍参謀本部という保守本流のエリート軍人である。あまたのヴィシー首脳と同じく、必要と感傷にしたがって、財力もしくは名声のある「よいユダヤ人」を個人的に保護することにやぶさかではない。しかし、反ドレフュス派の急先鋒ドリュモンの弟子であったベルナノスが、「気まぐれでもたんなる見解でもない、ひとつの偉大なる政治思想」(GSB 151)と名づけた、国民統合の要としての反ユダヤ主義の有効性を、認識していなかったはずはない。

おおやけの言説には慎重な政治家であったから、粗野な反ユダヤ主義的言辞を弄する失態はやらかさなかった。演説はどこまでも高邁で空疎だったが、みじめな敗戦にうちのめされた国民の耳にはこころよく響いた。貴族主義的な保守派のつねとして、第三共和国の反教権的な政教分離政策に不信感をいだいていた。そこで、農民や職人が体現する肉体労働の美化、家父長制家族の復興と母性の讃美、議会制民主主義の否定、カトリック教会の復権、国民に分裂をもたらす階級闘争の否定、エリート主導の社会的ヒエラルキアの肯定をぶちあげた。前世紀の同業組合《コルポラティヴ》と前資本主義的経済への郷愁は、その必然的な帰結としての異分子排除の論理を生みだした。

ようするにペタン主義とは、一九世紀末にドリュモンが流布させた「フランスをフランス人の手に」(ROP 212)の反ユダヤ的で煽動的なスローガンを尖鋭化し、そのあまりの排外主義《ショーヴィニズム》ゆえに一時はローマ聖庁をも敵にまわしたモーラス主義の穏健な焼き直しにすぎない。教祖のシャルル・モーラス自身は不可知論を標榜する実証主義者である。福音書を「四人の無名ユダヤ人の書」と呼んでばかにしていたが、カトリック教会のヒエラルキアに秩序維持システムとしての利用価値は認めていた(GSB 525)。このモーラス主義から借用した理屈にのっとって、敗戦と占領の汚辱にまみれたフランスをたて直すべく、ペタンはカトリック教会に国民的団結の紐帯たることを求めた。教会の主流派も伝統的な諸価値の復権を歓迎する。

一九四〇年、リヨンにペタン元帥を迎えたジェルリエ枢機卿は、「ペタン、それはフランスであり、フランス、それはペタンである」と臆面もなく誉めた(GSB 605)。一九四二年にもなると、すでに民心は最初の熱狂からさめて完全にペタンから離れていた、とヴェイユは言う(CSW mars 1999 16)。それでも八月一五日の聖母の祝日には、教皇ピウス一二世、ジェルリエ枢機卿、そしてペタン元帥の三者は、ル・ピュイの大聖堂で信仰と愛国心の儀式をとりおこなう(GSB 124)。保守派の日刊紙「ル・タン」によると、ペタンは「自由《リベルテ》」「平等《エガリテ》」「友愛《フラテルニテ》」といった「むなしい希望をかきたてる大げさな言葉の誤り」を批判し、「家族や古い街や国家のような自然的集団の内部でなければ、真の友愛は可能ではない」と述べた。わざわざユダヤ人を名指しするまでもなく、「自然的集団」がなにを排除するかは暗黙の了承事項であった。カトリック教会は露骨に反ユダヤ主義を支持したわけではないが、かといって明確に反対もしなかった。カトリック陣営がユダヤ人迫害に異議を申したてるには、一九四二年六月の「ヴェル・ディヴ事件」、すなわちパリにおけるユダヤ人の大量逮捕をまたねばならない。フランスのカトリック教会が戦犯の烙印をまぬかれたのは、ピウス一二世や教皇使節ロンカッリ枢機卿（ピウス一二世没後、ヨハネ二三世として即位）などの強力な援護があったからである（GSB 125）。

「国民革命」をぶちあげるヴィシー政府は、フランスの名誉を失墜させた第三共和政の総括をおこない、今回の恥ずべき敗戦をまねいた原因をフランス人すべての道徳的頽廃に求めた。国家あげての総懺悔の演出である。ヴェイユもまたペタンと同じ危機感をいだいていた。フランス人の意識変革が早急の課題であり、そのためには「愛国心」「国家」「国民」「合法的政府」「秩序」など、厳密な定義もないままに使い古されてきた概念の再検討をおこなうべきだという意味では。しかし、感傷的で時代錯誤的な「古き良きフランス」への回帰をとなえるペタンと異なり、ヴェイユはフランス革命の不徹底こそが今日の腐敗を生んだと考えた。ふたりはめざす方向性において対極にある。

もともとヴェイユにとって、幼少時のわずらわしい記憶の残滓でしかないユダヤ教と、ナチスに追随するヴィシーに迎合するカトリック教会は、いずれも共感をもてぬ対象であった。しかしヴィシー時代になると、宗教的な言説は飛躍的にふえ、制度として権威としての教会への糾弾は鋭さをます。ヴェイユには、他力本願的なヴィシー体制と同じくらい、国家の危機に失地回復をうかがう教会の態度もおぞましかった。ペラン師への手紙でも遠慮はしない。「いまのところカトリック教会は、集団的抑圧にたいする個人のおかすべからざる権利と、専制に逆らう思考の自由を擁護しています。しかし、これは一時的に強者の側にいない人びとが好んでとる立場であり、いつの日かふたたびみずからが強者となるための唯一の手段なのです」(AD3 60)。

苦難のヴィシーは国民統合をうながす強力な象徴を必要とした。このさいパリの守護聖人のジュヌヴィエーヴは使えない。そこで愛国の聖女ジャンヌ・ダルクが悲しみのマリアンヌ(フランス共和国の象徴)を力づけるために選ばれた。一四三一年に魔女として火刑台にのぼったジャンヌだが、第三共和国の誕生とともに聖俗両面における崇敬が高まり、ついには第一次大戦直後の一九二〇年、フランスの守護聖人となった。めまぐるしく転変するジャンヌ・ダルクの運命は、そのおりおりの国際政治力学と民族主義の綱引きと無関係ではない。政治的権威は英雄を必要とし、宗教的権威は聖者を必要とするからだ。ヴィシー時代の政府と教会は、民衆のあいだに深く根をおろしたこのジャンヌ崇拝を利用しようとした。ドイツの機嫌をそこねるわけにはいかない政府にすれば、ジャンヌを虐殺したイギリスを仮想敵国として愛国心をあおるには好都合であったし、一八世紀の大革命以来の巻き返しを狙うカトリック教会にすれば、神への信仰を具現するジャンヌは信者をふるいたたせるにはぴったりの表象だったのである。たとえばシャルル・ペギーの『ジャンヌ・ダルクの愛徳の聖史劇』(一九一二)は、発表当時あまり評価されなかったが、ヴィシー時代には当局の後援を得て、おおいに喧伝されて人気を博した。

一方、ヴェイユのジャンヌ・ダルク観は両義的である。とりわけヴィシー時代には、ジャンヌ・ダルクの表象につきまとう愛国主義に警戒を強め、一九四一年の「カイエ」に「今日ジャンヌ・ダルクに美辞麗句をささげる人びとは、(当時その場に居合わせたならば)ほとんど例外なく彼女を断罪する側に回ったであろう」(VI-2 273)と記した。ところで当時の裁判官たちは、ジャンヌが聖女かどうか、祖国のために戦う乙女かどうかを裁いたのではなく、魔女かどうかを裁いたのである。この読みの差はどうして生じるのか。ヴェイユは言う。世論をかたちづくる民衆の情念は、なかば寓話的な存在であるジャンヌ・ダルクのうちに、聖女、救国の乙女、魔女と、そのときどきに自分の望むものを読みこむからであると(VI-2 273)。軍事的・政治的に敗れたフランスは、宗教的権威をもって怖るべき敵の勢力に拮抗しようとした。ヴィシー時代のジャンヌ崇敬は、ヴェイユがもっとも嫌悪する政治と宗教のおぞましき混淆の典型であった。

しかしルソーが『社会契約論』で述べたように、このふたつの権威がなんらかのかたちで結合していない社会はかつて存在しなかった。「ある特定の一国において、その国にそれぞれ固有の守護神を与え」、「教義、儀式、法によって規定された外的な礼拝をもつ」宗教にあって、これを信奉しない人間はすべて「不信の徒、異邦人、野蛮人」とみなされる。神への礼拝と法への愛が同一視されているために、祖国を愛情の対象として崇拝し奉仕することが、とりもなおさず守護神への奉仕であると了解され、祖国のための死は殉教であり、法への背馳は不敬の罪である。この種の排他的で専制的な信仰は、「自分たちの神々を認めない人びとをだれかれとなく殺しながら、神聖な行動をしていると思いこむ」不寛容で血に飢えた人びとを生みだすのである。

4 叛逆者／数学者の系譜

工場就労の翌年の一九三六年、ヴェイユはチャップリンの『モダン・タイムス』を観た。「シャルロー〔チャップリンの愛称〕だけが現代の工場における労働者の状況を真に理解した」と感じいり、冗談めかして「シャルロー以外では、スピノザだけが唯一の偉大なユダヤ人だ」と友人に語った(SP2 384)。アレントもエッセイ「隠された伝統」(一九四四)のなかで、チャップリン演じる無邪気だがいささか疑わしい人物を、「世界の身分秩序をうけいれない貧しく平凡なユダヤ人の厚かましさ」のカリカチュアとみて、そこに不穏で秩序転覆的な潜勢力を読みとった。アレント自身はこのエッセイを書いたあとで、チャップリンがアイルランド系のロマであることを知ったが、「ユダヤ人のパーリア意識から生じる性格の芸術的な具現」として、カフカやハイネと同列に論じたと付記している。ヴェイユとてほかに「偉大なユダヤ人」を知らなかったわけではない。青年期に傾倒したマルクスの著作はその後もたえず読みかえし、ローザ・ルクセンブルクやフッサールを愛読し、リセの哲学講義でも詳細にとりあげ、留保つきにせよフロイトやアインシュタインの「発見」の意義を認め、流浪のトロツキーに第四インタナショナルの牽引役を期待した。とはいえスピノザへの関心の深さは特別といってよい。ヴェイユがこれほどの共感をよせて語る哲学者は、プラトンとデカルト(とおそらくルソー)をおいてほかにない。

スピノザは二度まで破門された。一七世紀のアムステルダムのポルトガル系ユダヤ人の共同体において、ひとたび宣告された破門《ヘレム》が死ぬまで解かれなかった例はふたつしかない。自由思想家ウリエル・ダ・コスタと背教者スピノザである。ふたりともラビ的ユダヤ教の偏狭さを批判し、聖書のあたらしい読みかたを提唱し、帰属する共同体から異端者または無神論者の烙印を押された。しかし破門後にたどった運命は対照的である。ダ・コスタは破門がもたらす有形無形の圧迫にたえきれず、二度までも和解を望んだ。破門の解除を求めて、公衆の面前で罪を告白し、三九回鞭打たれ、会堂の入口で会衆にふみつけられたが、その甲斐もなく、屈辱と孤立に苦しんだあげく自殺した。

一方、スピノザは毅然として破門をうけいれ、いかなる公的宗教にも帰属することなく生涯をまっとうした。イベリア半島からの移民の子であり、マラーノすなわちカトリックをよそおう隠れユダヤ教徒の末裔である。オランダに生まれ育ったが、オランダでは異邦人であり異教徒でありつづけた。最初から根づくべき場所をもたない根なし草である。それがさいわいしてか、ダ・コスタのような心的外傷《トラウマ》にさいなまれることなく、「最初の自覚的な世俗的ユダヤ人」となる。閉塞的なユダヤ人共同体と訣別することで、思考の自由を手にいれたのである。じっさい、一六五六年の破門にもひるまず、『神学・政治論』の初稿を書いてラビたちの不当な非難を反駁した。弱冠二三歳であった。

もちろん、みごとなまでにユダヤ人の同化が進んでいた一九二〇年代のパリは(ROP 28–29)、一七世紀の宗教的緊張にみちたアムステルダムとは比べようもない。しかし、スピノザとヴェイユは同じ情熱と確信を共有していた。いかなる外的状況や情念にも左右されず思考するという情熱と、政治と宗教の混淆こそが諸悪の根源であるという確信である。だからこそふたりとも、いっさいの党派性を断固としてしりぞけた。とりわけ宗教的な帰属意識を培養する、閉鎖的で居心地のよい人間的な環境《ミリュー》をみずからに禁じた。その結果、ふたりともユダヤ系に特有の政治的・宗教的共同体にたいして周縁的な存在となる。

もとはユダヤ人共同体の中枢で育ったスピノザと異なり、ヴェイユには学校に行くまで自分がユダヤ人であるという自覚すらなかった。成人してからも「ユダヤ人問題」についてあまり多く語っていない。しかし、一九三〇年代のイデオロギー戦争から武力をともなう現実の戦争へと突入していくなかで、急速に「ユダヤ的なるもの」が排除の対象になっていくにつれ、ヴェイユにもいやおうなく「ユダヤ教／性」が押しつけられていった。こうした状況を考慮するならば、ヴェイユの沈黙は外的な押しつけにたいする意図的な拒否《ノン》とみるべきであろう。ごくたまに個人的なニュアンスが感じられる瞬間もある。たとえば、第二の「ユダヤ人排斥法」によって強化された「ユダヤ人教授資格者の教職剥奪」にふれるときだ。祖父母のうち三人が会堂に出入りしていたという事実だけで、数学の教授資格者が幾何学を学ぶ子どもたちに害をなすとは信じられないと揶揄するとき、有能な数学者であった兄アンドレのことが脳裏になかったはずはない。

　いうまでもなくスピノザと同様、ヴェイユにとって数学は抽象への嗜好をみたす知的遊戯でもなければ、自己に敵対的な外界から身をかくまう逃避術でもなかった。むしろ、人間のまえに自在な変貌をとげながら出現するプロテウスとしての世界を、たしかな手応えでとらえるための手段であった。数学は、なかんずく幾何学的直観は、自分が宇宙の中心にあるという甘美な幻想をうち砕く。人間はだれでも多少なりともこの幻想に染まっており、無意識のうちに自分のまわりに価値の遠近法を築くものだ。より自覚的に自分の周囲に人や物を秩序づけようとする欲求は、権力への愛の変奏曲である。自分の身近でおこる現象は不相応な重要性をおび、自分が位置する消失点から遠くなればなるほど意味は薄れる。すみずみまで歪みなく完璧に構築された人工宇宙は、権力者のみはてぬ夢であろう。ところがいかに強大な権力者であっても、無数の同心円に囲まれたこの宇宙から歪みを追放することはできまい。だれも宇宙の中心ではありえないのだ。このことを心の底から認めることはむずかしい。権力への愛の放棄を含意するからだ。しかし数学的推論にもとづく直観が、カント的な綜合判断の領域にも適用されるならば、この価値の遠近法の歪みは正されるかもしれない。

人間は機械的必然の奴隷でもなく絶対君主でもない。このことを数学的必然は教えてくれる。機械仕掛の厳密さで宇宙を統べる必然は、一人称で考える人間にとっては、手ごわい敵対者である。夢想家や権力者にとっては、一蹴してかまわぬ奴隷であり、社会的・肉体的・心理的逆境に苦しむ人間にとっては、情けを知らぬ酷薄な主人である。宇宙のなかで人間が経験する必然は、物質と情念の混淆物である。この混淆物は、みずからの意志に逆らう障碍であると同時に、みずからの欲求を達成する条件でもあり、人間の意志や欲求が生みだす幻想にまみれている。したがって、純粋に必然を思考するには、必然の網目を構成する諸条件と生の素材をひきはがさねばならない。

この純粋で条件的な必然性は、数学またはこれに類する思考操作の対象である。数学者ならぬ門外漢は、数学をたとえばチェスにも似た高級な知的遊戯とみなす。しかしヴエイユによれば、「数学とはなによりもまず自然についての学であり、他のすべての学は数学の個別応用にすぎない」(IP 146)。宇宙の必然性を構成する種々の条件を、いっさいの情念をまじえずに注視するなら、必然は人間の敵対者でも支配者でもなくなる。必然を注視するまなざしは人間を解放する。肉体の放棄は哲学者＝数学者の必須条件であると、プラトンは考えた。「哲学者の仕事とは、魂を肉体から解放し分離すること」(『ファイドン』)であるならば、それは精神の想像力からの解放でもあるはずだ。

5　権力を増幅させる想像力

スピノザもヴェイユも晩年になって、強大な外敵の脅威に矜持があっけなく崩れさる光景をまのあたりにした。また、共同体の危機に無能をあらわにするだけの指導者には失望を、混乱に乗じてエゴイスムをむきだしにする烏合の衆には戦慄をおぼえた。保護者にして盟友の執政ヤン・デ・ウィットとその兄が、オラニエ派の民衆暴動のどさくさに惨殺された事件は、民主主義にたいするスピノザの素朴な信頼をゆるがせた。かたやヴェイユは、一九四〇年六月のパリ無防備都市宣言のうちに、自由への愛ではなく奴隷の安寧を選んだパリ市民の堕落をみた。その後まもなくスピノザは『国家論』を、ヴェイユは『根をもつこと』を書く。民衆の浮動性への警戒と秩序の必要性が、それまでの著作以上に強調されているのは、おそらく偶然ではあるまい。

スピノザとヴェイユは、アレントのいう「意識的パーリア」あるいは「政治的叛逆者」に特有の辛辣さで、ユダヤ教の民族主義や即物性をのりこえるべき障碍とみなす。なかでも、あらゆる制度、とりわけユダヤ教会堂《シナゴーグ》やキリスト教会が、自由な思考に加える有形無形の検閲や圧力を糾弾した。宗教的な権威を糾弾するのは、以下の理由による。なんらかの意味で宗教的な後光を背負っていない権力は存在しない。そして権力の大半を構成する威信なるものは、現実に行使可能な物理的力による以上に、人びとの欲望や恐怖が生みだす幻想によって、より大量に醸成される。スピノザは世論を生みだす憶測の温床となる想像力を「第一種の認識」と呼び、普遍的な知である「第二種の認識」や直観知をもたらす「第三種の認識」と区別した。人間の姿であらわれる神々、彗星や日蝕などの自然変異、気がかりな夢や種々の卜占、さらには奇蹟、こうした尋常ならざる現象のすべてが、第一種の認識の対象となる。迷信それじたいは他愛がない。しかし迷信に囚われた魂は、無責任な世論や煽動への抵抗力を失う。こうした心性が党派心や不寛容とむすびつくとき、最悪の事態が生じる。スピノザが唾棄する集団的な敵愾心《てきがいしん》や憎悪や攻撃性が跳梁しはじめるのだ。

想像力と威信の関係をヴェイユ風に言いかえてみよう。事物がわたしたちの想像力をかきたて判断を誤らせるのではない。わたしたちのほうで自身の判断を誤らせる威信を事物に与えているのだ。威信を生む錯覚は幻想であるが、威信に縛られている状態は現実である。未発表の政治記事「ある屍にかんする省察」(一九三七)は、表題がしめすように人民戦線への「追悼」記事である。全国規模のゼネストではなばなしく幕をあけた一九三六年六月成立の人民戦線政府と、この革新政府に希望を託した労働者大衆がたどった一年の軌跡、すなわち「多数派には美しい夢であり少数派には悪夢であったこの短い歴史」の総括である。一九三六年の二月と七月とではなにが変わったのかとヴェイユは問う。なにも変わらない、すくなくとも現実的な所与においては。しかし、感情の次元においては決定的な変化が生じた。しかも、そこで主役を演じたのは想像力である。「想像力はつねに社会生活を織りなす素材であり、歴史の動力因である。現実の必要、現実の欲求、現実の方策、現実の利害などは、群集の意識に浸透しえないがゆえに、間接的な影響力をおよぼすにすぎない」(II-3 74-75)。

ゼネストと人民戦線政府の成立以前、労働者のもっともな権利要求の叫びに、一瞬でも耳を傾ける企業主はいなかった。五月と六月の衝撃のあとでは、あらゆる労働集会、あらゆる抗議行動の背後に、企業主はおのれの想像力が際限なく肥大させたプロレタリア革命の幻想をみた。労働者も自分たちは天の摂理に守られていると感じた。双方の勘違いが労使関係において現実の変化をもたらすのだ。けだし権力者というものは、それが恒常的にせよ一時的にせよ、祭司も将軍も君主も企業家も、自分は神授の権威により支配すると信じている。この宗教的安定が一時的におびやかされるとき、抑圧されてきた民衆はしばしばかつての卑屈さに反比例する横柄さで暴君となる。民衆の蜂起がきまって短命で血なまぐさい終結を迎えるのは、ゆきすぎた振り子が自然にふりもどされて、以前の悪しき安定が回復されるからだ。そして企業主は報復し、民衆は以前よりみじめな状態に落ちこむ。

マルセイユのヴェイユは「カイエ」(C2III 190)に記した。権力の犠牲者は現在の暴力の責任者ではない。したがって彼らの手に暴力をゆだねるならば、これを正しく行使するだろう。この根拠なき信仰が革命幻想である。ところが事実はちがう。たいていの犠牲者もまた加虐者と同じく権力の穢れをおびている。剣の柄でふれようと切っ先でふれようと、悪との接触であることに変わりはない。権力の頂点に押しあげられたかつての犠牲者は、突然の情勢の変化に酔いしれて、前任者と同じかそれ以上の悪行に手を染め、ほどなく失墜する。ローマ史上、かつての奴隷が解放されて自由民となり、みずから奴隷の所有者となったとき、もとからの自由民よりもはるかに残虐な主人となった例は少なくない。社会主義は敗者を善とみなし、人種主義者は勝者を善とみなす。しかし見かけほど両者は異質ではない。革命的な昂揚にもえる社会主義は、下層の生まれでも本性と召命において勝者たる人びとを善とする。つまりは人種主義と同じである。けっきょくは勝者肯定の倫理観に落ちつくのだから。

力の背後に神慮をみる神政政治的な選民思想に支えられるとき、社会主義も人種主義もひとしく危険な情念となる。若きマルクスがスピノザの『神学・政治論』を熟読し、原著の大量の抜粋からなる私家版『神学・政治論』の制作に没頭したのはよく知られている。スピノザは政治的・社会的な抑圧を正当化する宗教的威信の濫用を咎め、マルクスはスピノザの批判精神を有名な警句「宗教は民衆の阿片である」のうちに再生させた。そのマルクスの警句を、今度はヴェイユがひねりを加えて「革命は民衆の阿片である」(OL 178)へと変貌させる。マルクスやヴェイユがスピノザに学んだものは、政治と神学の本質的な共犯関係と、その背後にある集団的想像力の威力であるといえよう。さらにマルクスは『ヘーゲル法哲学批判序説』で、ほぼ同時期にキリスト教批判をくりひろげたフォイエルバッハらのヘーゲル左派を、宗教が自己疎外の一形態であり転倒した自己意識であることを暴いたと賞讃した。宗教批判はあらゆる批判の前提だからだ。そのうえでフォイエルバッハの批判をさらにおし進めて、つぎのように言う。「人びとの幻想的幸福としての宗教を廃棄することは、彼らの現実的幸福を要求することだ。みずからの状態についての幻想をすてよと要求することは、幻想を必要とする状態をすてよと要求することだ。したがって宗教批判は、萌芽的には、宗教を後光とする現世批判にほかならない」(『ヘーゲル法哲学批判序説』)。

しかしヴェイユによれば、マルクスもまた神秘主義の桎梏から自由ではない。『資本論』でヘーゲルの「逆立ちした」弁証法を「足で立たせる」と称し、精神ではなく物質を歴史の原動力としたまではよい。ところが、精神の本質である善の希求をあたりまえのように物質に付与してしまった。「プロレタリアートの歴史的使命」(『フランスの内乱』)という表現には神秘主義の響きがある。ロシアの粗野な追随者がマルクスの思想をゆがめたとしても、破綻をまねいた一因はマルクス自身にあろう。マルクスは自由と平等への高邁な希求にうながされ、まさにその希求の真摯さゆえに、あらたな宗教の教祖となった。労働者を心理的に拘束する旧弊な信仰をうちこわす一方で、産業の永久発展という信仰箇条をつくりだしたのだ。際限なく増加する生産力を信仰箇条とするこの宗教は、「その名において、数世代もの企業主がいささかの良心の呵責もなく労働者大衆をふみにじってきた元凶であり、社会主義運動の内部においても抑圧的な因子を構成する。あらゆる宗教は人間を神の摂理のたんなる道具たらしめる。そして社会主義もまた、人間をして歴史的進歩の、すなわち生産の進歩に奉仕させる」(II-2 36)。そして科学の威信をまとう宗教ほど抑圧的なものはない。

6　ローマとイスラエル

プラトンが獰猛で気まぐれな「巨獣」に喩えた集団的情念を、ヴェイユは好んで社会的偶像の表象に援用した。古代ローマが政治的な巨獣であるとすれば、イスラエルは宗教的な巨獣である。政治力と軍事力を併せもつローマは、有無をいわせぬ現世的な選良として君臨し、そのどちらも欠くイスラエルは、神による神秘的な選抜を自負の根拠とした。しかしローマとイスラエルには共通点がある。両者が異邦人または属領民にいだく軽蔑は、独特の選民意識にもとづいていたからだ。戦時の論考「ヒトラー主義の起源にかんする若干の考察」（一九三九）は、全ヨーロッパを戦慄させたヒトラー主義は、ローマおよびイスラエルの選民主義の巧妙な焼き直しにすぎず、その復活を準備したのはこれら二頭の巨獣を讃美してきた近代ヨーロッパの覇権主義であると断じる。この二種類の巨獣がともに第三帝国において最強の発現をみたのは、ナチスが政治的勢力であると同時に擬似宗教でもあったからだ。第三帝国はローマとイスラエルの両方の特徴をそなえた巨獣である。ローマは武力をもって地中海沿岸の多様な文化を根こそぎにした、とヴェイユは言う。プラトンの巨獣は「仔羊のような角をそなえ、竜のように語る獣」（『ヨハネによる黙示録』）でもある。この獣が追随者に与えた「獣の名」を、ローマはおのれの軍門に下った文明のすべてに刻みつける。かくてエトルリア、ギリシア、エジプトの文明は変貌した。それだけではない。

キリスト教がローマ文化から切り離されていたなら、後者の影響力は前者の影響力によって相殺されたであろう。不幸なことに、ローマは数世紀後にキリスト教をとりこみ、公的宗教として従属国に押しつけて、おのれの同盟相手としたキリスト教を穢した。さらに不幸はかさなり、キリスト教発祥の地〔イスラエル〕がキリスト教におのれの聖典を継承させた。その聖典たるや、残虐行為や支配欲、敗れた敵あるいは敗れるさだめの敵への非人間的な侮蔑、そしてローマ精神とみごとに一致する力の崇拝であふれ返っている。このように歴史の偶然が二度までかさなった結果、ヘブライ的かつローマ的という二重の伝統が、この二千年間、キリスト教の神的な霊感を大幅に圧殺してしまった。(II-3 212-213)

論文の題がしめすように、ヴェイユの論考の主題はあくまで同時代のナチス・ドイツであり、ローマ／イスラエルはナチス・ドイツの先駆者とみなされる。ローマは地中海に覇権をうちたて、おのれの文明を諸国に強制した。しかも、キリスト教を国家宗教とすることで、キリスト教の霊性を穢した。キリスト教もユダヤ教起源という出自ゆえに、ローマを内部から浄化する力をもたなかった。やがてローマ・カトリック教会のうちに、ローマとイスラエルの融合が成就する。そして二〇世紀のヨーロッパはナチス・ドイツという鬼っ子を生んだ。そこでヴェイユの批判の矛先は、ローマ／イスラエルの伝統に「汚染」されたキリスト教にむかう。グノーシス派やマルキオン主義者やカタリ派への共感も、これらの異端が一部の詩篇や預言書をのぞく大部分の旧約聖書を認めず、キリスト教を純粋に霊的な教えとすべく、イスラエル由来の「悪の残滓」を徹底的にぬぐいさろうとしたからだ。

マルセイユでペラン師がもちだした洗礼の話に決着をつけるために、ヴェイユは二通の手紙を書いた(AD3 12–29)。きびしく教会を批判する一方で、一部の儀式や秘蹟の有効性と神的起源は否定しない。この点では、ユダヤ教とキリスト教を問わずいっさいの儀式や秘蹟を人為的な因習とみなすスピノザと袂を分かつ。ヴェイユによれば、秘蹟は神との接触であるかぎりにおいて実在的で神的な価値を有するが、象徴としては心理的で人間的な価値しかもたない。後者の意味での儀式や秘蹟は、「政党の歌や身ぶりやスローガンと本質的に変わらない」(AD3 16)。宗教的なものと社会的なものを混同するデュルケムは誤っているが、この混同は示唆的でもある。じっさい、宗教的な感情は社会的な感情と似ているのだ。

信仰にあついと思われている人びとの大半は、後者の意味での社会的な感情に身をゆだねているにすぎない。一定の霊的水準をこえた人びとだけが、前者の意味での秘蹟にあずかることができるのだ。その水準に達しない人びと(いうまでもなく圧倒的な多数派)は、「聖徒共同体《コムニタス・サンクトルム》」に属しているとはいえない。ヴェイユによれば、このような信徒は、たとえ日常的に儀式や秘蹟に接していても、象徴の域をこえた神との実在的な接触とは無縁である。秘蹟が有効となるには相応な受け手を必要とする、とヴェイユは主張する。ヴェイユは秘蹟の純粋さを守るために、秘蹟からいっさいの社会的な影響を追放しようとした。その結果、すべての信仰者にさしだされているはずの秘蹟を、自分自身もふくめ、ほとんどだれの手にもとどかぬ高みに押しあげてしまったといえる。

さまざまな集団の帰属意識と権利主張が交錯する社会は、プラトンが『国家』で詳細に描いてみせた陰鬱な「洞窟」である。そこでは壁に映る影像のようにすべてが平面的で、三次元の特性である関係性が致命的に欠けている。「関係性は孤独な精神に属する。いかなる群集も関係性を構想できない」(C2III 234)。二次元的な「洞窟」を抜けだすには、副次の関係性を構想しうる孤独な精神が必要である。この確信が、ヴェイユをしてカトリック教会の敷居上にとどまらせ、スピノザをして生まれ育った共同体からの破門宣告をうけいれさせた。孤独な思索家であったスピノザとヴェイユは数学的思考を愛した。社会的なものが鼓舞する情念の呪縛を逃れて、表象不可能なものについて推論する数学とは、すぐれて関係性を探究する学問である。だからこそ政治的な射程をもつ。ヴェイユの思索はつねに数学と政治を両軸として深まっていくのである。

第七章　大戦と戦後のはざまで

──ニューヨーク(一九四二年)

1　亡命者の敗戦処理

ヴェイユがニューヨークですごした一九四二年後半の活動は、ド・ゴールの「自由フランス」に加わるための渡英準備と、「前線看護婦部隊編成計画」を実現させるための陳情に集約される。このふたつの計画は互いにどのように関与しあい、ヴェイユの世界観のなかでどのように位置づけられるのだろうか。ニューヨークの土をふんでもなお「一九四〇年六月」の衝撃が癒えずにいるヴェイユは、ジャン・ヴァールへの手紙(一九四二)で「フランス国民全体が負うべき敗戦責任」にあらためて言及せずにはいられなかった。このユダヤ系の哲学者もまた、反政府的な言説のせいでソルボンヌ大学の教壇を追われ、ユダヤ系知識人の例にもれずニューヨークに身をよせていた。ヴェイユはヴァールが先の手紙でほのめかした「疑惑」に答える。自分は噂されているようなヴィシー派ではない。一九四〇年六月、ドイツ軍の侵略にパリの民衆が立ちあがると信じて最

ドイツ軍占領下のマルセイユ，ユダヤ人街を爆破するドイツ兵たち．1943年2月．

後まで残っていた。ところが街じゅうに無防備都市宣言のビラが舞うなか、人びとに抵抗の意志がまったくないのをみて、やむなく出発したのだ。ロワール川流域が前線になるだろうと考えてヌヴェールにとどまるも、そこでも肩すかしを食らった。ペタン元帥による休戦条約を知り、平和主義の誤謬と無力をさとった以上、自分としては死ぬまで闘いぬくつもりだったからだ(CSW mars 1987 1–5)。

　多くがユダヤ系知識人である在ニューヨークの亡命者のあいだで、ヴェイユは「対独協力者《コラボ》」の風評をたてられていた。異邦の地で肩をよせあい暮らす小さな集団のなかで、あらゆる情報は瞬時にして共有される。ヴェイユの言動は顰蹙《ひんしゅく》を買っていた。途中で寄港したカサブランカの難民収容所でも、大西洋を横断する船上でも、（大半を占めていた中産階級のユダヤ人との）つきあいが悪く、ヴィシー批判の大合唱にも同調しなかったからだ。「自分自身はぬくぬくと居心地のよい場所にいながら、フランスで困難な状況にあって苦闘している人びとを卑怯者だの裏切り者だのと罵倒する」のは誤りだと考えていたのである。

「この五月にマルセイユを去ったひとりのパリ市民による諸印象を以下に記す」という前おきで始まる英語で書かれた一文（一九四二）でも、ジャン・ヴァールへの手紙と同じ主張をくり返した。「ヴィシー政府の臆病さを口汚く罵る連中の大半は、自分たちを〔徹底抗戦が要請する〕さらなる苦難から守ってくれる弱腰政府の存在を、心の奥底ではおおいに喜んでいる。自分たちの言葉がなんら影響力をもたぬと知っていればこそ気がねなく語っているのだ。もし彼らにこの政府を粉砕する力があったなら、あれほど雄弁に語りはしないだろうに」（CSW mars 1999 22）。もちろんこの種の皮肉は亡命者にはうけない。たいていがユダヤ系で、ヴィシー体制の直接の被害者だったから、自分たちを不本意な境遇に追いやった政府に好意

ニューヨークにて．1942 年．

的なわけがない。わが身に迫る危機を脱したいま、苦しかった過去をふり返り、愚痴や恨みのひとつも言いたい心情は理解できる。しかしヴェイユの視線は未来にむけられていた。最終的には連合軍の勝利に終わるであろう戦後に。

ひとくちに親ドイツ派といっても、言動の背後にはさまざまな動機がひそんでいる。第一に、大資本家にせよ小規模の商人にせよ、ドイツ人相手の商売で利潤をあげている連中は、いわば経済的な親ドイツ派である。第二に、反共主義者も親ドイツ派予備軍である。共産主義化した独立国フランスで投獄されるぐらいなら、占領下のフランスでドイツに支配されるほうがよいと考えるからだ。第三に、掛け値なしでファシズムに心酔している輩も存在する。この連中はナチスと一蓮托生であるから、ナチスの勝利とフランスのファシスト国家への変容を心の底から祈っている。この最後の集団だけが「裏切り者」の名にふさわしく、積極的にドイツの勝利を望み、そのために実力行使をしたのであるから、真の親ドイツ派として糾弾にあたいする(CSW mars 1999 20)。

だれが積極的な対独協力者《コラボ》かについて、ヴェイユは具体的な人物名をあげるでもなく、「協力」の概念を厳密に定義してもいない。しかし、後期ヴィシーの実質的な指揮者で「ドイツの勝利を心から望む」と宣言したピエール・ラヴァル、ゲシュタポ以上に「ユダヤ人狩り」に熱心だった警察長官ルネ・ブスケやユダヤ人問題総合委員会（ＣＧＱＪ）の第二代委員長ダルキエ・ド・ペルポワ、ナチズムの美学に心酔した右翼インテリのドリュ・ラ・ロシェルやブラジヤックなどはこの第三の範疇に属するだろう。逆に、たとえばペタンは戦犯の基準に達しないかもしれない。ヴァールへの手紙の表現をかりるなら、「一般的な状況と、彼自身の身体的・精神的な状態がゆるすかぎりにおいて、損害を最小限に食いとめるべく、およそできるだけのことはやったのである」(CSW mars 1987 3)。ペタンの高齢と諸条件をかんがみるならば、「できるだけのこと」の範囲はおのずから限定されるとしても。一部の確信犯的ファシストにしか罪がないという意味ではない。だれもが同じように安堵の吐息とともに休戦をうけいれた以上、だれもが同じように罪がある、とヴェイユは言いたいのだ。

前掲の英語の文章はアメリカ人読者を念頭において書かれた。在ニューヨークのフランス人亡命者ではなく、占領下フランスに生きる一般のフランス人が、ヴィシー政府にいかなる感慨をいだいているかを説明しようとしたのだ。ヴィシー政府はいまやだれからもまともに相手にされていない。ヴィシーで働く当事者たちでさえ匙を投げている。たんなる行政機関にすぎないが、いずれにせよ行政機関は必要だから、かろうじて存在はしている。おそまつで腐敗した機関であっても、現状でこれよりましなものは想像できない。一年まえの事情はちがう。ペタン元帥や国民革命にも期待はあった。「人びとはペタン元帥への愛や尊敬は失ったが、とくに憎みも軽んじもしていない。どうでもよくなっただけの話である」(CSW mars 1999 16–18)。

いずれにせよもはや強烈なパトスはない。悪夢に固有の非現実感だけが蔓延している。過去をふり返る気力も未来を思いえがく希望もない。体力の消耗を怖れてうずくまる手負いの動物のように、ただじっと時間がすぎるのを待っている。無感動と無気力が民心を麻痺させ、思考を停止させている。忘れたくても忘れられない空腹感だけが、いやになるほど現実的なのだ。このような極限状況は遠く離れた部外者には理解しがたいばかりか、状況のまっただなかにいる人間にも理解できないものだ。ヴェイユ自身、大西洋のむこうのニューヨークではじめてフランスの異常な状況に気づいた。フランス人の心身の健康がいかに害されていたかを悟ったのである(CSW mars 1999 6)。

ヴェイユは「銃後の」ニューヨークにとどまる気はなく、一九四二年七月の到着と同時に、互いに関連するふたつの方面で活動を開始した。より有効な対独運動に身を挺するために渡英の手筈をととのえ、「前線看護婦部隊編成計画」の実現にむけて合衆国政府および軍部の実質的援助をとりつけることだ。まもなく渡英のヴィザ取得が予想以上にむずかしいと知って愕然とする。編成計画のほうも挫折に挫折をかさねていた。ヴァールに手紙を書いたころのヴェイユは、たえまなく襲いくる強迫観念と戦っていた。より有効な貢献をするという口実のもとに、知らぬまに怯懦に屈してしまったのではないか。腰抜けの逃亡兵のように、屈辱と欠乏に苦しむ母国と同胞をみすてたのではないか。無意識の自己保身の欲求が出国をうながした真の理由だったのだろうか。これでは、ニユーヨークでペタンを批判して溜飲をさげる連中と変わらないではないか。

アランの講義で机を並べたことがあるアンリ四世校の後輩のモーリス・シューマンは、ド・ゴール将軍に随伴して渡英、「自由フランス」本部で将軍直属の国家情報委員会に属し、通信員記者の経歴を買われてBBCむけのスポークスマンをつとめていた。ヴェイユはこの優秀な後輩に手紙(七月三〇日付)を書き、渡英の手助けを乞うた。非占領地域から占領地域への再潜入は、「アーリア人」でも容易ではないが、「ユダヤ人」にとってはまず不可能であった。迂遠なようでもまずは大西洋を再横断するのが、占領地域に潜入する最短距離だと思えたのである。ロンドンへの渡航がこれほどむずかしいことを事前に知っていたら、「反ユダヤ主義の風潮から逃れようとし、しかもわたしと別行動をとるのを頑として拒否した両親が、どれほどせっついたとしても、けっしてマルセイユを出発しなかったのに」(EL 185)と悔やんでも遅かった。

不本意とはいえ、けっきょくは他の連中と変わりなく「ぬくぬくと居心地のよい場所」にいる自分が情けなかった。少量のジャガイモはともかく食料切符なしにはなにひとつ入手できないマルセイユから渡米した身には、肉や牛乳にもこと欠かず、ゲシュタポの影におびえずにすむニューヨークの生活は快適すぎる。どんどん自分が堕落していくように思えた。学生時代の後輩であり、キリスト教に共感するユダヤ人という仲間意識の気安さも手伝ってか、べつの手紙でシューマンに、このような無意味で宙ぶらりんの状態が続けば、自分は精神的な焦燥と知的な空虚と物理的な消耗で死んでしまうと嘆く。しかるべき使命と課題が与えられない状態では、精神力も知性も行動力も空回りをする。これらの能力はすべて、とりくむべき具体的な対象、解消すべき障碍を得てはじめて発揮されるのだ。

わたしの精神構造のせいなのですが、労苦と危険はわたしには不可欠なのです。万人がそうでないのはさいわいです。さもなければ、組織だった行動などまったく不可能となりましょう。けれども、わたしは自分のこの精神構造を変えることができません。長い経験から立証ずみです。地表に蔓延する不幸はわたしに妄想のごとくつきまとい、手ひどくうちのめしたので、わたしの諸能力は崩壊に瀕しています。わたし自身が危険と苦しみの大きな分け前にあずからないかぎり、これらの能力を回復するすべはなく、この妄想から解放されることはないでしょう。苦難の状態にあることが、わたしが働くことができる条件のひとつなのです。お願いです。もしあなたにできることなら、わたしに多くの有益な苦しみと危険を与えてほしいのです。それなくしては、わたしは悲嘆のあまり無為に消耗してしまいます。いまこの瞬間に自分がいる状況では生きることができません。ほとんど絶望の淵にあるのです。(EL 199)

たいていの人間の感受性や想像力は、プルーストが『失われた時を求めて』で巧みに証明してみせたように、心理的遠近法とでもいうべき法則に支配されている。家族や友人や同国人など、地理的・文化的・心理的に「近い」身内のちょっとした苦難は、「遠い」他者がこうむる大規模な殺戮や飢饉よりも、眼のまえの樹木が遠くの山嶺《さんれい》より大きくみえるように、正当な比率をこえて「大きく」「明瞭に」感じられるものだ。ところがまれに逆方向に作用する「特殊な想像力」(EL 185)もある。そうした精神の持ち主にとって、なによりたえがたいのは、「地表に蔓延する不幸」の埒外におかれる「銃後」の状態なのだ(EHP 221)。一九三二年夏、ナチスの政権奪取の前夜にベルリンやハンブルクを訪れたのも、一九三五年に未熟練の組立女工としてパリの工場に入ったのも、一九三六年にカタロニアで革命的無政府主義者の小さな戦闘集団に身を投じたのも、間接的なデータや伝聞に頼らず自分自身の眼と耳で事態を把握したかったからだ。現場からの距離に比例して、不充分で不正確なデータは妄想をあおりたて、妄想は思考の健全なはたらきを歪曲する。ベルリンやハンブルクの路上、パリの工場、カタロニアの前線と、そのときどきで「現場」は異なっていったが、自由な思考への希求こそがその驚くべき行動力の源泉であったことに変わりはないのである。

この時期に書かれた手紙の分量と悲痛な調子から察するに、ニューヨークでの時間と

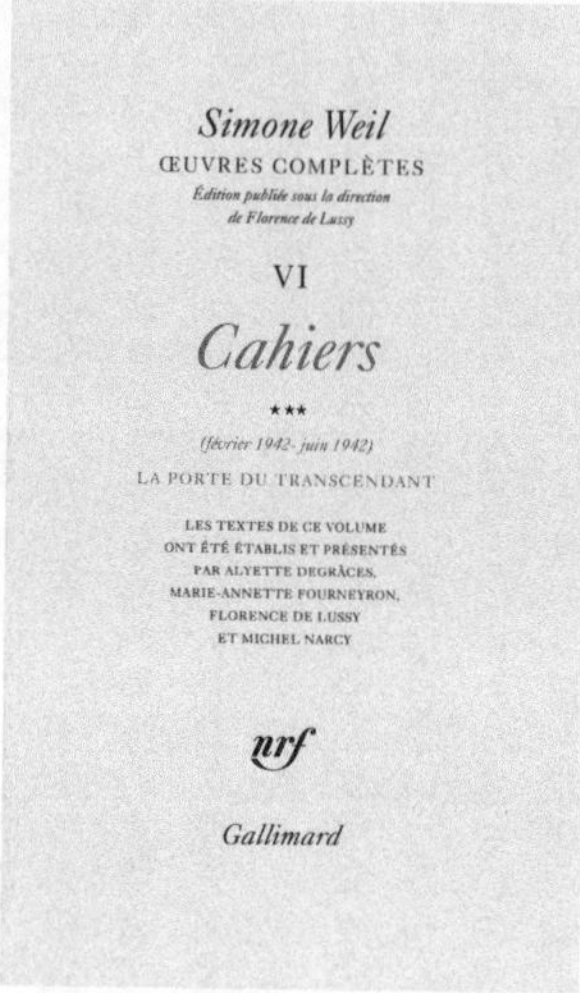

『シモーヌ・ヴェイユ全集』. マルセイユ, ニューヨーク時代の「カイエ」を収録.

活力の大半は、有力者や知己への多くは実りなき陳情と文通とについやされたようだ。ローズヴェルト大統領やリー提督(ヴィシー駐在のアメリカ大使で帰国後は大統領特別参謀本部長)などの政治家や軍人、ジャック・マリタンやアレクサンドル・コイレなどの亡命文化人、ありとあらゆる影響力のありそうな人物が選ばれた。その一方で、非政治的な主題にも精力的にとりくんだ。じっさい、フランス出国からニューヨークを出港するまでの七か月、上記の嘆願や手紙の類をのぞけば、「カイエ」に記された論考や覚書の大半が、ピュタゴラス派の著作の註解、キリスト教と他宗教との両立(不)可能性についての公開質問状の執筆(後年『ある修道士への手紙』として公刊)、ウパニシャッドや黒人霊歌や各地の民間伝承の研究など、きわめて宗教的な関心を物語っている。「キリスト教神秘主義者」という評価は、おおむねこの時期の執筆内容に依拠している。とはいえ、マルセイユ以降、ヴェイユの関心が宗教的な領域に完全に移行したとみるのは早計であろう。ロンドンではふたたび積極的に政治的な考察へと転じているからだ。

2　創造的注意《アタンシオン・クレアトリス》

ヴェイユは神の愛と憐れみを確信していた。そして、あらゆる救いや歓びが報いとして与えられたとしても、この本源的な確信にはなにも付加されないのだと断言する(AD3 68-69)。来世の至福や永遠の生命の約束は、むしろ信仰の純粋さをそこなう危険をやどすがゆえに、ヴェイユのキリスト教論ではほぼ完璧に無視される。いうまでもなく、神の愛と憐れみを確信しているからといって、人間の悲惨をうけいれることが容易になるわけではない。ヴェイユはペラン師への手紙で、この確固たる確信がゆらぎそうになる場合がひとつだけあると書いた。「他人の不幸にふれるときです。関係のない人びとや見知らぬ人びとの場合もそうです。おそらくそのときのほうがなおさらで、そこには何世紀もまえの人びともふくまれます。他人の不幸とのこの接触はあまりにはげしい痛みを与え、魂を端から端までひき裂くので、神への愛がしばし不可能になるほどです」(AD3 72)。

不幸を善と美徳の自動製造機とみなすには、ヴェイユは不幸のもたらす否定的な側面を知りすぎていた。戦場の狂気と死の恐怖をくぐり抜けた兵士、日常的な屈辱と疲労を知る労働者、さらに道徳的な傷痕《スティグマ》をうける娼婦、彼らの大半は不幸によってなにかを得る以上に、なにかたいせつなものを決定的に失ってしまう。不幸の打撃をうけた人間は、わが身におこったことを理解もできず、「半分つぶされた虫のように地面をのたうちまわる」(AD3 84)。安全な距離をたもてる映画や演劇で涙を流すのはたやすいが、現実の不幸な人びとの光景に心を動かすのはむずかしい。「ぼくはどうしても理解できないね。どうやって隣人を愛するというのか。ぼくの考えでは、愛することができないのは、まさしくこの隣人という代物なのだ。遠くにいる連中なら愛せないこともないがね」と、『カラマーゾフの兄弟』のイヴァンは言う。むきだしの不幸がかきたてるのは憐憫や同情ではなく、のりこえがたい生理的な嫌悪や根拠なき恐怖なのだ。

不幸を覆いかくす遮断幕を払いのけるものは「注意《アタンシオン》」である。この語にヴェイユは独特の意味をもたせる。ある対象に注意をむけるとは、思考を宙吊りにしたままで、対象にたいして、からっぽで、浸透可能な状態をたもつことだ(AD3 92)。この行為はある種の離脱を前提とする。現前する対象にたいして予断や偏見をもたず、対象をあるがままに認めようとする受動的な姿勢、フッサールの判断停止《エポケー》につうずる知性の待機《アタント》なのだ。語源的にも、待機《アタント》と注意《アタンシオン》はともに待ち望む《アタンドル》という動詞から派生した名詞で、この三者は密接にかかわりあう。純粋な善は探究ではなく待機の対象である。この種の超越的な善は自力では発見できぬばかりか、探究を始めるや偽りの善にぶつかって、真の善との区別がつかなくなってしまう(AD3 93)。

待機状態にある注意を有する人間だけが、「善きサマリア人」(『ルカ福音書』)のように、強盗に身ぐるみはがれて倒れている旅人に、好奇心でもなく侮蔑的でもないまなざしを送る。憐れみや救いの手は注意の必然的な結果として生じる。つまり、この注意は創造的なのだ。数学的思考が触知できぬ関係性を構想するように、創造的な注意は非在に存在を与える。祭司の眼にもレヴィ人の眼にも入らなかった物体に、このサマリア人は尊厳ある人格の衣を与えて生ける人間としたのだ。こねあげた土塊《つちくれ》に息を吹きこんで「生けるもの」とした神にならって、路上に横たわる血まみれの肉塊に注意をそそぐ人間は、宇宙のそこかしこに口を開けたほころびをつくろう。この種の注意をそそがれた人間は、不幸の刻印である匿名性と一般性をぬぐいさられて、名前と固有性をそなえた「生けるもの」となる。それは原初の創造を完成させる第二の創造のわざであり、この契機においてのみ人間は神の協働者となり、神にひとしい創造者となろう。

クレティアン・ド・トロワ作の中世聖杯伝説『ペルスヴァル』で聖杯《グラール》を守るアンフォルタス王は「立つも坐るも臥すもならぬ深い傷」を負うが、「なにがあなたを苦しめているのですか」という問いで癒されるはずだった。この王と同じく世の不幸な人びとが必要としているのは、彼らに真に注意を払うことができる人間である。ところが不幸な人間に注意をむけるのは、奇蹟ともいうべき至難のわざなのだ(AD3 96-97)。訓練をうけていない犬が火を怖がるように、思考は不幸を忌みきらう。生命にかかわる危険にもひるまず、あらゆる修羅場をくぐり抜けた者であっても、不幸をありのままに直視する勇気をもつのはむずかしい。逆に、真の注意のみが、不幸にたいする洞察力と有効な行動のための勇気をもたらすのだ。

注意はまれな能力である。熱意とか心の躍動とか憐憫ではたりない。まったき隣人愛とは、「なにがあなたを苦しめているのですか」と問うことだ（AD3 96）。不幸な人は、なんらかの集合体の一単位ではなく、「不幸な人」でくくられる社会的範疇に属する一症例でもない。われわれ自身とまったく似た存在でありながら、ある日、とつぜん不幸に見舞われ、模倣をゆるさぬ烙印を刻みつけられて苦悩するひとりの人間である。これを心底から確信せずして、隣人を愛しているとはいえない。

不幸は被害者も場所も状況も選ばない。説明がつかぬ不条理だからこそ不幸なのだ。理由のある苦しみなら矜持をもって堪えることもできる。なんらかの思想信条のゆえに迫害される人びとは自分が苦しむ理由を知っており、さらに肝心なのは、他人も彼らの苦しみの原因を知っていることだ。ある種の社会的威信は大義ゆえに迫害される人びとの側にある。不幸な人にはこの慰めがない。信仰や思想のために死んでいく人びとは殉教者であり英雄である。死のむごたらしさはむしろ勲章となろう。しかしガス室に送られて大量に抹殺される人びとは、死の瞬間にいたるまで匿名のなかに押しこめられ、人間の想像力に収まるには膨大すぎて無意味とさえ思える数字のなかに埋没してしまう。

不幸へのまなざしが奇蹟にひとしいのは、なんの見返りも期待できぬ名もなき弱者にむけられた純粋な共感だからだ。強者への自己移入はたやすい。想像上の権力にあずかれるからだ。ナポレオンの兵士は満足して死んでいった。原始キリスト教会の殉教者たちも、初期のコミュニストやアナキストたちもそうだ。ルイ一四世の廷臣は太陽王の微笑のうちに、モリエール作『守銭奴』の強欲な主人公アルパゴンは金塊の輝きのうちに、あるいは『女房学校』の老いた独身者アルノルフは若い娘アニェスの愛情のうちに、おのれの願望を転移した。だからこそ王の微笑や輝く金塊や純真な娘は、これらを渇望する人びとにとって逆らいがたい誘惑として君臨する。想像力が媒介する転移のメカニズムによって、権力の渇望は権力の奴隷を生むのである。

大戦直前にヴェイユはある友人に手紙を書く。高まりつつある軍靴の響きに合わせて、腰ぬけの平和主義者たちの宗旨替えがあいついだ時期である。かつての仲間に裏切りへの性向をみてとって愕然としたヴェイユは、順境にあっては傲慢に、逆境にあっては卑屈になるのが人間のつねと喝破する、ソクラテスに私淑する放蕩児アルキビアデスの言葉を引用する(EHP 106)。鞍替えした連中のご都合主義にくらべれば、野心家アルキビアデスの率直な主張のほうがはるかに潔い。ペリクレスを後見人として育ち、財力と美貌に恵まれたアルキビアデスは、自分を傲岸不遜だと非難する人びとにこう反論したのである。大いなる野心をいだく者が平等を欲さぬのは理にかなっている。不遇の者と平等たらんとする者は皆無であり、落魄する者にはだれも声をかけぬのであるから、おのおのは成功せる者から格下扱いされても甘んじるべきである。それが不服ならば、いかなる状況の者にも平等の配慮を払い、そのかわりに平等の処遇をうけるがよいと。

ヴェイユはメロス人に理不尽な戦争をしかけたアテナイ人にも語らせる。「われわれと同じくきみたちも知っているはずだ。人間精神の自然として、公正なるものは双方が対等なときにかぎって検討される。しかるに強者と弱者とがある場合には、可能なるいっさいは前者によって決定され、後者によって受諾される」(トゥキュディデス『戦史』)。強者と弱者の通常の関係に平等が入りこむ余地はない。人間はだれもみな、気体が空間をあまねくみたすように、力のおよぶところでは限界まで力をふるおうとする。どこまでも膨張しようとするのが力の本性であり、弱者はどこまでも収縮を強いられる。ついには無となるまでに。したがって弱者への共感は膨張する本性に逆らい、想像上であるにせよ現実のものであるにせよ、みずからが手にしている権力の放棄を意味する。強者と弱者のあいだで真の共感と感謝がかわされるとき、強者と弱者を分かつ深淵はのりこえられ、両者は対等な人間として対峙する。自然の法則に抗うという意味で、そのような共感は水上の歩行にも比すべき奇蹟である。

強者への弱者の共感は、相手がほんとうの意味で寛大なとき、相手が自分にいだいてくれる共感をその対象としている場合にかぎり、純粋なものである。それこそが超自然的な感謝である。それは自分が超自然的な憐れみの対象にされたことを幸福に思うことだ。このような感謝は誇りをけっしてそこなわない。不幸のただなかにあって誇りをたもつことは、これまた超自然的なことだ。純粋な憐れみと同じく、純粋な感謝は本質的には不幸への同意である。不幸な人と恩恵をほどこす人は、運命の多様性が両者をひきはなす懸隔をこえ、この同意においてひとつとなる。(AD3 134-135)

神は最愛のイエスを十字架にかけ、パウロの言う「呪い」(『ガラテア人への手紙』)とした。神の呪いとされたものほど、神から遠くにある存在があろうか。悪は隔たりではない。悪はまなざしの方向の誤りであって、隔たりを生みだすのは不幸である。キリストは悪の犠牲者である以上に、不幸にささげられた無垢の供物であった。かくて神とキリストのあいだに、被造界に可能なかぎり最大の懸隔が生じた。社会的威信のかけらもなく死せる物質にかぎりなく近いが、それでもまだ思考し愛そうとする存在、これが瀕死のキリストであった。不幸を純粋な懸隔、すなわち魂と神の隔たりと考えぬかぎり、不幸を理解することも受容することもできない(AD3 106)。不幸は神の教育などではなく、不幸そのものに意味はない。不幸に神慮を求める人間は、不幸と神の裁きに因果関係をもちこみ、すでにして不幸にうち砕かれた人を徹底的にうちのめす共犯となろう。説明がつくような不幸は不幸ではない。信仰をまっとうした殉教者たちは不幸ではなかった。真の不幸はすこしばかり滑稽である。ローマに大逆をくわだてた政治犯ではなく、頭のおかしい嘘つきとして処刑されたキリストのように(AD3 108)。その後、キリスト教がローマ帝国の国教として認知され、ヨーロッパ世界にあまねく浸透したのでなければ、ナザレのイエスは誇大妄想癖のある熱狂者として、あまたの自称預言者と同じ運命をたどったであろう。

当時のヴェイユがしめす古代ギリシアの幾何学への心酔は、戦争と大不況が大量に生みだす不幸な人びとの運命をどう理解するかという、ヴェイユにとって緊急の問題意識と切り離すことはできない。ヴェイユによれば、プラトンがその後継者を自任するギリシア神秘主義のきわだった特徴のひとつは、厳密な数学的諸関係にもとづくイマージュから構成されていることだ。これらの数学的諸関係は、知性の領域においては宇宙の秩序《コスモス》、感性の領域においては宇宙の美的調和《ハルモニア》というかたちで察知される。ピュタゴラス派の共同体が密教的結社であると同時に数学者の集団でもあったように、プラトンのアカデメイアでは善の探究者に幾何学者たる資質が求められた。感覚的表象からなる生成の世界から人間を解放してくれる数学研究は、実在するイデア観照のための理想的な予備教育とみなされていた。幾何学が育てるとされる不可視の形象からなる総体を一挙に把握する能力は、宗教的な直観にかぎりなく近いものと考えられていた。

ギリシア人の数学は宗教的かつ美的な配慮にみちていたので、比例や均衡の観念に厳密性を求めた。宗教的敬虔は、幾何学的厳密さに支えられた審美的表象のうちに受肉することで、知性と感性をひとしくゆさぶる実在性を獲得するのだ。たとえば、フィロラオスの日時計と太陽の投射影、タレスのピラミッドの射影と相似三角形、アルキメデスの王冠と流体力学、フレネルの水の波状運動と光の類比性、これらの詩的表象は、その美しさと明証性で感性と知性をともに魅了する。この種の鍛えぬかれた類比のみが、絶対的に純粋かつ絶対的に具体的な思考を可能にする。思考がとらえるのは個別的な対象である。一方、普遍的な法則によらぬ推論は有効ではない。であるならば、特殊(＝個別)と一般(＝普遍)をむすびつけるものはなにか。デカルトはエリザベート皇女に、「数学研究は主として想像力の鍛練をおこないます」と書いた。知覚や想像力は特殊な事例をまえに、一挙に、全体を把握し、普遍的な法則をみちびきだす。それはまた愛する能力の鍛練にもつうずる。ヴェイユは言う。「ある特殊な対象にむけられぬかぎり、愛は現実的ではない。ただ類比と転移の結果によってのみ、愛は現実性を失うことなく普遍となりうる。かかる類比と転移をときあかす認識、数学や種々の科学や哲学がその露払いをつとめる認識は、愛と直截にかかわる」(AD3 178)。

ギリシアにあって、ピュタゴラス派の人びと、その精神的後継者を自任するプラトンとその高弟エウドクソスは、数学的思考を媒介としてもっぱら善の探究をめざした、とヴェイユは主張する。ピュタゴラス派は数《アリトモス》と関係《ロゴス》を同義語とみなす。つまり$a/b = c/b$は分数式ではなく、整数で表される比例式なのだ。$\sqrt{2}$は整数比《ラシオナル》で表せない。かくて無理数《ロゴイ・アロゴイ》の概念が生まれる(S 143)。ピュタゴラス派は森羅万象のうちに数を読みとり、世界の秩序を客観的に数値化することで思考のスクリーンに映しだそうとした。無限定《アペイロン》を関係性の網でとらえるために。

ギリシア幾何学が質料ではなく形相をあつかうように、一般に科学の対象は物質ではなく世界の秩序である。相関関係が変わらぬかぎり、ある対象をべつの対象におきかえても支障はない。幾何級数の一系列において、数値は無限に変わっても、諸項間を規定する比率は変わらない。数学的注視がむかうのは個々の数や項ではない。諸項を規定はするが依存はしない超越的な関係が重要なのだ。数学的注視は主として観照力を鍛錬するとデカルトは言った。存在はせぬが非在ならざるものを注視する能力は、ヴェイユが構想する「不在の神」にむけられるとき威力を発揮する。この能力を晩年のヴェイユは注意《アタンシオン》／待機《アタント》と呼んだ。数学的直観と同じメカニズムによって、不在のものを現前させる機能を有するこの能力は、不可視性と匿名性を強いられる不幸をとらえるピンセットとなる。そのときデカルトが述べたように、数学的直観は愛する能力の別名となろう。

一九三〇年代なかば、工場就労やスペイン内戦参加を境に、世界にむけるヴェイユのまなざしがすこしずつ変貌していく。最大の契機は広義の意味でのキリスト体験であった。もっぱら強靭な意志に裏打ちされた有効な行動が称揚されていた以前と異なり、自律的で能動的な意志力ではなく、受容性のある注意《アタンシオン》の重要性が強調されていく。決然と剣を抜きはなつ意志の騎士デカルトが否定されることはないが、無抵抗で曳かれていく無言のキリストにさらなる共感がそそがれるようになる。デカルトとカントとスピノザを信奉するアランに、徹底的な「意志の哲学」を叩きこまれた若きヴェイユにとって、自由とは世界に内在的な必然を自身の法則として受諾する決意の別名であった。この決意は、「不変的法則たることを意志しうる格率にしたがってのみ行為せよ」と説くカントの定言命法の延長線上にある。ところが晩年のヴェイユにとっての自由は、主人の帰宅をいまかいまかと待ち望《アタンドル》む奴隷の待機《アタント》のうちにある(『ルカ福音書』)。すなわち自由とは注意《アタンシオン》の賜物なのである。

最大の不幸は、主人の帰宅を待ちくたびれて眠りこける怠惰な奴隷となって、この決定的な善との出会いの瞬間をとりのがすことであろう。あるいはまた、むやみに走り回ったあげく疲れはて、出会いがあったことにさえ気づかないことだ。もはや外的世界を変革する有効な行動が最優先のテーマではない。工場と戦場の試練をくぐりぬけて、行為の意味と限界を知ったヴェイユにとって、自己を内面から変容させる願望の効能が主要なテーマとなろう。この思想的な変容と深化は、外的にはマルセイユからロンドンにいたる亡命と失意の状況において、加速度的におこなわれたのである。

3 「前線看護婦部隊編成計画」

七月一四日は一七八九年の革命を記念する国民の祝日だったが、ペタンが敗戦直後にはやばやと「国民服喪の日」に変えていた。ところがこの記念日に、アメリカのラジオ放送でフランスの苦境について言及したイギリス人大尉がいた。ヴェイユはさっそくこの好意的なイギリス人に悲壮な陳情書を送る。そのなかで、自分は敗戦後のマルセイユで、『ニューヨーク・タイムズ』が「フランスにおけるもっとも重要な地下出版物」と呼んだ雑誌の配布にたずさわっていたが、「いまや危険や飢餓とは無縁の快適で安全な状況にあり、まるで逃亡兵のような気分です」(SP2 627–628)とうったえた。たしかに『キリスト者の証言』は、当時のカトリック系雑誌ではめずらしく、ヴィシーにもナチズムにも批判的な姿勢をとっていた(GSB 125–126)。ヴェイユがまったく見知らぬ人にまで手紙を書いたのは、自己憐憫にひたってわが身の流謫《るたく》を嘆くためではない。くだんのイギリス人大尉から「前線看護婦部隊編成計画」(EL 187–195)の推薦をとりつけるためだった。軍関係の人間の口利きなら効力があると考えたのだろう。開戦とほぼ同時に構想をまとめていたが、その後も機会あるごとに、多少なりとも軍事経験のある知人に意見を求めては手直しをしていた。イギリス人大尉もそのひとりであった。この計画を実現させようとする意志だけが失意のヴェイユを支えていたといってよい。本人は大まじめで軍事的な効用を信じていたが、常識ある軍人のド・ゴールは「狂気の沙汰だ」と一蹴した(SP2 667)。とはいえ、この計画書は晩年のヴェイユの関心事の象徴であり、その意味で詳細な検討にあたいする。

前線看護婦部隊の任務は負傷した兵士の応急処置である。赤十字の看護婦や一般の担架兵と異なるのは、派遣される場所が後方の野戦病院やテントではなく、戦闘がおこなわれている戦場のまっただなかであることだ。時をおかずに治療にあたるのだから、抜群の効果が期待できよう。ヴェイユは『アメリカ外科学会紀要』の最新号(一九四二年四月)からの抜粋に依拠し、戦場でうける致死傷の多くは「即座の救急処置でなければ治療しえない」と指摘し、看護婦部隊の現実的な有用性を強調する(EL 195)。それだけではない。砲弾のとびかうなかで非武装の女性が危険をかえりみず働く姿は、自軍の兵士たちの意気をいやがうえにも高めるはずだ。「これらの女性には相当な勇気が求められる。自分の生命を犠牲にする覚悟ができていなければならない。つねにもっとも困難な場所に赴き、最大の危険をおかす兵士と同じだけ、いや、それ以上の危険をおかす心構えが必要である。それも攻撃的な精神に支えられてではなく、傷つき死に瀕した人びとの上に身をかがめながら任務をはたすのだ」(EL 189)。候補者がいるかどうかを危惧するにはおよばない。頭数は一〇人でたりる。最初は少なくてもよい。物的な量ではなく精神の質が問題なのだから。

さらにヴェイユは、甘っちょろい精神主義は戦争のむごい現実には通用しないとの批判に、現代の戦争では精神的な要素がいかに重要であるかを思いおこすべきだと応じる。この点にだれよりも先に着目し、追随をゆるさぬ巧みさで活用したのがヒトラーであり、この先見性こそが彼の大成功の一因ではなかったのかと。ヒトラーは大衆の心理におよぼす宣伝の絶大な力を確信しており、『わが闘争』でも自信満々に効果的な宣伝の奥義を説く。「大衆の受容力はきわめて限られており、理解力は小さいが、そのかわりに忘却力は大きい」ので、重点を限界までしぼりこんで、ごく単純なスローガンとし、最後のひとりの頭に叩きこまれるまで、このスローガンを何度でもくり返すべしと。

ヒトラーは信念を実行にうつした。宣伝を駆使してなまなましく集団的想像力にうったえることで、じつに効果的に自軍兵士の闘争本能をかきたて、敵軍兵士の志気を挫き、傍観者には恐怖を与え、現実に有する力をはるかにしのぐ影響力をおよぼしたのだ。当事者や第三者の想像力をかきたてず、増幅された威信も身にまとわず、ただありのままの等身大の武力には限界がある。軍備と頭数をそろえることは敵の陣営にも可能だからだ。ところが威信を手にいれるのはたやすくない。アレクサンドロス大王やナポレオン、そしてヒトラーの名のもとに戦場におもむく兵士たちは、彼らの頭上に君臨する指導者をとりまく神話的なオーラを分有していたから、戦うまえから敵の軍勢を威圧できた。

ジャンヌ・ダルクやクロムウェルもしかり。彼らが放っていた宗教的なオーラゆえに、しばらくはめざましい戦果をあげることができたのだ。

ヒトラーの慧眼は親衛隊(SS)やパラシュート部隊の創設にも発揮された。これら選良のナチス特殊部隊は通常の軍隊とは異質の効能と存在意義をそなえている。「特殊な任務のために選抜され、危険をかえりみないばかりか死ぬ覚悟もできている男たち」(EL 191)で構成されていたのだ。彼らを支えているのは一種の宗教心である。自分たちこそが世界を変えるのだというヒロイズムに燃え、自分の生命にも他人の生命にも執着はない。ヒトラーの威信が味方のみならず敵までも圧倒するのは、それが宗教的情念に裏打ちされているからだ。周到に用意された軍備、一歩もゆずらぬ覇権の決意、宗教的な熱狂、という三種の神器を手に、ヒトラーは古代北欧神話のオーディン(ヴォータン)のように、神なきあわれな人間界に降臨したのである。ヴェイユの考えでは、ロシア人たちが他の国民以上にこれらの攻撃にもちこたえているのは、彼らもまた共産主義という擬似宗教的情念に鼓舞されているからだ。スターリニズムもナチズムもまったく同種の集団熱病であり、復讐や怨嗟や支配欲といった情念からたっぷりエネルギーを汲みとっている。

ヴェイユがフランス国内のレジスタンスをあまり評価しないのも、多くの系統的なレジスタンス組織の背後に共産党の影をみていたせいだ。一九二〇年代にフランスの労働組合を分裂させ、結果的に労働組合運動の活力と自主性を奪い、スターリニズムのお先棒をかついでしまったフランス共産党を、どうしてもゆるせなかったのだろう。共産党員の捨て身のヒロイズムに、SSやボルシェヴィキにつうじる狂信的《ファナティック》な情念を読みとって、おぞましく思ったのかもしれない。目的は手段を正当化しない。手段の陋劣《ろうれつ》さはかならず目的の堕落をもたらすとヴェイユは考えていた。懲罰の恐怖や敵への復讐心や褒賞への期待といったあさましい動機で、いかにめざましく英雄的な行為が実現されようと、まったく意味をなさぬばかりか、ときとしては有害でさえあった。低次のエネルギーはどれほど大量に蓄積しても、けっして高次のエネルギーには変換されない。熱死をもたらすエントロピーが増大するだけの話だ。

前線看護婦部隊を実行にうつすには、破壊とは完全に次元を異にするエネルギーを糧とすべきなのだ。自己の生命を惜しまないという意味では、SSの精鋭や革命細胞分子と変わらないが、生命を奪うのではなく救うために、軽んじるのではなく慈しむために、ヒロイズムが発揮されねばならない。殺害の意志で奮いたたせる狂信的な勇気に、同じ種類の勇気で対抗しようとしても勝機はない。ナチスに一日の長があるばかりか、決意の堅さでも無敵である。その決意は信仰、いや、かぎりなく信仰に似た代替物《エアザッツ》なのだ。宗教の代替物に対抗するには真の宗教しかない。とすれば、血なまぐさい狂暴な勇気に勝てるのは、他者の苦しみや悲惨をもひるまず注視できる勇気しかない。この種の静謐さのまえでは、殺す勇気などなにほどでもない。殺すのではなく生かす勇気だけが、猛々しい蛮勇をうち負かすだろう。銃後では言葉による宣伝が可能だが、前線では行為による宣伝しか効果がない。銃弾をかいくぐり負傷兵の看護にあたる女性たちの姿は、第一級の行為による宣伝となろう。

フランス国内のレジスタンス諸組織にせよ、ロンドンのド・ゴール率いる「自由フランス」にせよ、ヴィシーのペタン政府にせよ、競って自陣営に都合のよい情報だけをアメリカに流し、互いに他陣営に敗戦の責任をなすりつけあうのに躍起になっていたときに、ヴェイユはあらゆる陣営と等距離をたもちつつ独自の見解を語ろうとした。ニューヨーク文書の大半が英語であるのは偶然ではない。フランスの解放は英米の強力な後押しなしには実現しえないと考え、英米の民衆の関心をうながそうとしたのである。とりわけアメリカの協力が得られぬとすれば、解放の大幅な遅延は避けられず、精神的荒廃の度合はさらに深刻化するだろう。他方、アメリカの協力を要請するには、まずフランス自身が敗戦の状況と原因をつくろわずに反省する必要がある。現時点でのレジスタンスやロンドンの自由フランスの存在が、ドイツ軍のパリ侵入時の国民あげての卑怯なふるまいを隠蔽するならば、そんなアリバイは百害あって一利なしである。ところがフランス全土を覆っているのは、真摯な反省どころか互いの責任転嫁や敵への見境のない復讐心だけだ。敗戦時には、四〇〇〇万のペタン派、すなわち程度の差こそあれ四〇〇〇万の対独協力者《コラボ》が存在したというのに。あの惨憺たる敗戦の主原因は、フランスの物質至上主義と俗物性、つまりは国民意識の頽廃に求めるべきではないのか。

> ヒトラーはつねづねドイツ国民にむかって、偉大なる理想にたいする彼らの信仰とかぎりなき献身の報いとして勝利を約束してきた。ところがフランス首相ポール・レイノーは、「われらは強者であるがゆえに勝者となろう」という、このうえなくわざとらしいスローガンをでっちあげた。しかも註釈をあわせ読むと、強者とは主として富者を意味するらしい。金銭が戦勝をもたらすというわけだ。三年たったいまでさえ、いかに頻繁に「食物が戦勝をもたらす」という言いぐさを眼にすることか。しかるに一九四〇年のフランス人は、ドイツ人よりずっと恵まれた食生活を送っていたのだ。(CSW mars 1999 30)

物質的な豊かさの象徴であると同時に、もっとも原始的な欲求でもある食物を、ヴェイユは人間の悲惨や苦悩をあらわす指標として好んでもちいる。じっさい、ヴェイユのいた非占領地域で食糧不足は日常のできごとであった。ドイツからの要請でワイン用の葡萄栽培は盛んだったが、小麦は金にならなかったので、飢えをみたすパンは恒常的にたりなかったのである。もちろんドイツの民衆にもパンは不足していた。それでもナチス・ドイツが威信を失わずにいるのは、経済力にものをいわせる粗雑な軍事大国だからではなく、国民的規模で禁欲的な英雄精神にあおられているからだ。だからこそより純度の高い精神性をもって抗すべきであると考えるヴェイユにとって、たとえド・ゴールの失笑を買おうとも、「前線看護婦部隊編成計画」は完璧な自己投影の場たりえたのである。戦後フランスの精神的復興の指針として著された『根をもつこと』は、このごく私的な再生プログラムを国民的規模にまで拡張したものといえよう。

やがてヴェイユは、ロンドンでド・ゴール将軍の自由フランスに合流する。その後も、非占領地域のペタン派とも、ロンドンのド・ゴール派とも、北アフリカの仏領植民地で旗あげをしたジロー派とも、占領下で地下にもぐったレジスタンス組織とも、それぞれに一線を画しつつ、異国の地での孤独な闘いを選ぶことになる。闘争への嗜好や報復の怨念ゆえにではなく、権力崇拝や英雄主義に走るでもなく、はためには無益で無謀と思える使命をまっとうするために。

第八章　政治理論と神秘神学
――ロンドン（一九四二―四三年）

1　根づきへの序章

一九四二年一一月一〇日、ヴェイユはモーリス・シューマンのおかげでイギリスの入国ヴィザを入手し、半年前に渡ったばかりの大西洋をふたたび横切るために、リヴァプール行きの貨物船に乗りこんだ。リヴァプールには二週間後の一一月二五日に到着する。ふつうなら六日から一〇日ですむところを、おそらくは札つきの反戦主義者の経歴と、大戦初期の兄アンドレの徴兵忌避の疑いが二重に災いして、一八日間も外国人検問所でとめおかれたが、事情を知ったシューマンの口添えでようやく出所した。ロンドンにたどりついたのは翌月一四日であった。

一二月一四日に外国人検問所をでたヴェイユは、ド・ゴールの自由フランス本部におもむく。ニューヨークからイギリス行きの船に乗った翌日の一一月一一日に、ドイツ軍が非占領地域にも侵攻し、フランス全土がドイツに完全に制圧されたことも、ヴェイユの悲壮感をつのらせた。敵前逃亡の罪はますます大きくなったように思えた。いまや願いはただひとつ、すぐにでも任務をおびてフランス本土へ派遣されることだった。例の「前線看護婦部隊」の一員でもよい、フランス本土へのパラシュート部隊の一員でもよい、ともかくできるだけ「危険で重要な」任務につくことを希望した。だが自由フランス本部は、ヴェイユの「ユダヤ的な」風貌と不器用さをかんがみて、このような希望にはそいかねると判断した。与えられたのは、小さな仕事部屋と文書起草委員という「銃後」の役割であった。

ヴェイユがロンドンで執筆にあたった期間は、四月なかばに病気で倒れて入院するまでの四か月であるが、そのあいだに書かれた記事や原稿の質と量には驚かされる。一日数時間しか眠らず、寒い冬のロンドンで暖もとらず、ろくな食事もせず、「銃後」を余儀なくされた失望を払いのけるかのように、昼夜をついでひたすら書きつづけた。戦後フランスの再建のための提言を起草することが主たる任務とはいえ、レジスタンス組織から海峡をこえて送られてくる大量の文書を読んで分析することも仕事のうちだった。したがって「ロンドン文書」と一括される論考や草稿や『根をもつこと』に収められた政治文書は、こうした雑多な文書にたいする直接または間接の応答という、きわめて具体的な意図をも反映している。

この時期、一九四〇年のパリ落城以来、ロンドンの地で唯一の合法的政府を自称してきた自由フランスはもとより、さまざまなレジスタンス組織が次期政権の分け前にあずかろうと名乗りをあげていた。一九四二年一一月、連合軍の北アフリカ上陸に対抗してドイツ軍がフランス非占領地域に侵攻すると同時に、かたちだけのヴィシー政権は完全に崩壊し、つぎの政権のありかたが現実的な問題として急浮上したのである。そして新体制には新憲法が不可欠だ。一七八九年の大革命から一八七〇年に始まる第三共和政まで、九〇年たらずのあいだに起草され採択されたフランス国憲法はじつに十を数える。しかもその多くは、ミラボー、シェイエス、コンドルセ、コンスタン、ラマルティーヌ、そして革命の終結を告げる一七九九年のナポレオン・ボナパルトにいたるまで、基本的に個人の手になるものであった。このような経緯を知るヴェイユもまた、大まじめで「文書起草委員」の職務をまっとうすべく新憲法の構想にとりくんだ。

FRANCE COMBATTANTE

LAISSEZ-PASSER

No. 1663 Nom Mlle Weil

Prenoms Simone

Grade ou Profession Redactrice

Bureau ou Service C.N.I

Londres le 30 Mars 1943

Le Chef du Service de Sécurité

「戦うフランス」文書起草委員の身分証明書．1942年．

まずはド・ゴールを首班とする臨時政府の正当性の分析である。この組織が唯一にして合法的な政府であるか否か、とうてい自明とはいえなかった。ロンドン文書「臨時政府の正当性」は、フランスにとって「正当性」の概念はひさしく内実をともなわぬ虚構であったと述べ、一九四〇年六月の無条件降伏は国民全体による主権の放棄であったと断じる。内実のない概念にだれひとり殉ずる気持になれなかったのだと。フランスの正当性とは、敵の手によるのであれ、内部の陰謀によるのであれ、暴力的に奪われた宝物ではなかった。「選良から勤労大衆にいたるフランス国民はこぞって、両手をひらき、この宝物が地に落ちるにまかせ、どこに転がっていくのかを見とどけさえもしなかった。道ゆく人びとはそれを足蹴にした」(EL 61–62)。

「道ゆく人びと」がドイツ軍なのか親ナチスのヴィシー官僚なのかは不明だが、ド・ゴールの自由フランス政府がなんらかの合法性を有するとすれば、もっぱらつぎの理由にもとづく。「地にうちすてられ、だれからも顧みられなかった宝物を、ド・ゴールが拾いあげ、きれいにし、持ち主が返してほしいと言える状況になる日まで、自分がその委託者となることを公に知らしめたのだ」(EL 61)。しかしこれはド・ゴールに将来もつづく権力を約束することにはならない。むしろ逆である。ド・ゴールは宝物の所有者ではなく一時的な委託者にすぎない。したがって彼の任務は、戦後の一時期(たとえば二年間)にかぎり、新憲法を制定する立憲議会を準備することだ。さらにこの任務を私利私欲なく遂行するには、その後の政治的キャリアをあきらめねばならない。

ヴェイユの念頭にあるのはルソーの『社会契約論』である。立法者は国家において

「尋常ならざる人」であり、行政権もなく主権もない。共和国をつくるこの職務は憲法にはふくまれない。人びとを支配する者が法を支配してはならぬように、法を支配する者は人びとを支配してはならない。この分権は合法性を得るための必須条件なのだ。伝説的な立法者リュクルゴスが祖国スパルタに法を与えたとき、まずみずからが王位につくことを放棄した。つまり三権分立を是とするならば、憲法を制定する者は、その後の行政や執行にかかわってはならない。この理論を当時のフランスの状況にあてはめてみよう。ド・ゴールは立法者としての職務をまっとうしたのち、宝物の正当な所有者、すなわち新憲法制定後に選ばれた大統領に、宝物をそっくりそのまま返すべきである。こうして政界をいさぎよく引退したド・ゴールには、永続的な名誉と感謝が与えられよう、というわけだ。このような理屈と展望が、野心満々のド・ゴールはもちろん、その側近たちの気にいるはずもない。あらゆる政治家は権力を求めて奔走するのであり、ひとたび権力を得たなら、その権力を失わぬためにさらなる奔走をつづける。ヴェイユの「ロンドン文書」の大半は黙殺された。「主権在民」という表現は魅力的だが中身がない、と「新憲法草案にかんする考察」でヴェイユは言う。まず、人類の歴史をつうじて主権者なる国民など存在した例《ためし》がない。さらに国民が主権者たることが望ましいともいえない。正義のみが主権であるべきなのだ。ゆえに「主権在民」の無意味なスローガンにかえて、ヴェイユはつぎの定義を提案する。「合法性とは、民衆が服している諸権威の総体にたいする、民衆の自由な同意に存する」(EL 92)と。

しかるに「事実において主権者であるもの、それは力であり、その力はつねに国民のごく一部の人びとの手中にある」(EL 86)。そして権力の濫用がおこなわれるとき、抑圧の犠牲になるのは抽象的な国民などではなく、ひとりひとりの生身の人間なのだ。そこで、この権力の濫用をふせぐ方策が必要となる。行政権や立法権を監視する権能、すなわち司法権に実体を与えなければならない。逆にいえば、権力を思うままに行使しようとする議会や執行部は、あらゆる手を使って司法をとりこもうとする。その最たる事例が司法権を議会の支配下においた第三共和政ではないか。そして、そのあげくのはてがあの無残な敗戦ではなかったか。ゆえに三権のうちに階層秩序をもうけるとすれば、司法権、立法権、行政権の順に優位に立たせるべきであろう。

あらゆる権限をどう制限するかを、さらに具体的に論じた文書が「新憲法のための基本的概念」である。首班をふくめいっさいの権限は、党派争いによる奪取や打倒の対象であることをやめねばならない。党派抗争による勝ち負けと正義はなんの関係もないからだ。「過失をおかした首班は、更迭されるのではなく裁かれるべきである」(EL 93)。いっさいの権力機構は本質的に抑圧的であり、良い政府というものは原理的に存在しえない。ならば、より悪くない政府、より抑圧的でない政府を考察すべきだとヴェイユは考えた。ロンドン文書に共通する息苦しいまでの法制主義と、多少なりとも権力をもつ人間にたいする厳罰主義は、第三共和政でピークに達した金権・衆愚政治への反動とみることができよう。その結果、三権による相互監視制度が徹底される。

まず、立法(議員)と司法(裁判官)が重大な問題で対立するときは、国民投票によって決着がつけられる。しかも非ありとされた側は重大な罰則を科される。ただし、このような国民投票が正当であるために、主人公たるべき肝心の国民は「羊のごとく群棲的であると同時に砂漠のような性格」(EL 95)であってはならない。つぎに、裁定権をもつ行政官から終身制の共和国大統領が選ばれ、大統領はその職務のひとつとして司法を監視する義務を負う。この大統領が首班を指名し、この首班がひきいる政府と立法との重大な対立は、司法によって裁かれる。このように立法と行政は互いに監視しあい、不都合があれば懲罰を科しあい、最終的には国民投票による判定をあおぐ。

問題になるのは、司法および大統領に与えられた権限の大きさであろう。とくに大統領任期の二〇年というのは異例の長さである。たしかに、ある程度の任期が保障されなければ長期的な施政にも着手できない。しかしヴェイユの脳裏にはむしろ、議会の迷走を抑制できなかった指導者の無能ぶりが露呈した第三共和政への反省もあったろう。ヒトラーばりの集団的情念にうったえるカリスマ的な指導者ではなく、法律で厳格に規定された範囲内で自由に権限を行使しうる強力な指導者を育てる政治システムを構想したのである。ところで司法は大統領に監視されるわけだが、それでは大統領を監視し裁くのはだれなのか。もちろん国民以外にありえないとヴェイユは言う。人間のすることであるから相対的にという留保つきだとしても、大統領の任期の二〇年ごとに、公的な生活が満足すべきものであるかを、国民投票によって問うのだ。国民投票で否定的な評価がくだされた場合、「共和国大統領は自動的にその地位から追われ、ひきおこした失望の程度に応じた社会的失墜の状態に終身とどめおかれる」(EL 97) ばかりか、過失がきわめて重大ならば死刑もありうる。

けっして法外な要請ではないとヴェイユは考える。「正義は権力と責任のあいだの均衡を要求するからだ」(EL 68)。空腹にたえきれず他人の畑からニンジンを一本ひきぬいた貧しい人は、懲らしめをうける。何度もくり返せばかつては「政治犯」を収容した仏領ギアナの離島に送られるかもしれない。ところが、無神経や憎悪や不注意や偏見から、ひとりどころか数十、数百、あるいは数百万の人びとの死や不幸をひきおこした政府の首脳は、その失策ゆえに権力の座を追われるとしても、それほどたいした懲罰はこうむらない。悪辣な代議士や政府の要人を罰することができるのは、彼らが露骨に汚職や収賄に手をそめたときだけだ。法の網にひっかかるような失策をやらかさないかぎり、みずからの悪意や無能がまねいた惨事にたいしてもなんの代償も払わず、おそらくは名誉と富を手に一生をまっとうすることだろう。これこそ不正ではないのか。社会的な力の段階に応じて懲罰が厳しくなるような仕組こそが、正義にかなっているのではないか。

政府の首班とコソ泥では、善においてであれ悪においてであれ、共同体におよぼす影響力はまったく異なる。それぞれの影響力の度合が責任の重さに反映すべきなのだ。この比例的な責任と懲罰の関係のほうが、すくなくとも一般人の正義の感覚になじむのではないか。いっさいの道徳的基盤となるべき正義の感覚をあらゆる分野において保障するものが司法なのであり、その意味で、ヴェイユの戦後フランスの再建構想においては、司法の尊厳と独立をいかにして守るかが最重要の命題となる。

これらの文書が著された一九四三年、労働組合運動や共産党主導のプロレタリア革命など、もはや一九三〇年代の遺物であった。生ぬるく中途半端なヒューマニズムやデモクラシーなど、確信犯的なファシズムにとって怖れるにたる敵ではないことは、一九四〇年のフランスのぶざまな遁走によって証明されていた。だからこそ、社会と政治を有機的につなぐシステムが求められる。英雄的なストイシズムを発揮するヒトラー主義やスターリン主義にも対抗できて、しかも一般民衆をできるだけ犠牲にしたり抑圧したりせずに、ひとつの文化共同体としての統一をもたらすようなシステムが必要なのである。

かつてプラトンは、アテナイの衆愚政治へのアンチテーゼとして、『国家』や『法律』のなかで、無私無欲の選良たちが治めるユートピアをつくりあげた。逆にヴェイユは、超法規的＝非合法的な政権であるヴィシーを、法規的＝合法的に解体しようとした。ソクラテスにならって、悪法であっても無法よりはましとするならば、ヴィシー政府が強奪しておとしめた合法性の回復は、すぐれて合法的な手段、つまり強力な司法権の行使によって回復されるべきであろう。政党・党派の禁止、宣伝の禁止、出版の自由の制限などの法的リゴリズムは、個人を集団の圧力から守るための方策であった。「愛国心」「国民」「国家」「合法的政府」など、ヴィシー以前はほとんど言及されず、あるいはもっぱら否定的にしか論じられなかった概念が、「ロンドン文書」では詳細に検討されるのも偶然ではない。ヴィシーが変質させたすべての概念の再検討なくしては、フランスの新生はありえない。そして新生をもたらすものは復讐の念ではなく反省である。『根をもつこと』の特徴のひとつは、戦時の政治文書にはめずらしく、侵略者への報復や怨嗟の表明がみられないことである。すでにナチス・ドイツや対独協力者《コラボ》への報復やヴィシー周辺の戦犯探しが始まっていた。連合軍が北アフリカに上陸して以来、戦局はフランスに有利に展開していた。枢軸国の敗北はもはや時間の問題だった。人びとはいままでの鬱憤をどう晴らすかを想像して愉しんでいたのである。

しかしヴェイユは憎しみを再建の原動力にすべきではないと考えた。間近な勝利が約束されたも同然のこの時期、レジスタンスを説くのはむずかしくないし、ごくふつうの人びとに大きな犠牲を求めることも不可能ではない。過去の屈辱をぬぐいさろうとする自己愛や報復の欲求から、意外な人びとが意外な英雄行為をやってのけるかもしれない。ところで一般に、あさましい動機のほうが大量のエネルギーを擁する。食料制限下に半ダースの卵を買うために何時間も行列する人間が、人命救助のためには一時間さえじっとしていられない。動機の高邁さとエネルギーの量はみごとに反比例するのだ。滅びゆくものへの憐れみや愛が供給するエネルギーはわずかである。滅びゆくものや力なきものは、独裁者や企業主のように、勲章や出世や金銭などで労に報いてはくれないからだ。それでもやはり、再生はこのわずかなエネルギーにのみ依拠すべきである。レジスタンスを推進する愛国心という名の原動力に正当な制限が加えられぬなら、このありあまる情念はやすやすとファシズムに反転するであろう。

連合軍によるノルマンディー上陸前夜のヴェイユは、この「愛国心」という語に否定的な反応をみせた。他国の軍靴にふみにじられた占領の数年間、人びとの心の底に押しこめられてきた復讐や加虐の欲求が、この美しい響きをもつ魔法の呪文にあおられて、巨大なエネルギーとなって爆発することを怖れた。ヴェイユの考えでは、自国が他国に加える不正のほうが、他国からこうむる不正よりも、いちじるしく人心を頽廃させる。しかも、この感覚にはおぼえがあった。第一次大戦が終結した一九一九年、ヴェイユはまだ一〇歳の子どもだった。そして、愛国主義者(で反ドレフュス派の)ポール・デルレイドの詩を暗唱するような、戦時の子どもらしく素朴な愛国心の持ち主だった。ところが、勝利にわく母国フランスが敗戦国ドイツに課したヴェルサイユ条約の不正に憤り、それまでの愛国心が一気にさめる(EHP 224)。そして、敗れた敵国をはずかしめようとする集団的情念のおぞましさを、一生忘れることはなかったのである。

2　権利と義務

「人間にたいする義務宣言のための序曲」という副題がしめすように、ヴェイユは『根をもつこと』で戦後フランス再建の青写真をつくるにあたり、まずは第一部に「魂の諸欲求」(E 9-41)をかかげた。ロンドン文書「人間にたいする義務宣言のための試論」(EL 74-84)を発展させたものだ。一七八九年の憲法制定議会が発布した「人間および市民の権利の宣言」を、二〇世紀の文脈におきなおし、あらたな息吹を与えようとした。ただし権利と義務の役割をくるりとひっくり返して。

ある意味で、義務と権利は表裏一体をなすが、まったく対等の関係ではない。人間は一方で権利を有し、一方で義務を有すると考えるのは、主体と客体の混同から生じる誤りである。人間は主体としては義務を、客体としては権利を有するというべきだろう。ただし義務は自律的であるが、権利は他律的である。後者は前者に依存するからだ。義務は単独でも成立するが、権利はあくまで他者の同意を得てはじめて発生する。他者の良識と善意が前提なのだ。フランス革命以降、おおいに喧伝されてきた無条件で不可譲の絶対的人権など存在しない。もしも宇宙にたったひとりしか存在しないならば、その個人は義務だけを有するだろう。さらに義務は契約とも関係がない。契約とかかわるのは権利の概念である。契約なら当事者の意志による変更や消滅がありうるが、義務に変更や消滅はありえない。かかる義務をいっさい認めない相手にたいしてさえ、こちら側の義務はまちがいなく成立し、その気さえあれば確実にまっとうできるのだ。

このように、あらゆる権利が消滅しても義務は残るが、義務が消滅すれば権利のほうは存在しえない。人間らしくあつかわれる権利があると声をからして叫んでも、周囲の人びとがそれに同意しなければ、自分がどれほどりっぱな権利を有するかを証明しても意味がない。「汝、殺すなかれ」という命題は、義務の観点からみれば、自分自身をふくむすべての殺害行為を排除する。しかし権利の観点からみれば、この命題の実効力はほとんどない。相手を殺すことを思いとどまることはできても、たいていの場合、自分が殺されることを相手に思いとどまらせる確実な手立てはない。被害者であることは、決定権が自分の手にないことを意味するのだから。このように権利の概念はあてにならない。しかしヴェイユが権利の概念を排除する理由はこれだけではない。ヨーロッパにおいてはローマ法に起源をもつこの概念は、分配、交換、量の概念と不可分であり、商業的な操作とすこぶる相性がいい。労働者の権利要求が、働く人間としての尊厳を回復する方途をさぐるのではなく、賃金上昇の交渉という商取引をみちびきだすのも偶然ではない。権利要求は、失ったなにかをとりもどす、または与えられずにいるなにかを手にいれる、という手続きをふむ。権利要求が通るのは、要求の正しさが認められたからではなく、要求する側の力が認められたからだ。権利要求は分かちがたく力の威信とむすびつき、その穢れをまぬかれることはない。

一九三六年六月のゼネストによって、労働者は賃金上昇をはじめ、団体交渉で労使間協約をむすぶ権利、他国に先がけての週四〇時間労働、有給休暇(フランスの象徴たるヴァカンスの始まり)、軍事産業の国有化など、歴史的ともいうべき成果を得た。ゼネストの直前まで、はるかにつつましい要求さえ一蹴していた雇用者たちは、大規模ゼネストがプロレタリア革命に進展しなかったことを天に感謝するありさまだった。もちろん道理ではなく力に屈しただけの雇用者たちは、機をみてすぐさま反撃にでることを怠らなかった。対ドイツ戦争の危機が高まるにつれて、軍事産業での競争力強化を口実に、労働時間の短縮義務は翌年はやくも撤回され、労働条件は悪化の一途をたどる。ワイマールのドイツもまた、一九三六年六月以前の労働者と同じように、戦勝国フランスの良識と善意にうったえて、敗戦によって奪われた権利の回復を求めようとした。しかし武力と経済力にまさるフランスは、あからさまな無関心をしめしただけだ。ヒトラーのドイツがヨーロッパ屈指の強大な軍事国家として、かつてのおだやかな嘆願者の祈りとしてではなく、武力をちらつかせた威嚇者の口調で、年来の要求をつきつけたとき、フランスはとつぜん物分りがよくなった。ことを構えてまではねつける気力も武力もなかったからだ。

それではなぜ権利ではなく義務を基礎におかねばならないのか。一七八九年のフランス革命は「諸権利要求の手帳《カイエ・ド・ルヴァンディカシオン》」をもたらしたが、ヴェイユは二〇世紀のこのあらたなマニフェストを、権利要求にもとづく一八世紀のマニフェストの致命的欠陥をのりこえて、より自律的で自己充足的な基盤のうえに展開しようとした。「義務の概念は権利の概念に先立つ」(E 9)という命題はその基盤であった。一八世紀の革命家たちがおかした致命的誤謬は、権利の充足を平和と幸福への第一歩とみなしたことである。ところが、「なぜあなたはわたしより優遇されるのか」「なぜあなたはわたしより多くを所有するのか」という恨みがましい叫びは、闘争の精神および権利の概念を呼びさます。自分と他者を比較するこの叫びは、どうしても個人的なものである以上、人間と人間のあいだに連帯ではなく分裂を生み、相手の心に共鳴ではなく警戒をかきたてる。だが、「なぜあなたはわたしに悪をなすのか」という驚きと嘆きの声は、相手が聞く耳をもつなら、根源的な義務を思いおこさせうるであろう。

　市場で卵を売る農民は、べらぼうに安い値段をつけてくる無遠慮な買い手に、わたしはあなたに卵を売らずにいる権利があると言える。権利の概念は商取引の領分にあるからだ。そして、不幸な人間にこの種の権利を説くのは、あわれな魂を買い叩こうとしている悪魔をいさめて、そんなに安い値段ではかわいそうだ、もうすこし高く買ってやれとけしかける通行人の態度と変わらない。魂は売買の対象ではないというのに、搾取されたあわれな労働者の味方と称して、労働者の尊厳などそっちのけで、賃上げや時短の交渉におおわらわの組合や政党や左翼インテリが演じているのは、この親切な通行人の役なのである。

3　人格と非人格の弁証法

それでは、すべての人間にたいして義務をはたすべき根拠はなにか。個人をとりまく社会的・政治的・文化的・思想的・物理的条件とはいっさいかかわりなく、相手の人間がただ人間であるというそれだけの理由で、その人への義務を無条件で聖なるものとみなす根拠はなにか。ヴェイユはひとつの例をあげる。ひとりの人間がいる。その腕は長く、眼は青く、精神がやどす思考はおそらく凡庸である。わたしにとって聖なるものは、その人のなかにある固有の人格《ペルソンヌ・ユメヌ》でもなく、人間としてのさまざまな特性でもない。固有の人格こそが聖なるものであるならば、その人の眼をえぐりだし、腕をへし折ったとしても、その人の本質をいささかも傷つけたことにはなるまい。そこなったのは身体の一部にすぎないのだ。

しかし事実はそうではない。その人の身体や精神の一部を傷つけるならば、わたしは良心の呵責をおぼえるだろう。たとえ他人に危害を加える許可が与えられ、そうしたい気持がある場合ですら、わたしに実行をためらわせるものがあるとすれば、そのような行為は相手の魂までも害することをなんとなく察知しているからだ(EL 12-13)。眼をえぐられた人間の魂は、視力の喪失にとどまらぬ致命的な打撃をこうむるだろう。だれかが自分にそれほどの悪意をいだき、じっさい危害におよんだという その考えだけで、身も心もひき裂かれるにちがいない(EL 11-12)。他人から手ひどく傷つけられるたびに痛めつけられるのは、わたしたちのなかの子どもの感受性である。

みずから手をそめたり、被害をこうむったり、見聞きしたりして、犯罪的行為をいやというほど体験するにもかかわらず、揺りかごから墓場にいたるまで、あらゆる人間の心の奥底には、人びとが自分に悪ではなく善をなすことを、どうしようもなく期待してしまうなにかがひそんでいる。これこそがあらゆる人間における聖なるものだ。聖なるものとは人格ではなく、人間における非人格的なものである。(EL 13)

人間にたいする義務の根拠は、個人の特性とされる固有の人格ではなく、万人が共有する非人格的なものへの敬意にあった。ひるがえれば、万人には自分のうちなる非人格的なものを育てる義務がある。人格的なものは非人格的なものと対立するが無縁ではなく、一方から他方への移行は容易ではないが不可能でもないからだ。ところが、うすっぺらな人格なるものを脱ぎすて、非人格の奥へと下りていく、この移行のプロセスを不可能にするのが、「政党全廃にかんする覚書」が弾劾した曖昧な政治的・思想的心情の器としての集団である。これらの集団と非人格的なもののあいだに通路はない。この種の集団に呑みこまれた人格的なものは、非人格的なものへの移行の道を完全に断たれてしまう。

こうして集団と人格のあいだの諸関係はおのずから決定される。「魂のなかに非人格的なものが芽吹くのをさまたげうるものを排除する」(E 21)、これにつきる。そのためにはそれぞれの人格に、一定の空間や自由にできる時間、適度の孤独や沈黙が与えられ、高度な注意力をやしなう可能性へとひらかれていなければならない。この注意力こそが、個人の集団にたいする優越の根拠であり、非人格への移行を可能にする能力なのだ。すべての教育、すべての労働、すべての不文律や成文法は、この注意力の育成を念頭に実施されねばならない。たとえば、世界のうちに先験的な秩序を読みとる幾何学や物理学は、この注意力を養成する準備体操としてのみ意味をもつといったぐあいに。

人間のなかにひそむ人格とは、「寒さにふるえ避難所と暖かさを求める苦悩するなにか」(E 21)である。ところが多くの人間はその逆の状況に苦しんでいる。「ひとりひとりが自分とは無縁の意志の介入によって不断に苦しめられ、しかも同時に、魂のほうは寒さと苦悩と遺棄の状態にさらされる。人間には暖かい沈黙が必要なのに、冷たい喧騒が与えられる」(E 22)からだ。自分をつつみこむ隠れ家と暖かさをもたぬ貧しい人格は、自己をこえるなにかへの献身によって、ゆるぎない帰属への憧れをみたそうとする。隠れ家の代替物《エアザッツ》をさしだしてくる集団の吸引力に抗うには、ほとんど超人的な意志を要するだろう。根こぎの現象が蔓延する混乱の時代には、ありとあらゆる種類の宗教がわがもの顔に跋扈《ばっこ》する。かくて金銭、名誉、威信、地位、権力、人間的な愛情、そのいっさいが自己を投入し埋没させる偶像となる。

おおかたの人間は自分の人生になんらかの善を投影せずにはいられない。なんの意味もない無益な人生などと考えたくもない。したがって偶像崇拝はほとんど不可避の誤謬なのだ。超自然的なものの観念が失われると、絶対的な善は人間の想像力のなかで、物質または人間自身にむすびつく。前者は物質中心のマテリアリスムに、後者は人間中心のユマニスムにつながる。前者では集団に聖なる特質が与えられ、後者では個人の人格が聖化される。集団をむすびつける絆は、イデオロギーであったり民族の血であったりするのだが、猛烈に排他的であるという共通点がある。いずれも擬似宗教の習いである。

たとえば一九四〇年のドイツとフランスの戦いは、集団の偶像崇拝と人格の偶像崇拝との戦いでもあって、第二の誤謬が第一の誤謬に敗れさったのは驚くにはあたらない。第一の誤謬のほうが生命力と持続性にすぐれているからだ(EL 18)。誇大妄想《メガロマニア》の餌食となった選良民族にせよ、似非科学のご神託をありがたがる主義信条にせよ、なんらかの排他的特殊性を共有する集団の聖性しか認めない心性が、人格の発露＝個性の開花という私的領域における聖性しか認めない心性を圧倒するのは、天秤上でキログラムがグラムを圧倒するのとまったく同じメカニズムである。両国が代表する二種類の誤謬が、程度の差こそあれ、地球上のすべての地域にはびこっている以上、この病根の分析と克服は地球規模の課題なのである。

ヴェイユは断固としてみずからの政治理論の根拠に権利ではなく義務の概念をすえた。それでも、権利の対概念ではないような自立的な義務は存在しうるのか、その根拠はどこに求められるのか、という疑問は依然として残る。ヴェイユは言う。「かかる義務は無条件的である。なにものかに根拠づけられているとしても、そのなにものかはこの世界のものではない。この世界において義務はなにひとつ根拠をもたないのだ。これこそ人間にかかわる事象のうちで、いかなる条件にも服していない唯一の義務である」（中三）。さらに「人間にたいする義務宣言のための試論」では、より明確にプラトン的表象をもちいる。「この世界の外側に、つまり空間と時間の外側に、人間の精神世界の外側に、人間の諸能力が到達しうるいっさいの領域の外側に、ひとつの実在が存在する。この実在にむかって、人間の心につねにやどっているものの、この世界では対象をみいだすことのない絶対的な善への希求が、人間の心のなかで応えるのである」(EL 74)。

プラトンのイデアを思わせるこの絶対的な善への憧れは、例外なくすべての人間の心のなかに、すべての魂が共有する「非人格的なもの」のうちにある、とヴェイユは言う。「なぜ人はわたしに悪をなすのか、というキリストですら抑えきれなかった子どもっぽい嘆きが、心の底から湧きおこってくるとき」(EL 13)、そこにはたしかに不正がある。ひどい仕打をうけて、なかば呆然と、なかばうちのめされて、どうしてと問わずにはいられぬ人びとの魂のうちに、キリストは何度でも受肉する。そこにこそ人間の尊厳の根拠があるのだ。

人間のなかの聖なるもの、すなわち非人格的なものは、個々人の人格につきまとう差異をこえて、すべての人間がひとしく分かちもつ、ひとつの特性をさす。この特性を分有するかぎりにおいて、『創世記』の言うように、すべての人間は神の似姿《イマージュ》である。ただし人間と神が似ているのは、人格そのものではなく人格を放棄しうる能力においてである(『カイエ4』43)。しかもある意味で、人間は神よりも強い。人間は神を憎むことができるが、神は人間を憎むことができない。エメラルドがただひたすら緑色に輝くように、神はただひたすら愛するだけだ。「この無力さのゆえに神は非人格的な人格なのである」(『カイエ4』114)。

人格的な存在たることを放棄することで、人間は神の反映となる。だからこそ、他者を不幸に追いやって惰性的な物質の状態におとしめるのは、おぞましさの極みである。人格という特性とともに……人格を放棄する可能性をも奪うのだ。わたしたちが愛ゆえに自律性を放棄する可能性をもつために、神はわたしたちの自律性を創造した。これと同じ理由によって、わたしたちは他の人びとのために自律性の保持を望まねばならない。(AD3 173)

神のごとき従順の域に達した人間は、神が人類に示した愛の実践にならって、人びとの自由な選択を無限に貴重なものとみなすであろう。非人格的であること、無力であること、ひたすら愛すること、これらはすべて分かちがたくむすびつくのだ。真にすぐれた芸術や思想は、あきらかに個人の創造性や思索の結実であるにもかかわらず、なにかしら非人格的な透明さをそなえている。たんなる才人は人格の発露をめざし、個性の開花と名声を誇るであろうが、ほんとうの天才は放棄と匿名性において「隠れたる神」(『マタイ福音書』)に似たものとなる。非人格的なものは、惰性的な物質界に微分子のごとく散在する霊的存在という意味で、マタイ福音書が神の国の象徴としてもちいた芥子《からし》種《だね》やパン種(『カイエ4』59)でもある。さらには、神と人間の本質的な血縁性を説くエックハルトの「魂の火花《フンケン・デア・ジーレ》」や、マニ教が説いた「肉の闇のなかに囚われた善の断片」(PSO 65)にもなぞられよう。これらの比喩はすべての人間の魂に先在する神的な特性を示唆し、「無からの創造《クレアチオ・エクス・ニヒロ》」を主張するカトリックの教義に抵触する。

ところで、『ティマイオス』の「神の種子」(IP 31-34) の生長は、人間のうちにある人格的なものの衰弱を含意する。この自己無化にいたるプロセスへの自由な同意を、ヴェイユは「脱創造《デクレアシオン》」と名づけ、神による原初的な創造の行為に対置させた。一般に、創造は神の比類なき権能の発現であり純然たる拡張行為と考えられている。創造は神の全能の証明である。これ以上に神の力と威信をたからかに宣言する行為はない。ところがヴェイユは創造を神による放棄、すなわち力の放棄とみなす。「神は創造主である。ゆえに全能ではない。創造は放棄である。しかし、その放棄が自由に意図されたものだという意味において、神は全能である。神はその行為の結果を知り、かつ、それを欲した」(『カイエ４』97)。しかし全能の神といえども、ひとたび放棄した権能をとりもどすことはできない。

いったん生起したことをなかったことにする権能は神にすらない。創造が放棄であることをこれ以上に明証するものがあろうか。神にとって時間にまさる放棄があろうか。われわれは時間のなかに放擲《ほうてき》されている。神は時間のなかにはいない。創造と原罪は、われわれにとっては異なるが、放棄という神の唯一の行為の二様相にすぎない。受肉も受難もそれぞれこの行為の一様相である。神はみずからの神性を脱ぎすてて虚しくなり、われわれを偽りの神性でみたした。偽りの神性を脱ぎすてて虚しくなろう。この行為こそがわれわれを創造した行為の究極目的なのだ。(『カイエ4』135)

人間のなかで人格的なものがその軸にそって生長し「開花」する時間なるものは、神の原初的な放棄のしるしなのだ。逆に、時間によって育まれる人格とは偽りの神性にほかならない。時間と永遠は並び立たない。時間が生じたその瞬間から、永遠はこの世界の外部へ、人間の手のとどかない彼方へとしりぞいた。神の子が無力な人間としてこの世に生をうけたのも、この世の裁きに服してみじめな刑死をとげたのも、創造主がこの世界において不在であるからだ。創造の行為をつうじて、神はすべてであることを放棄し、この原初の放棄によって存在の充溢と純粋さはそこなわれた。悪をも選びうる自由意志をもった被造物に場をゆずるために。

非人格的なものが人格的なものを糧として生長していくとき、物質的な視点からみるならば、それは人格の消失であり自己無化である。しかし神の観点からみるならば、それは原初の創造をみたしていた充溢と無垢への回帰につながる贖罪の行為である。原初の人間が神にそむく罪をおかして以来、その罪は贖われるべく人間の眼のまえにある。しかし神は贖罪を望みはするが強制はしない。自由意志をそなえた被造物を創造した神は、その被造物がこの貴重な贈りものである自由意志をただしく行使して、固有の人格性たるおのれの存在を放棄する決断にいたることを望んだ。「いまこの瞬間も、神は創造の意志によってわたしを存在のなかに維持しつづけている。わたしが存在を放棄できるように。わたしがついには神を愛することに同意するのを、神は忍耐づよく待ちつづける。直立不動で、なにもいわず、一片のパンを恵んでくれそうな人のまえにたたずむ物乞いのように、待ちつづける。時間とはこの待望である」(『カイエ4』135)。神は純粋な善であるから、ぜったいに力を行使しない。ただ、黙って、待ちつづける。近づくことも語りかけることも力の行使であるから、神はただ在りつづける。神は「廉恥を知る物乞い」(『カイエ4』135)のように、人間がおのれの意志によって自己をさしだすのを、ただひたすら待ちつづける。人間がこの無力な待機《アタント》に気づくには、沈黙と不動のうちに行使される注意《アタンシオン》が必要なのだ。かくて神の沈黙の愛に、人間の沈黙の愛が呼応する。

人間どうしの場合も事情は変わらない。たいていの人間は、なんらかの事情で強いられぬかぎり、自分より弱い立場にある人びとを、みずから進んでほんとうに対等にあつかうことはない。広い意味での友愛だけがその例外であろう。これだけがヴェイユにとって、自然的には共通項のない人間どうしのあいだに、自由で対等な関係を築きあげる唯一の根拠である。神が人間を対等にあつかい、その自由意志を尊重し、自律的な存在であることを認めたように、「力関係において自分よりはるかに劣る人びとを対等にあつかう人は、運命が彼らから奪いさった人間という特性を、現実に彼らに返すのである」(AD 130)。このように愛する人びとは神の創造のわざを完成させるのだ。

そもそも神が自由意志をそなえた被造物を創造したのは、ピュタゴラスの師とされるフェレキュデスの言うように、「ゼウスは創造にさいして愛《エロス》に姿を変えた」(プロクロス『プラトンの「ティマイオス」註解』IP 22; SG 135)からだ。神は愛ゆえに他者を創造したが、神ならぬものが存在することは善ではない。創造はなにかを加えたのではなく、なにかを減じたのである。「わたしたちは神との関係において、強盗に入った家の主人の厚意で黄金を盗みだすことをゆるされた盗人である。この黄金は合法的な所有者の視点からみれば贈与である。盗人の視点からみれば窃盗である。家にもどって盗品を返すべきだ。わたしたちの存在も同様である。わたしたちは神から存在をすこしばかり盗みとって、これを私物化した。神はこれをわたしたちに与えた。しかしわたしたちは盗んだ。これを返さねばならない」(『カイエ4』418)。真に神を愛するならば、自己を放棄して他者に場を与えた神の愛にならって、神への愛ゆえに自己を放棄せねばならないのである。

しかし、この放棄はあくまで個人の自由な選択によるのであって、いかなる理由があろうとも他者に強いるものではない。神自身が強制を望まぬものを、人間が同胞に強制することはゆるされない。この点にかぎるならば、自己への義務と他者への義務は同じではない。自己にたいしてはたすべき義務は、神の権利放棄を逆方向で再現すること、すなわち自分がなにものかであるという幻想と、世界の中心に位置するという遠近法的誤謬をすてることだ。しかし他者にも同様の権利放棄を迫る権限はだれにもない。他者にたいしてはたすべき第一の義務は、その人間が自分の意志で権利放棄をおこなえるように、人格の生長に不可欠な被造物としての欲求をみたす手伝いをすることだ。それこそが彼らに自主的な放棄をうながす最善の策である（『カイエ４』315）。自己には「脱創造」そのものが、他者には「脱創造」の前段階となるべき人格の保護がまずは求められるのだ。

4　思考の自由

人間の尊厳の根拠である非人格的なものをおびやかす最大の敵の正体について、ヴェイユの考えは学生時代からほとんど変わっていない。思考する個人を呑みこむべく口をあけてまつ最大の陥穽、それはあらゆる種類の集団である。『根をもつこと』で「秩序」「自由」「服従」「責任」「平等」などと並んで、しかも他を圧して多くの紙数がさかれているのは「言論の自由」（E 26-35）の項目である。しかも驚くべき提言をする。言論《オピニオン》の自由と結社《アソシアシオン》の自由は、とうぜんの権利でもなく、いわんや法によって守るべき理由もない。むしろ法によって規制すべきである。家族や友人などの自然的な集合はともかく、結社はすべて現実の生活における便法であって、魂の基本的な欲求ではない。ただし言論についてては一概にいえない。いうまでもなく思考の表現にはなにひとつ制約や条件を課するべきではない。全面的かつ無制限な表現の自由は魂の欲求のひとつであって、この絶対的な自由なくして知性はまっとうに機能できない。そして知性が束縛をうけるならば、魂は病むであろう。

ところで知性の機能には三種類ある。第一に、ある目的を達成するための方法をさぐるという、技術的な次元ではたらく。この機能において知性はただの奉仕者である。この中立的な道具としての機能は、思考の内容とは関係がないので、放っておいてよい。第二に、なんらかの意志決定にさいして手がかりを与えるという、根拠づけの機能がある。しかもいかなる選択であっても根拠づけは可能である。たとえ最低で卑劣な犯罪行為であったとしても。ゆえに、このときの知性には警戒を要する。第三に、知性は純粋な思弁のためにもはたらく。その場合、そしてその場合においてのみ、知性の活動に完璧な自由が与えられるべきなのだ。

そこでヴェイユは『根をもつこと』で具体的な法令をみちびきだす。まず、行動と直接かかわる第二の機能にはきびしい制限が加えられるべきだが、行動の埒外にある第三の機能がはたされるとき、知性はいっさいの制約から解放されていなければならない。必要とあらば著者や出版社に法律上の保護が与えられてもよい。第三の機能にかぎっては、たとえ犯罪的な思考の表明であっても、なんの註釈もなく、なんの留保もなく、ひたすら読者のまえに提示されるべきだ。その結果、当該の問題にかかわるデータの蓄積がうながされ、解決への糸口がみえてくるだろう。ただし、これらの思考が行動への指針ではなく、完全かつ正確なデータ作成への貢献であることが、すべての読者に周知徹底されるという条件つきで。

完全な自由を保障されるべき第三の機能とは対照的に、第二の機能にかかわる言論の伝達手段、すなわち言論をつうじて行動に影響をおよぼそうとする出版物は、行動とまったく変わらぬ規律に服すべきである。身体的にせよ心理的にせよ人を傷つけることがゆるされぬように、そうした行為を正当化する言論活動もゆるされてはならないからだ。たとえば、オピニオン・リーダーとして特定の思想信条をかかげる日刊および週刊の出版物は、行動に課されるのと同じくきびしい制限に服さねばならない。殺人行為が罰せられるように、殺人を合理化するような言論も罰せられるべきだ。出版社、新聞社、放送局なども法的な統制下におかれ、「おおやけに認知された道徳律を侵害した場合はいうまでもないが、口調や思考の下劣さ、悪しき趣味、低俗さ、さらには陰湿なかたちで腐敗をうながす傾向がある場合も」(E 29)、活動の停止もしくは組織の解散を求められよう。

とうぜんながらヴェイユはごうごうたる非難を予測し、あらかじめつぎのように反論する。これは思想統制ではない。なぜなら言論の自由は、制限つきでもっぱら個々のジャーナリストに与えられるものであって、報道媒体に与えられるものではないのだと。

このとき念頭にあったのは、第三共和政初期の一八八一年、名前の登録のみで刊行ができるようになった規制緩和を皮切りに、雨後の筍のように生まれては消えていった、無数の煽情的で大衆迎合的な新聞・雑誌であろう。この種のジャーナリズムがドレフュス事件で演じた影響力の大きさはよく知られている。マックス・ヴェーバーも『職業としての政治』で第一次大戦中の下劣な報道合戦を憂えた。日刊紙、週刊新聞、月刊雑誌と体裁こそちがえ、こうした大衆の情念にうったえ、世論を恣意的な方向にみちびき、行動へとかりたてるメディアは、それぞれが労働者や王党派や反ユダヤ主義者や左翼知識人を対象に、われこそが自由な言論の代弁者であるとばかりに、一九四〇年六月に幕をとじる第三共和政末期まで、おおいに幅をきかせてきた。

ヴェイユはメディアに信頼をよせていなかった。しかも近代のメディアは大きな武器をもっている。圧倒的な人海戦術でくりだす宣伝のもつ感染力である。政党とメディアは結託し、大衆の教育だの判断力の育成だのと称して、あからさまな宣伝をおこない、人間精神の隷属化をこころみた。ヴェイユにとって、メディアは虚言を弄する政治家や資本家の共犯者であり、政財界の権力者とすくなくとも同程度に悪質な犯罪者であった。「表現の自由とは知性の欲求であり、知性は個人としての人間のうちにやどる」のであるから、「知性の集団的行使なるものは存在しない」(E 30)。いかなる集団も表現の自由を主張することはできない。集団はそのような欲求をもたないのだ。いや、そもそも集団には表現の自由を認めるべきではない。それどころか、思考の自由を守るために、集団にたいして言論の表明を法的に禁じる必要がある。集団というものは、みずからの見解を表明するだけでは満足せず、かならずその見解を成員たちにも押しつけようとする。拡張は集団の本性なのだ。

集団の憶測や情念から生じる言論や見解は、個人の孤独な探究から生じる思考と似て非なるものだ。プラトンは『国家』で集団的言説を生みだすシステムを「巨獣」と呼んだが、ヴェイユはその比喩を引用しつつ敷衍する(SG 87-92)。人心をまどわせるとソフィストたちを非難する巷の人びとこそが、「教育全般をひきうけ、おのれの欲望にのっとって老若男女をつくりあげる」最大のソフィストなのだ、とソクラテスは言う。「議会や法廷や劇場や軍隊など、大勢の人びとがつどう場所ではどこでもそうなのだが、集まった多数の群衆は、言葉や行動を大騒ぎして非難したり賞讃したりする。非難にしても賞讃にしても度がすぎていて、やたらにわめきちらし、手をうち叩くのだ」。

この怒濤のような非難や賞讃をまえに、どこまで個人の理性や判断力が抗えるものだろうか。質の異なる情念と理性が争えば、量的なエネルギーの圧倒的な差がものを言う。勝つのはエネルギー量にまさる情念である。ふつうの条件下ならば巨獣がかならず勝つ。報酬とひきかえに叡智を伝授すると称する輩はソフィストと呼ばれるが、これらの教師たちは大衆と意見を異にしているわけではない。それどころか大衆とソフィストは、ともに同じひとつの源泉から、すなわち巨大なエネルギー源である巨獣から、叡智とやらを汲みとっている。この獣の世話をする人間は、獣の気まぐれな喜怒哀楽の表出のひとつひとつが、それぞれ具体的にどのような現象や言説と対応しているかを、時間をかけて実践的に習得し、「獣の気にいるものを善と、機嫌をそこねるものを悪と称する」。この巨獣は歴史上に有能無能の追随者《エピゴーネン》を生みだしたが、第三共和政の諸政党やメディアもその末席につらなる。

「巨獣の道徳」の威力は計りしれない。芸術や文学や思想の領域であれ、政治や経済の領域であれ、この地上でなんらかの威信を有するものはすべて、ある時期に巨獣の批准をうけたのだ。さもなくば大衆に認められることもなかった。そのうえ巨獣の好むものがかならずしも悪とはかぎらず、嫌うものが善ともかぎらぬので、巨獣の批准そのものが善であるとも悪であるともいえない。しかし特徴はある。巨獣の道徳においては、「われわれは」といいたがる一人称複数形が圧倒的な優位にあり、「わたしは」と主張する少数意見には冷淡である。

ところで「われわれは」と称する集団への帰属は、知性の居心地をすこぶる悪くする。友情や同志愛のような心情的な絆であっても、そこからの離反や距離はためらいをひきおこし、知性の自由なはたらきに誤差を生じさせかねない。意識的にせよ無意識的にせよ、真理の探究ではなく、公認の教義との合致がめざされるからだ。教義からの逸脱が罰せられると知っていれば、合致への願望はいやがうえにも倍増されるだろう。さまざまに複雑な計算をする実験のなかで、奇数の答がでるたびに電気ショックをうけるうちに、やがて都合よく偶数の答がだせるようになる被験者と同じである。知性に課せられる制約は、善への愛をもいずれは窒息させてしまうだろう。

この「われわれは」への賛同を強いる巨獣は、ヴェイユの生きた第三共和政とヴィシー政権の時代に、政党および教会のうちに復活した。政党／教会のなんらかの要綱／教義に共感した人が、入党／洗礼の儀式をつうじて成員となる。その時点で、政党／教会の要綱／教義をすべて熟知している人はまずいない。その後、自分の考えと相容れない要綱／教義と出会ったときどうするか。自分の良心に忠実であろうとすれば、是々非々で臨むべきであるが、そのような姿勢は政党／教会では歓迎されない。ある集団への忠誠と自己の良心がぶつかるとき、ためらわず前者を優先させるのがりっぱな構成員である。これができない人間には、下手をすると除名／破門の鉄槌がくだる。このような懲罰の雰囲気は知性の自由をかぎりなくそこなう。

このときヴェイユの念頭には、まず「権力の座にある単独政党と獄につながれたその他すべての政党」(EL 126)を生みだした血なまぐさい分派闘争、すなわちソヴィエトのボルシェヴィキやドイツのナチスによる一党独裁があった。そして異端審問所をあやつった中世のカトリック教会、さらにはヴィシーとむすんで反動化したフランスのカトリック教会も同罪と考えられた。すべてが極端なまでに尖鋭化した時代だった。ロンドン文書「政党全廃にかんする覚書」もこの脈絡で読むべきだろう。政党というものは、ことごとく、ただひとつの例外もなく、純然たる悪である。必要悪でさえない、とヴェイユは言う。

ルソーも自由と公正の必須条件として政党の全廃をとなえたが、ヴェイユによれば、ルソーの主張はふたつの明白な事実を前提とする。「理性は正義と罪なき有用性を選びとるが、あらゆる罪は情念をその動機とする」がひとつ、「理性は万人において同一であるが、情念は各人各様である」がもうひとつ。とすれば、なにか問題がおきたときに、各人がたったひとりで熟慮して、さまざまな意見をもちよって比較検討するならば、万人共通の理性にかなった合理的な判断においては一致し、不正や誤謬の温床である情念に左右された憶測においては一致しないはずだ。このような状況においてのみ、多数決あるいは満場一致に正当性があるといえよう。ルソーの「一般意志」とは、各人の私情を相殺するための手続きをへてはじめて正当化されうる同意のことなのだ。

ところが、この手続きの信頼性をいちじるしく害するものがある。それは集団的情念である。これがのさばりだすや、あらゆる嘘や歪曲が可能となる。かくて、集団的情念を肥《ふと》らせる政党の全廃という結論がみちびかれる。さて、政党には三つの特性があるとヴェイユは言う。第一に、政党は集団的情念をつくりだす機械である。第二に、政党はその成員の思想に集団的な圧力を加える組織である。第三に、政党は自己の勢力拡張を際限なくめざす自己増殖装置である。じっさいはこの第三の特性が、政党の最終にして唯一の目的といってよい。よって理論的にみるならば、全体主義的ならざる政党はありえない。現実として、たいていの政党が全体主義的でないのは、同じ程度に全体主義的な他政党が存在して、互いに影響力を相殺しあうからだ。もっとも、競合する諸政党をまんまと葬りさり、全体主義的体質をいかんなく発揮した党もある。ソ連ではスターリンの党が、ドイツではヒトラーの党が他のすべての政党を非合法化し、みずからに同調しない者を容赦なく弾圧した。彼らはすべての政党が望みつつもはたせずにいる夢を実現させたにすぎない。

この第三の特性は、集団的な情念が個人の思考を圧倒するや否や、かならずひとつの現象をひきおこす。すなわち目的と手段の逆転である。この転倒はごくありふれた現象なので、一般に目的とみなされているものの大半は、定義上からも、本質的にも、疑問の余地なく、手段にすぎないといってもよいほどだ。政党のほかにも、金銭、権力、国家、国民の威信、生産力、卒業資格など、枚挙にいとまがない(E 132)。手段が目的とすりかわるメカニズムは単純だ。ほとんど野放しの宣伝力をかりて、自己の存続こそが公益にかかわると大衆を説得すればよい。この怖るべき現実と第三共和政の迷走の反省が、いっさいの集団にたいする嫌悪と不信となって、晩年のヴェイユの著作にある種の悲壮感を与えているのは否定できない。

かくてヴェイユは人間存在にきわめて両義的な視線をむける。一方で神的な虚無への同化を説き、一方で社会改革のための活動を惜しまない。ヴェイユの思考の道筋はこうだ。人間のなかで尊ぶべきは万人が共有する非人格的なものだ。非人格的なものは人格的なものを糧として生長する。非人格的なものは糧としてのみ価値がある。ゆえに尊重されるべきだ。個人の観点からみれば、非人格的なものの生長は究極の消滅すなわち自己無化につながる。そして、この究極の消滅をうながすがゆえに、社会改革は推進されねばならない。以上の前提によるならば、いかなる政治組織や法制が望ましいのか、おのずからあきらかになろう。きわめて現実的な問題をあつかう政治理論についての言説に、ふいに前ぶれもなく神秘神学の語彙や発想がまぎれこみ、読者を当惑させるのも、ヴェイユの論理において、この二領域は切れめなくつながっているのみならず、互いの領域に楔《くさび》のごとく入りこんでいるからにほかならない。

第九章　根こぎと根づきの弁証法

——ロンドン（一九四三年）

1　根をもつこと

亡命の地ロンドンにあるヴェイユの心をとらえていた問題はなにか。いうまでもなく、戦後フランスの精神的再建の設計図をつくることだ。しかし、それにはまず近代以降のヨーロッパの帝国主義と植民地政策によって世界規模でひろまった「根こぎ」の現象と原因を分析する必要がある。この分析を抜きにして「根づき」の問題は語れない、とヴェイユは考えた。晩年の主著『根をもつこと』は根づきをこう定義する。

根をもつこと、それはおそらく人間の魂のもっとも重要な要求であると同時に、もっとも無視されている要求である。また、定義することがもっともむずかしい要求のひとつでもある。人間というものは、過去のある種の富や未来へのある種の予感を生き生きと保持している集団の存在に、自然なかたちで参与することによって、根をもつ。自然なかたちでの参与とは、場所、出生、職業、境遇によって自然におこなわれる参与を意味する。人間はだれでも複数の根をもちたいという欲求をいだく。自分が自然なかたちで参与しているさまざまな環境を仲介として、道徳的・知的・霊的な生活のほぼすべてをうけとりたいという欲求をいだくのである。(E 45)

ロンドン文書で猛然と集団的なものを断罪したヴェイユが、この時期、現在に生きる人間に記憶としての過去と期待としての未来を供給し、「場所、出生、職業、境遇によって自然におこなわれる参与」を可能にする環境《ミリュー》を認めるようになったのは、なぜなのか。かつてヴェイユがさがし求めたのは、個人が集団に呑みこまれてしまう危険を最小限に食いとめる方策だった。あらゆる集団は端的に悪であった。しかし『根をもつこと』ではこの極端な集団アレルギーは影をひそめる。すべての集団が悪いのではない。個人を食い殺して肥大する集団があれば、個人を養い育てるミリューを提供する集団もある。思想や信条をともにする政党や宗教的セクトが前者に属するとすれば、日々の生活をともにする人間的なミリューは後者に属する。ヴェイユが警戒したのは、思考の領域で個人に圧力をかけてくる集団であった。この意味で、いっさいの政党やそれに類する思想集団の全廃をとなえ、組織としての報道媒体に言論の自由をこばんだロンドン文書の過剰と『根をもつこと』の中庸のあいだに、それほど大きな落差はない。ヴェイユが認めた唯一のミリュー、それは近代的な国家《エタ》よりも小さい地域《レジオン》を核とし、個々の国家よりも大きな文明圏をつつみこむ領域、人為的に線引きされた国境や偏狭な愛国心や党派根性とは縁のない自由な空間、これらの総体から生まれる貴重な時空なのである。

ところが言語や文化や共通の歴史など、はっきりとは規定しにくい自然的なミリューというものは、きわめて傷つきやすい。破壊的な力の脅威にさらされると、なすすべもなく崩れさり、それらに根をおろす魂をもろともに葬りさってしまう。だからこそ、集団のなかに埋もれて、居場所を確保し、暖をとりたいという誘惑から個人を守るために、個々の人間が帰属するミリューを守るという聖なる義務を、万人が万人にたいして負うのだ。このような自然的なミリューの破壊は犯罪である。滅びてしまったものは二度とよみがえらない。一三世紀の南フランスに開花したオック語文明とカタリ派は、中央集権化をもくろむフランス王と異端撲滅をめざす教皇が送りこんだアルビジョワ十字軍により、多くの罪もなき住人もろともに殲滅させられた。こうしてオイル語を母語とし「正統カトリック」を奉じる北フランスは、オック語を母語とし「異端カタリ派」に与する南フランスを「植民地化」した。その後、いちはやく近代的な国民国家となったフランスは、アフリカやアジアの諸地域に線引きし、属領として囲いこんでいくことになる。

『根をもつこと』につきまとうある種の読みにくさは、ふつう異質とされている複数の思考体系が交錯するせいであろう。戦後フランスの憲法草案として時事的なテーマが論じられている最中に、ふいに神秘神学の語彙や思考法が登場する。政治の領域では、労働環境の具体的かつ漸進的な改善が問題になる一方で、神秘神学の領域では、自我のまったき否定や神的な闇への沈潜といった神秘主義的な概念が浮上する。政治は均衡のとれた自己拡張を是とし、神秘神学は究極の自己無化を説く。充実をめざす運動と消失をめざす運動では、方向性はまったく逆だ。それでは逆むきのベクトルは相殺しあうのか。

否、とヴェイユは言う。他者の人格的な部分を養い育てる複数の根を提供する、言語、宗教、慣習、職業、家族、共同体など、物理的であると同時に精神的でもある土壌を尊重せねばならない。だれにも他者の根をひきぬく権利はない。しかし、人格的なものじたいに価値はないとしても、非人格的なものはこの人格的なものを養分とする。他者の人格的なものを力ずくで滅ぼす者は、その人間の非人格的な部分の成長をさまたげる。したがって、飢えと寒さに苦しむ人びとには衣服や食物を、社会の落伍者とさげすまれる人びとには温かい視線を、家族や友人の温かさを奪われている人びとには友愛を与えねばならない。これは政治の領域でもある程度は対応できよう。人格的なものは非人格的なものの種子が芽吹く苗床であり、もっぱらその意味においてのみ、人格的なものは保護の対象となる。こうして、排除しあうとみえる現実政治と神秘神学の双方を、より高次において綜合する概念は、ヴェイユの晩年の主要関心事である文明論へと収斂していく。『根をもつこと』はそのひとつの解答であった。

『根をもつこと』という表題は編者の命名によるが、内容的にも分量的にも「根こぎの分析」と名づけてもよいかもしれない。本書全体のめざす目的はもちろん「根づき」への模索であるが、第二部の「根こぎ」の分析がもっとも説得力があり示唆的でもある。古文明論にしてはいささか風変わりであり、ときとしておおざっぱな印象は否めない。古代ギリシアを比較の対象としつつ、一四世紀のシャルル五世が加速させた中央集権化、その延長線上にあってフランス革命をまねきよせたルイ一四世とリシュリューの治世、そしてフランス革命の功罪、最後に第二次大戦のドイツとフランスの病根が、かなり独特の歴史解釈をまじえて大胆に分析される。数世紀にわたる大規模で緩慢な根こぎのプロセスを、中央集権国家フランスの成立から説きおこし、ドイツへの降伏がもたらした主権国家としての存立の危機へと展開していく。それはまた期せずしてヴェイユ個人の根こぎのプロセスともかさなっていく。

ヴェイユの身にふりかかった最大の喪失は、要領が悪いくせにやたらに突拍子もない行動にでる娘を、さりげなく見守りつづけた両親との別れだったのかもしれない。人並みはずれて不器用で向こうみずの人間が、ただでさえ生きにくい時代をともかくも三四歳まで生きられたのは、両親のたぐいまれな献身によるところが大きかった。娘がナチスの意気あがるドイツにでかけたときは、ヴァカンスと称して近くの街で待機した。スペイン内戦で娘が大やけどをしてフランコ派の病院に収容されたと聞くや、いちはやく現場にかけつけてフランスに連れかえった。さもなければまともな治療もうけられず、ヴェイユは脚の切断を余儀なくされただろう。その後まもなく、ヴェイユのいた革命アナキストの分隊はフランコ軍により全滅した。このときばかりは不器用さのおかげで命拾いをしたのだった。両親はほかにもたいせつなものを救った。娘から託された膨大な量の論考やカイエの手稿をタイプで清書し、ゲシュタポの捜索と戦火から原稿を守りつづけた母セルマの存在がなければ、現存する資料の大半が失われていたであろう。

このような両親の愛情から自由になろうとするかのように、自分を生命へとむすびつける最後の根までも断ちきろうとするかのように、ヴェイユはリヴァプールにむかう船にひとり乗りこんだ。時は一九四二年一一月、ニューヨークにいたのはたった四か月である。アウシュヴィッツやビルケナウのガス室が「ユダヤ人問題の最終解決」の同義語となってすでに五か月がたっていた。ニューヨークでも噂ぐらいは伝わっていただろう。ヴェイユのような人間がこういう状況で大西洋をふたたび横切ることがなにを意味するかは、両親にもよくわかっていた。そこで、ロンドンの娘と合流するために、あらゆる策をこうじてヴィザを入手すべく奔走を始める。第一次大戦中に軍医としてつとめた経験がある父ベルナールは、ふたたび軍医としてヴィザを申請したが、高年齢を理由に却下された。むりもない。七〇歳だったのだ。両親の危惧は現実となる。ニューヨークで別れた五か月後、昏倒状態で発見されたヴェイユは病院に収容され、さらにその四か月後にはアシュフォードの共同墓地に埋葬される。両親が娘の死を知らせる電報をうけとったのは、すこしでも娘のいるロンドンに近づこうと、当時のフランス領アルジェリアへの渡航手続きを進めていた最中であった。

晩年のヴェイユは、他国の軍隊と一枚の法令によって母国を追われ、肉親や仲間とひき離された亡命者であった。言語、文化、共通の歴史、職業、場所によって規定される人間的なミリューに複数の根をおろして生きていく権利をもたぬ無数の亡命者と同じく、ヴェイユもその根を一本また一本と失うにつれ、「集団への自然なかたちでの参与」をはばまれていく。ロンドン文書のすべてに自身が根なし草となったヴェイユの無言の抗議が読みとれる。しかしヴェイユは個人的な怨恨に溺れたりはせず、地表をあまねく覆う根こぎがもたらす荒廃をみとどけ、同時代人が漠然と感じていた不安をはっきりと言説化し、なし崩しの頽落から人びとを救う可能性をさぐろうとした。

フランス―ドイツの二国関係も、善―悪の形而上的二元論や文明―野蛮の歴史的抗争などではなく、まったく同質の根こぎの病弊の異なるあらわれにすぎない。「フランスの思いもかけぬすみやかな崩壊は世界中を仰天させたが、この国がどれほど根こぎにされていたかをあらわにしたにすぎない。あらかた根がむしばまれた樹木は、最初の衝撃で倒れてしまう。フランスが他のヨーロッパ諸国よりもみっともない姿をさらしたのは、ドイツはともかく、どこよりも深刻に、近代文明がその毒素もろともにこの国を侵蝕していたからだ。ただし、ドイツにおいては根こぎが攻撃的なかたちをとったが、フランスにおいては仮死状態と茫然自失のかたちをとった」(E 49)。この認識ゆえに、戦後再建論の『根をもつこと』は、戦争によって国を追われた亡命者の筆になるにもかかわらず、加害者―被害者の安直な二元論や、報復や威信回復の口吻をまぬかれている。腹いせからの戦犯狩りや儀式的な総ざんげはまったく意味がなく、あるべき文明の姿をみなおさずして戦争や搾取の悪循環は断てないと説く。破壊の上塗りをする復讐への教唆ではなく、建設的な反省をうながすために。

2 金銭の功罪

完全に、恒常的に、金銭に縛られている社会的な状況がある。賃金労働者である。とりわけ、出来高払いの賃金のせいで、注意力を間断なく小銭勘定にむけさせられる労働者がそうだ。この状況において根こぎの病はもっとも尖鋭化する。そうはいっても、わが国の労働者たちはフォード氏の労働者のように移民ではない、とベルナノスは書いた。ところが、われわれの時代の主要な社会的困難は、ある意味で、わが国の労働者も移民であるという事実に起因する。地理的には同じ場所にとどまっているとはいえ、心理的には根こぎにされ追放されている。その後あらためて、いわばお情けとして、労働する肉体という資格で認知されているにすぎない。いうまでもなく失業は根こぎの二乗である。工場にも、住居にも、彼らの味方と称する党や組合にも、娯楽の場所にも、彼らの憩いはみいだされず、たとえ彼らがその文化を吸収する気になったとしても、知的文化のうちにもやはり憩いは得られない。(E 46)

金銭が強力な吸引力を発揮するのは、金銭への欲望はごく少量の注意力しか要求せず、疲れてもうろうとした脳みそにも直截にうったえるので、日々の労働や苦しみにうちひしがれた多くの人びとの心をとらえることができるからだ。成熟する資本主義経済のなかで究極の互換性を得て、いわば万能の偶像と化した金銭は、人間にあらゆる欲望をかなえさせるかのごとき幻想を与える。軍事征服の破壊する力と金銭の誘惑する力は、ひとしく同じ現象をひきおこす。遅ればせの国民国家としてのドイツと、階級としての都市労働者は、ともに極度の根こぎ現象に苦しむふたつの複合形である、と考えたヴェイユは、この二種の集団の分析に多くの頁をさいた。いわく、国家統帥権を手中にしたヒトラー自身がたびたび主張していたように、ドイツは完全なるプロレタリアートの国家、すなわち根こぎにされた者たちの国家だった。一九一八年の敗戦の痛手、ヴェルサイユ条約が課した屈辱的で苛酷な制裁、とどまるところを知らぬインフレ、農村の過疎と都市への人口集中、極端なピッチで進められた工業化、大恐慌の直撃をまともに食らった青年層の失業、そうした複数の要素がからみあって、ファシズムの誘惑をすすんで求めるほどの道徳的頽廃を生みだす結果となったのであると。

労働者階級とドイツ国家は、現代のあらゆる階級とあらゆる国家をむしばむ病弊の典型であり、その意味で徹底的な分析の対象にふさわしい。階級や文化や風土のいかんにかかわらず、いたるところで金銭はほとんどオールマイティの神である。なかでも日銭をかせぐその日暮らしの賃金労働者ほど、金銭にふりまわされる階級はほかにない。名誉だの威信だの立場だのといった余計な気ばらし《ディヴェルティスマン》がないだけに、金銭の威力をひしひしと感じるのだ。出来高払いの賃金体系は、うんざりするほど煩雑で曖昧な計算方法にもとづいており、労働者の注意力をいやがうえにもスー単位の小銭勘定にむけさせ、金銭至上の傾向をいよいよ強化した。

フランスの労働者はアメリカ合衆国の移民労働者とはちがう、と愛国者ベルナノスは胸をはったが、生国にあろうと異国にあろうと、週日の大半をすごす職場にありながら自分は市民権をもたぬ異邦人だと感じずにすむ労働者は少ない。慈善の対象として滞在をゆるされる難民のように、恩着せがましく職場に入れてもらう労働者は、自分がいやでも依存せざるをえない職場にたいして、感謝と屈辱のいりまじった複雑な感情をいだくであろう。こうした感情は、拝金主義とあいまって、道徳的な頽廃をまねく。しかも労働者の悲惨が語られるとき、たいていは賃金の安さが槍玉にあがる。労働組合《サンディカ》の指導者や善意の支援者たちは、搾取的な賃金体系こそが一義的に改善すべき問題だと考え、仕事で疲れはてて思考する気力も余暇もない労働者自身も、数字の明朗さにほっとしてその種の議論をうけいれる。そこで肝心かなめの事柄が忘れさられていく。現実に値切られ、値引きが強いられ、正当な値段がこばまれているものは、労働者たちの尊厳であり魂にほかならぬということが。

もちろん金銭を悪者にしても問題は解決しない。じっさい、金がなければ苦労が多く、金があれば愉しみはふえる。金銭をほしがる心理そのものは断罪すべきではないが、金銭への過剰な欲求は否定すべきであろう。食欲や睡眠欲のように、限界がくれば充足される欲求には罪がない。逆に、権力への欲求に限度はない。そして現代社会において、金銭は権力のほぼ同義語である。ゆえにある程度の制限は必要であるとヴェイユは考えた。しかしいちばん厄介なのは権力と結託した金銭である。たんなる数字をあつかう出納係の分をこえて、判断をくだし懲罰を課する権能を簒奪するとき、金銭は人間関係や価値観までもゆがめてしまう。貧困は犯罪に似たものとして飢えや寒さという罰をうけ、貧しい者は落伍者の烙印を押される。のみならず金銭は贖う権能さえも簒奪した。贖う権能はただ神だけのものであるのに。ヴェイユによれば、「人間は金銭を裁判官と死刑執行人とし、金銭は不正で残酷な裁判官にして死刑執行人となった」(EL 178)のである。

近代の労働に金銭がもちこんだ倒錯をただす方法はひとつしかない。人びとの思考のなかで金銭の占める部分を最小限に食いとめ、金銭を裁判官の立場からひきずりおろし、本来の会計係の位置にすえなおすことだ。金銭はなにかを手にいれるための手段であって、それじたいとして追求されるべき目的ではないこと、このことをだれもが了解できるように、たんに口先で言明するだけではなく、確固たる制度として徹底させねばならない。たとえば、地位や職務によって与えられる尊敬や権力や威信に反比例するかたちで、高い権能ほど報酬を低く設定する賃金体系を確立するといった工夫が必要となろう。「坑夫も技師も大臣も変わらぬことを周知徹底させるには」(EL 178)、じっさいに代議士よりも鉛管工のほうが高い賃金を手にするようなシステムが求められよう。

晩年の『根をもつこと』は、初期の論考「自由と社会的抑圧の原因をめぐる考察」と異なり、都市の労働者だけではなく農村の勤労者にも多くの紙数がさかれている。農民の根こぎが労働者の根こぎと並置されたうえで、前者に固有の問題が詳述される。マルセイユ時代の葡萄つみや農作業の経験が反映されているのか、なによりもまず、農民をもっとも苦しめている「自分たちは忘れられた存在である」という強迫観念《オブセッション》に配慮しなければならない、とヴェイユは言う。農民たちの嘆きも根拠のないことではない。皮肉なことに昨今の食糧不足のおかげで、つねよりはずいぶん頻繁に思いだしてもらっている。政府から支給される食料切符で食いつなぐのは至難のわざ、いまや、まともな食料をどうやって調達するかは、都市に住む人びとの頭を離れない強迫観念となっていたのである。

とはいえ、このような状況がむしろ異常事態であって、平時には進歩的知識人とやらも話題にするのは工場労働者ばかりなのだ。知識人は労働組合ほどには農協に関心をもたない。労働者のほうでも、民衆とは自分たちのことだと思いこむ「あまり奨励すべきでない傾向を有する」(E 73)。土地もちの農民は小心で保守的なブルジョワであって、自分たち無産階級《プロレタリア》の仲間とは思っていない。左翼インテリがもちだす革命や技術革新や賃金闘争の論議のなかで、農民の居場所はどこにもない。すべては都市で、工場で、科学文明の領域でおこる。農民はいつでも「圏外」にある。さらにラジオや映画、そして情報週刊誌の出現は、農民にみずからの「圏外」状況を自覚させ、疎外感を強める結果となった。おまけに、若い工員と農民が顔を合わせる数少ない機会が兵営ときては、親睦どころか亀裂が深まるだけだ。前者は後者の度肝を抜くことしか考えず、後者はいわれのない劣等感をいだいてしまう。

そのため、「農民たちの眼には、労働者を擁護する知識人は、抑圧された人びとの擁護者ではなく、特権階級の擁護者として映じる」のだが、知識人はそのような農民の心情に思いをはせたこともない(E 108)。こうした労働者と知識人の無思慮が、ことあるごとに農民を右翼陣営へと走らせたのである。労働者(および知識人)と農民をへだてる断絶を修復せねばならない。

農民にも同じものを約束できぬときは、労働者にあたらしくよりよいものを約束しない、これを鉄則とすべきである。一九三三年以前のナチスのみごとな手管は、労働者にはもっぱら労働者のための党として、農民にはもっぱら農民のための党として、小市民《プチブル》にはもっぱら小市民のための党として、といったぐあいに自己を演出したことだ。なんの造作もなかった。連中はすべての人びとに嘘をついていたのだから。われわれも同じことをしなければならない。ただし、だれにも嘘をつくことなく。これはむずかしい。しかし不可能ではない。(E 74)

ヴィシー政府のように一方的に農業の尊さをとなえても無意味である。どのように美辞麗句を並べても、いっさいが軍需とむすびついた資本主義の原理で計られているかぎり、農民は労働者にいわれなき劣等感をおぼえつづけるだろう。まず、耕地が遺産分割にもとづく財産ではなく、もっぱら労働手段として適正に分与されねばならない。労働に不可欠な道具や土地はたんなる手段ではなく、ましてや私的財産でもない。それらは労働する人間に意欲と誇りを与える根拠である。それゆえこれらの労働手段は、万人にひとしく分かち与えられねばならない。このように土地の所有が生産のための必須条件となるならば、たとえば不在地主などの中間(搾取)層は一掃されよう。さもなければ、無産者である労働者はいつまでも農民を不動産を所有するブルジョワとみなしつづけ、両者の反目は解消されまい。と同時に、労働者にも工房で自分が使用する機械や道具の所有を認めるなど、同様の措置が求められよう。

かくて『根をもつこと』では、普通選挙権、重要事項における国民投票、司法権の不可侵の独立性など「国民」にかかわる領域、党主導ではない自主的な労働組合の甦生《そせい》、大工場の小規模工房への解体、労働者の経営および労働工程への参画など「労働者」にかかわる領域に加えて、一部の豪農による大土地所有を禁じる抜本的な農地改革、農村年金制度の創設など「農民」にかかわる領域がとりあげられた。と同時に、とりわけ国家機構を規定するさいに、ヴィシー以前にはみられなかった法的リゴリズムがあらわとなる。合法性なき法規にみちたヴィシー体制への反動だったのかもしれない。

3　根こぎと国民《ナシオン》

「旧体制《アンシャン・レジーム》の廃絶」をうたう一八世紀の宣言は、民衆に抑圧的な過去との断固たる訣別宣言でもあった。「古来の自由と権利」への回帰という意味で過去につながるイギリスの権利章典や、「奪いえぬ天賦の権利」と「自然法」に根拠をおくアメリカの独立宣言の精神とは異なり、フランス革命の立役者たちは、雑草のごとく繁茂する過去の因習を根こぎにして、ユートピアを更地のうえに築きあげるという使命をみずからに課した。それゆえフランス国民は大革命をさかのぼる過去への愛着を断たれ、こぞって深刻な根こぎの状態に落ちこんだ。そのうえ王侯貴族と癒着した高級聖職者が民衆の反感を買っていたために、過去につながる主要な根のひとつであるキリスト教への信頼までもが、とりわけパリ地方やフランス中部では致命的な打撃をうけた。一八世紀の革命がその原動力を旧体制への憎悪に求めたのは、革命の光をかげらせる最大の汚点であり不運であった。同じ過ちはゆるされない。『根をもつこと』は過去への根づきをうながす嘆願である。過去との暴力的な断絶ではなく、未来への希望をつなぐ継続性のうえに、抜本的な刷新をおこなうための提言であった。

「労働者の根こぎ」「農民の根こぎ」につづく「根こぎと国民」の章は、独特の国民国家論を展開しつつ、集団の歴史的な生成のプロセスに焦点をあてる。戦後フランスの再建計画書たる『根をもつこと』の性格上、主としてフランスの史実が論じられるのはやむをえない。しかし、「勝者が恣意的に記した公認の歴史」を独自に構築しなおすヴェイユの手法は、現代の読者にとっても示唆的であろう。唯一の地理的帰属の対象が国民《ナシオン》ないし国家《エタ》になってしまった状況を、ヴェイユは地理的根こぎと呼ぶ。都市、村落の集合体、州、地域などの国民国家よりも小規模の集団や、複数の国民国家にまたがる広域の集団が、かつては存在した。ところが一九四〇年六月の敗戦は、フランスの唯一の拠りどころであった国民意識なるものを粉砕した。のみならず、国家としてのフランス存立も危うくなった。いまこそ真剣に考えなおす好機ではないか。

もちろん近代以前にも愛国心は存在した。カエサル率いるローマ軍と闘ったウェルキンゲトリクスは、アルウェルニ族のためだけではなく全ガリアのために死に、ペルシア軍をむかえ討ったマラトンとサラミスの兵士たちは、アテナイのためではなくギリシアのために死んだ。ギリシアの属州化をたくらむローマの協力者には、ヴィシー政権下でドイツの協力者になされたように、「裏切り者」の怒声と石が投げつけられた(E 93)。一四世紀から一五世紀にかけての百年戦争は、たしかにフランス国という意識を昂揚させはしたが、その昂揚はフランス全土に共有されていたわけではない。のちに賢明王と讃えられたシャルル五世は、貨幣改鋳や徴税強化に逆らう都市の民衆や農民を容赦なく弾圧した。さらにパリの民衆はジャンヌ・ダルクに敵意をいだいていた(E 94)。フランス全土がシャルル七世の戴冠を祝ったわけではない。以後、フランスの王権は君主政《モナルシー》から専制《デスポティスム》の状態へ転落し、民衆が専制のくびきを脱するには一八世紀末まで待たねばならなかった。四世紀にわたる王政への憎悪は、無力感と隷従に裏打ちされていただけに、ますます陰険で執拗なパラノイアとなっていく。ルイ一四世の時代にこの憎悪は最高潮に達するが、飛ぶ鳥を落とす権勢の太陽王に力ずくでねじ伏せられた。ヴェイユによれば、八〇年後にフランス革命をもたらしたのは、このときの押し殺された憤怒にほかならなかった(E 95)。

フランス王権への憎悪は、武力でフランス王国に併合された各地域の視座から語ることもできよう。なかでも独自の言語と文明を誇ったラングドックは、アルビジョワ十字軍によって完膚なきまでに叩きのめされた。かつてカタリ派に共鳴したこの地域の人びとが、数世紀をへてプロテスタンティズムに走ったのも理由なきことではない。野蛮な十字軍兵士に南フランスの文明を蹂躙させた北フランスのカトリック王にたいする反撥もあっただろう。ともかくこの地方は、急進社会主義者、宗教教育反対主義者、反聖職主義者の宝庫となった。そこにフランス革命がおきて、おおっぴらに王政憎悪を表明できるようになった。こうして近代以降に固有の現象がおこる。もっぱら国民国家のみが「恒常的に愛国的感情へとさしだされている結晶化した対象」(E 93)となったのだ。そして国民の主権という観念が幻想であるとわかったとき、フランスには愛の対象として国家《エタ》しか残されていなかった。ところが「国家は愛されえぬ冷たい対象である。愛しうるものいっさいを殺し滅ぼす。しかしわれわれは国家を愛するしかない。ほかになにもないのだ。これがわれらの時代に与えられた精神的な拷問なのだ」(E 102)。

ほかに愛すべき対象がないという真空状態のなかで、人びとは善悪の彼岸におかれた祖国の観念をうけいれた。祖国と家族の擬似相似性のレトリックのなかで、犯罪をおかした家族の一員を愛するように、いかなる犯罪行為に手をそめようとも祖国を愛しつづけるというわけだ。自国が領土を拡張する征服は善であり、自国の領土を減少させる他国の征服は悪である、という二重規準は理に反している(E 128)。もし理性的な存在であろうとし、隣国にとっての疫病神となることを望まぬのならば、あたらしい愛国心のありかたを考えださねばなるまい。愛国心にもえてフランス本土で戦うレジスタンスにも堕落の危険はある。「ファシズムはつねに愛国的感情のある変種とむすびつくのだ」(E 129)。

ヴェイユがとりわけレジスタンスの変質を怖れたのは、戦況が刻一刻とフランスに有利となりはじめていたからだ。勝利の予感にあおられて愛国心は復仇の欲望を生むだろう。昨日の犠牲者が明日の殺戮者にならぬという保証はない。まずは自国の領土拡張、権力伸張、名声、威信、そうしたものを無条件に善とみなさぬことだ。苦境にある自分の国を、滅びにさらされた脆弱で稀有な存在として、それでも多くの人びとに根を与えてきた人間的ミリューとして、きたるべき勝利や復讐の陶酔にまどわされず、ただありのままに愛することだ。過去と現在においてこの国がおかした不正、残虐、誤謬、虚言、犯罪、恥辱のいっさいを隠蔽も弁解もせず、しっかりと正面からみすえ、そのぶんだけ苦しみつつ、そのうえで憐れむのである。このような憐れみだけが国を救う《シテ》。『救われたヴェネツィア』のジャフィエが、美しくも無防備なヴェネツィアのはかなさに打たれて、都市《シテ》を救うために自身と仲間たちの恥辱の死をまねいたように、真の憐れみはときとして凶暴な征服欲や復讐心よりも大きなエネルギーを供給しうる。

ところで、憐れみの純粋さをそこなう四つの障碍がある。現代文明に共通する障碍なのだが、先進国と称される諸国でその弊害はとくに大きい。偉大さにかんする誤った観念、正義の感情の堕落、金銭の偶像崇拝、宗教的霊感の不在がそうだ(E 187)。これらはすべて関連しあっているのだが、なかでも第一の欠陥はもっとも深刻である。偉大さが賞讃されるとき、たいていの場合、賞讃されているのは権力である。敗者ですら特定の条件下では威信を与えられる。「敗者はしばしば、ときとして不当にも、好意的な感傷の対象となる。ただし暫定的な敗者にかぎるけれども」(E 188)。力の威信がともなうとき、不幸は輝かしい特権となる。ナポレオンの失墜後もボナパルト派はしぶとく生き残った。甥のルイ・ナポレオンが国民投票で皇帝になれたのも、ナポレオンが暫定的敗者の後光につつまれていたからだ。そしてもちろん、ナポレオン三世誕生後は、ナポレオン「一世」の威光は遡及的にいやますことになる。一方、たんなる弱者の不幸は、嫌悪の対象としてならいざしらず、通常はろくに注意もむけられない。憐れみをもふくめて、もろもろの感情を支えるのは力の威信なのだ。

このことを痛感せずしてヒトラーの懲罰は不可能である。ヒトラーはローマの独裁者スッラの伝記を読んで奮起し、スッラのように歴史上の人物になることを望んだ。チャップリンの『殺人狂時代』(一九四七)の主人公ヴェルドゥ氏は、殺人罪でギロティン刑を宣告され、「ひとり殺せば悪党だが、数百万を殺せば英雄になる。数が行為を神聖化するのだ」とうそぶいた。数百万のユダヤ人を殺したヒトラーのことが念頭になかったはずがない。ナポレオンは帝位を追われてセントヘレナで死んだのちも、軍功による立身出世を夢みる無数のジュリアン・ソレルたちにとって、伝説の英雄でありつづけた。ヒトラーもまた敗れて死しても、ある種の若者の憧れでありつづけるだろう。ヒトラーを殺人者、独裁者、冷血漢、誇大妄想狂と罵倒しても、ヒトラー人気はゆらぐまい。偉人に凡人の非難や嫉妬はつきものなのだと、信奉者に一笑に付されるだけだ。第二、第三のヒトラーを阻止するには、偉大さの観念を全面的に変革する必要があろう。ナチス・ドイツやソヴィエト・ロシアの集団的霊性に対抗しうる、力の威信や怨嗟のエネルギーに頼らぬ霊

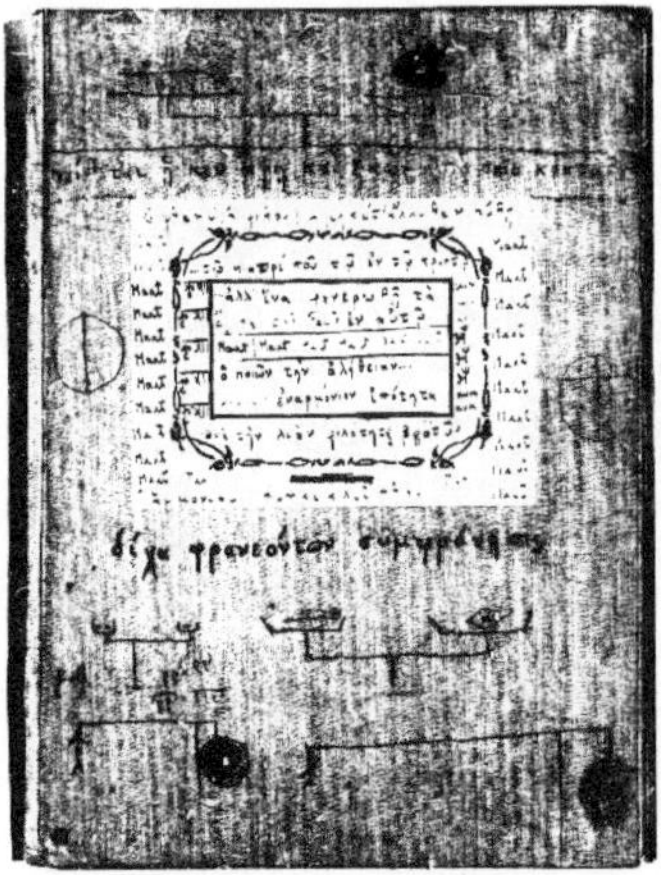

「カイエ」の表紙の手稿．正義を表す天秤の絵，真理を表すエジプトの「マアト」の文字などが散見される．

性を、宗教や信条のちがいをのりこえて、多くの人びとの心にとどくように言説化せねばならない。

「真理と正義と愛の精神が輝いている行動や生涯だけを讃美する」(E 194)、これが偉大さの観念の変革への第一歩である、とヴェイユは言う。ほんのわずかでも社会的な威信や武力の威嚇によって穢れているものは軽蔑する。ヒトラーやスターリンを軽蔑するなら、アレクサンドロス大王もアウグストゥスもルイ一四世もナポレオンも軽蔑すべきである。彼らはみな二〇世紀の独裁者たちと同じように、周囲の民衆にとって黒死病にも比すべき惨禍をもたらした元凶ではなかったか。時代がちがうというのは言い訳にはならない。大戦勃発時に書かれた「ヒトラー主義の起源にかんする若干の考察」(一九三九)で、ヴェイユは言う。二〇〇〇年前になされた残虐行為を讃美したり弁護したりすれば、今日、人間としての品性を穢すことになる。なぜなら、人間は機械のように部分ごとに仕切られているわけではないので、かつて利用された方法を讃美したり弁護したりすれば、かならずや自分自身でもそれを真似てみようとする気持が生じてくるものだから(II-3 212)。

讃美する対象がないのであれば、むりやり対象を捏造する必要はない。讃美すべきではない対象をこばむだけでよい。文句なく純粋な人物や芸術作品や宗教的霊感だけを、魂の糧とする習慣を身につけるだけでよい。ともかくはゼロから霊性を再生させる覚悟をするのだ。それ以外に地表にはびこる根こぎをとどめる方途はないのだから。いまは変革にぴったりの状況といえなくもない。飢え、窮乏、屈辱、疲労、無力感など、平時ならば貧しい人びとだけが実感する苦しみを、戦禍と追放と占領の時代にあって、多くの人間が味わっている。いうならばフランスは国をあげて貧困のなかに投げこまれ、真理と接触するという貴重な機会を得たのだ。このせっかくの機会をむだにする手はない。ヴェイユの最大の危惧は、フランスの決定的な敗北や解放の遅延ではなかった。それどころか、フランスの解放と勝利が外部の力によって、すなわち「もっぱらアメリカの金銭と(軍需)工場の力によって」(EL 107)もたらされるならば、現在の隷属状況はまったく変わらないと考えていた。隷属の相手がドイツ軍からアメリカ資本へと変わるだけで、フランスの民衆はなんの反省もなく隷属状態に飼いならされていくだろうと。

4　仲介《メタクシュ》または架け橋

マルセイユからロンドンにかけてのヴェイユは、ヴィシー政府と結託したフランス・カトリック正統派に反撥すると同時に、いよいよ深く神秘神学の領域へと足をふみこんでいく。当時のキリスト教圏において、世俗文明と宗教生活をへだてる亀裂は深まる一方であり、ヴェイユの理解では、その元凶は近代科学に育まれたヨーロッパの世俗精神であった。近代以降、教会のなかで祈る敬虔な信徒と、社会のなかで功利性を追求する合理主義者は、同じ人間のなかで共存するのはむずかしくなった。それでも自己同一性を守ろうとするならば、教会の内と外で意識を分断して、それぞれの領域で異なる価値基準にしたがって生きるしかない。かくて分裂する意識は近代人の宿命となった。この分裂はなぜ生じたのか。

メソポタミアやエジプトとくらべ、ギリシアの科学は技術的な応用に大きな成果をあげなかった、とヴェイユは言う(E 208)。欠如していたのは能力や機会ではなく意欲である。数学や物理学は世俗的研究ではなく宗教的研究であり、魂の救済を一義的に探究する方途だったのだ。一六世紀初頭のイタリアとフランスで、ギリシア科学は古典学芸復興の一環として脚光をあびて復活した。ただし、反宗教的なルネサンス精神により、完璧に世俗の学問に衣更《ころもが》えさせられて。その結果、宗教は日曜の朝の行事と化し、一週間の残りは科学の精神に支配されてしまった。そして後者の分け前はいよいよ大きくなりつつある。

他方、一週間のすべてを科学的精神に服させる無神論者は、内面を分裂させて妥協のうちに生きる信仰者にたいして、みずからの内面的統一と一貫性を誇る。しかし無神論者の自負に根拠はあるのか。世界制覇の担い手たる一民族に自己を投影すること、正義の自動製造機たる歴史の歯車を自認すること、キリストを頭《かしら》とする神秘体たる教会に帰属すること、これらのあいだに、どのような質的差異があるというのか。彼らが整合性を誇る価値観は、彼らが嘲笑する宗教とすくなくとも同じくらい科学と矛盾している。ナチズムと共産主義と世俗的キリスト教は同じ次元にあるのだ(E 208-211)。しかも三者に共通する進歩主義と選良主義は、ヴェイユによれば、反撥と嫌悪によるにせよ、肯定的な横領によるにせよ、ことごとくイスラエルから継承した遺産である。

はやくもデカルトのうちに胚胎し、一八世紀に開花したふたつの異なる命題にたいし、人びとが漠然と感じてきた根本的矛盾を、ヒトラーは一方の項を排除するといういちばん安易な方法で解消した。「力は全自然現象の唯一の支配者」であるという命題と、「理性の命じる正義にもとづいて人間の相互関係を樹立する可能性および義務」という命題は、そもそも両立が不可能なのだ。力と平行して異質の原理がはたらくと考えるか、力だけが唯一絶対の原理と考えるか。そのいずれかを選択するほうが筋は通る。「前者を選べば、ガリレイ、デカルト、その他の人びとに創始され、一八世紀、とりわけニュートンによって継承され、一九世紀、二〇世紀へと伝承された近代科学と対立する。後者を選べば、ルネサンスに出現し、一七八九年に勝利し、はなはだしく堕落したかたちではあるにせよ、第三共和政をつうじて霊感を与えつづけたユマニスムと対立する」(E 304)。

世俗化と急進主義政治を鼓舞し、フランス革命を推進した精神は、科学とユマニスムの両方に立脚していた。この本質的な矛盾は時とともに深まり、一九四〇年のフランスの惨敗により決着をみた。ヴェイユによれば、ヒトラーの勝利は「真理にたいする虚言の勝利」ではない。首尾一貫しない虚言が首尾一貫した虚言に敗れたのだ。ドイツ民衆を支えていた内的統一の感覚は、敵国よりもはるかに強力なエネルギーを供給したのである。『わが闘争』はこの世俗的科学主義の産物である。「人間はおのれが自然の支配者であり主人であるという誤謬におちいってはならぬ」とヒトラーは言う。なぜなら「無数の惑星や太陽のごとき恒星がたどる円形軌道においては、月のごとき衛星が惑星のまわりを旋回し、いたるところで力のみが弱さの支配者として君臨し、弱者に従順なる奉仕を強いるか、またはこれを粉砕する。かかる世界にあっては、人間だけが特別な法則にしたがうわけにはいかぬと了解すべきである」(E 204)。ここまでは理にかなっているとヴェイユは言う。科学万能主義の信奉者がこれ以外の結論をみちびくほうがむしろ不誠実であろう。

奇妙な組み合わせに思えるかもしれないが、この時期のヴェイユにとって、神話や民間伝承の研究と古代ギリシアから近代にいたる科学史の研究は、分かちがたく連動していた。古今東西の神話や民間伝承のうちに、近代科学が放棄した善の探究の痕跡を求めようとしたのである。宇宙、人間の身体、人間の存在条件を、善との相関性において思考し表現するには、神話、詩、イマージュに頼るしかないと考えたからだ(S 134)。それらはすべて必然と善にかかわる探究にほかならない。それではプラトンが絶対に混同してはならぬと戒め、近代科学がその明証性を維持すべく一方の項をあえて排除してきたふたつの原理、つまり必然と善は互いにどのように関与しあうのか。また、機械もしくは奴隷のごとく必然にしたがう物質存在であると同時に、固有の意志をもって自由に善を選びうる思考者である人間に、この二原理はどのような影響をおよぼすのか。

近代科学は奴隷の労働を基礎にして世界を解釈し、善の探究としての機能を放棄した。現代の代数学は人間の思考を二次元に解消させ、三次元の世界と接触する可能性を思考から奪った。もはや科学はギリシア時代のように、善の探究の方向をさししめす指標ではない。近代科学がめざしたように、欲望と充足を無数の段階でつなぐ秩序だった労働のモデルでもない。現代における科学は、理解できぬままに膝をかがめる門外漢を威嚇する、ありがたくも高級で知的な遊戯となりはてた。その対極に位置するのが、プラトンの高弟にして最後のピュタゴラス派の数学者エウドクソスが、惑星の「見かけを救う」ためにくわだてた知的冒険である。

惑星の「不穏な」動きを懸念したプラトンはエウドクソスに究明を求めた。規則的な円運動にしたがう恒星と異なり、惑星は停止や逆行をくり返し、等速円運動にはなじまない現象を呈する。ところがこの惑星の逸脱は、マクロコスモスの観照と再現による魂の救済を説くプラトン説（『ティマイオス』）を危うくする。プラトンによれば、完璧な円運動をおこなう神的存在たる天球と、人間の思考は本質的類縁性を共有する。不断の運動と不変性を併せもつ等速円運動は、永遠にして不変の動因たる神の完璧な象徴であった。したがって、「天球をつかさどる知性の周期的運動を観照して、これらの運動の規律性をわれわれの思考の運動のなかへ移植すべく努めねばならない」(『ティマイオス』)。しかるに、天球が至上の旋律を奏でつつ規則的な円運動をまっとうしてこそ、ミクロコスモスでの再現が可能になろう。規範となるべきマクロコスモスに不備があっては話にならない。そこでプラトンは星辰の外観の「正当化」を命じた。すなわち、外観上の不規則性も等速円運動の規則にしたがうことを証明せよと。

アリストテレスの『形而上学』が報告するエウドクソスの独創性は、ヴェイユの要約によれば、「ひとつの星がそれぞれ異なる回転軸を同時に回転しつつ描く複数の等速運動なるものを仮定して、当時観測されたすべての星の位置を説明した」(IP 177 : S 135)ことにある。各惑星の回転軸の中心はすべて地球の中心と一致しているが、軸の両極が固定していないため、恒星の回転軸にたいして一定の傾斜をもち、その結果、異なるふたつのベクトルの影響をこうむって不規則運動の様相を呈する。画期的な「解決法」であった。惑星群の「不規則で異常な動き」を、エウドクソスは、一連の不規則運動を異なる軌道にしたがう複数の規則運動に解体し、無秩序とみえる運動にも数式化しうる秩序が隠れていることを証明した。この天才的な着想は、彼の名を世に知らしめた同心球の理論でも援用される。

創意工夫の秀逸さにとどまらない。複数の等速円運動を巧みに組み合わせたこの仮説は、視覚的かつ音楽的な詩情をたたえ、知性にも感性にも直截にうったえる。表象の圧倒的な美しさのまえでは、ケプラーの天才的な着想も色あせる。「楕円軌道と両立させるには、等速円運動よりも加速可能な直線運動のほうが容易だとしても、惑星は太陽にむかって進むというとき、厳密さだけではなく詩情さえも失ってしまう。……星辰が連続的に占める各位置は、さまざまな円運動を規定する半径、速度、角度の比例関係を反映する、と言うほうがずっと美しい」(S 145)。視覚的な美はプラトンの救済論において特権的な役割をはたす。宇宙の秩序は幾何学的な厳密さと同時に美しさで感嘆させる。かの有名な想起をひきおこす契機となるのは個体の美だ。かの世界にあって美は燦然《さんぜん》と輝いていたとソクラテスは言う。「この地上に来たわれわれは美を感覚でとらえる。叡智は眼に見えない。さもなくば怖ろしいまでの愛を鼓吹したものを。しかし現実には、ひとり美のみが、もっとも鮮烈であると同時にもっとも好ましいものであるという運命を得た」(『ファイドロス』)。知性の鍛練に意味はない。美が鼓吹する愛によって正しく方向づけられぬならば。

かくて質料《ヒュレー》は形相《エイドス》の表象となろう。黒板のうえでつぶれた白墨の粉が描く一本の線が、幾何学的直線を想起させるのだ。白墨の線が直線に似ているのではなく、幾何学的観念《エイコネス》を連想させるから、幾何学者は白墨を使って説明できる。視覚でとらえうる可視的質は、観照の対象である叡智的存在《ノエータ》を想起させる契機である。プラトンと同じくヴェイユにとって、思索を起動させる表象の美しさは付録ではない。感覚的な美が思考をうながす決定因だとすれば、きらめく星空にもまして視覚的にも心情的にもうったえるものはあるまい。

『国家』の洞窟の比喩によれば、人間は生まれながらに鎖につながれ、洞窟の薄暮のなかで棲息する。可視界と呼ばれる洞窟の内部と、善のひとり子である太陽が燦然と輝く叡智界と呼ばれる洞窟の外部は、ほぼ完全に遮断されている。人間の根源的悲惨と神のまったき完全性が、洞窟をへだてて厳として存在する。ヴェイユによれば、神と人間を分かつ絶対的な距離、これがギリシア最大の使信であった(SG 77-78)。人間の条件が悲惨なのは神が超越的だからだ。そして神の完全性と実在性はまさしくこの超越に由来する。此岸における神の完璧な不在こそが、はるかな彼岸における神の実在と充溢を証明するのだ。この隔絶せるふたつの世界をつなぐ架け橋として、ギリシア人は詩や哲学や諸科学を構想し、架け橋の機能をはたすかぎりにおいて重宝した。これらはすべて善でもなく悪でもなく、価値的には中立的な仲介《メタクシュ》だ。彼岸へといたる架け橋であり通路であるかぎりにおいて、それらの破壊や歪曲は測りしれぬ害をもたらす。

仲介としての架け橋はヨーロッパでは後継者をみいださなかった、とヴェイユは考える。ギリシアの架け橋を相続したヨーロッパは、そのうえにつぎからつぎへと住居や商店を建て、やがて天にそびえる摩天楼を築きあげた。むこう岸へ渡るための架け橋、たんなる通過点にすぎぬことを知らなかった(C2II 286)。かくて手段と目的の転倒が生じ、やがて目的があったことさえ忘却される。芸術や哲学や科学は、自己が分有する相対的な善をひけらかし、より多くの効能と威信を獲得すべく、ひたすら自己増殖をくり返すにいたった。

手段と目的の転倒がおきて早晩かならず手段が目的化するという悪しきメカニズムの元凶は、必然(必要)と善の恣意的な同一視にある。なにかを善だと思うから手にいれようし、そう思うことによってそのなにかは必然(必要)となり、ついには人間を支配する。モリエールの『守銭奴』のアルパゴンはひとつの典型だ。吝嗇家《りんしょくか》のアルパゴンは黄金の増大におのれの生存理由を託す。人間はだれでも、たんなる生存だけでは満足できず、黄金なんらかの善を求めるのだ。それが善であり生きる支えであると思った瞬間から、黄金の塊はアルパゴンにとって必然となり、それゆえアルパゴンは黄金の奴隷となる。一般に人間が黄金を欲するのは、善としてであって黄金としてではない。黄金において愛しているものは、所有の満足、権力、社会的な威信、贅沢、快楽など、実在的なものにせよ想像上のものにせよ、なんらかの善である。しかし善は黄金のうちにはない。交換性にすぐれた黄金は善であるが、空腹のミダス王が痛感したように食料には不向きだし、鍛冶職人の手に握られた黄金の金槌は実用的ではない。いかなる状況においても善であるような事物は存在しない。

飢えた人間は糧としてのパンに善を投影する。満腹の人間にパンは必要ない。食欲の充足は、空腹な人間とパンをつなぐ関係性を消滅させ、同時に、パンに託された善も消滅させる。善は事物のうちにではなく、人間の欲求と事物との便宜的で偶発的な相関性において、たえず充足や遅延や失望や期待を生みだす変分系列のうちにある。このような関係性の観念は事物の相対化をもたらし、相対化は執着からの解放をもたらす。だれも相対的なものに囚われはしない。相対化は離脱への第一歩であり、相対化の修得に幾何学はうってつけだ。幾何学によって浄められた精神は、幾何学本来の対象へとむかう。すなわち不可視なものの発見、不幸の注視《アタンシオン》へと。知性の本分は浄化である。ヴェイユの幾何学は、神話や民間伝承がそうであったように、不可視のものを観照するための直観的飛躍へのプロレゴメナであった。

終 章　最後の使信

――ロンドン～アシュフォード(一九四三年)

1　果実《トヤーガ》の放棄

一九四三年四月一五日、自室で倒れているのを友人に発見されたヴェイユは、すぐさまミドルセックスの病院に送られた。急性の肺結核だった。ロンドンではろくな食事も睡眠も暖もとらなかったので、栄養失調からくる衰弱もひどかった。占領下にあるフランス人から奪われている安楽は自分にも禁じるという連帯感のせいであるが、現実のフランスの窮乏はおそらくヴェイユが考えているほどひどくはなかった。配給される食料切符で買える肉はわずかだったが、闇市ではほとんどなんでも手に入った。もちろん、そうした贅沢にあずかれる人びとは特権を行使しているのであり、特権はすべからく人間を堕落させると考えるヴェイユにとって、特権によって入手できるような安楽は問題外だった。イギリスでもミルクは配給制なのだから、あなたがミルクを飲んでも子どもたちからミルクを奪うことにはならない、と医師が説得しても効果はなかった。きちんと栄養をとって休養したなら元気に退院できたかもしれなかったが、病状と担当医との関係はどんどん悪くなった。あまりに非協力的な患者に医者は匙を投げ、患者は思うぞんぶん読書や執筆に余力をそそいだ。

このころニューヨークの両親にあてた手紙では、ロンドンの街路を彩る果樹の花がしばしば言及される。春と初夏の花がいっせいに咲きほこり、あらゆる種類の果樹が花に覆われ、日曜日の公園は散策するロンドンっ子の笑顔でみたされる。四月なかば、空は抜けるように青く、どこまでも深い(EL 235)。とおく離れた両親を安心させるための話題とはいえ、花咲く果樹がヴェイユにあざやかな印象を与えたのも事実である。

清貧には他に等価物をみない詩情がある。悲惨の真実の姿において認められたみじめな肉体が発する詩情である。春にみられる桜の花の光景は、そのはかなさが痛切に感知されるのでなければ、あれほど心を打つことはないであろう。一般的にいって、極限の美の構成条件のひとつは、距離によるのであれ、はかなさによるのであれ、ある種の不在である。星辰は不変であるが、きわめて遠くに存在する。白い花は間近に存在するが、すでに変質しつつある。(EL 180)

不在がきわだたせる美の啓示といっても一様ではなく、星辰や遠い山嶺のように永続的な発現もあれば、花ざかりの果樹のように一過性の発現もある。前者は長く変わらず存在するけれども、わたしたちの手にはとどかず、後者には手がとどくけれども、ほんの一瞬しか存在しない。いずれも所有をうけつけず、ゆえに一種の離脱を求める。美はありのままに眺めるものであって、手にとって食べるものではない。美の観照はある種の欠如を前提とするのだ。

はかなさは不在の兆候《しるし》であるが、逆説的に存在の意味をあらわにする。存在はやがて不在へと反転するからだ。滅びにさだめられた美は、権力の穢れをまぬかれているがゆえに、純粋に愛すべき存在となる。存亡の危機にあるフランスは、いまだからこそ純粋な憐れみの対象となろう。ペルセポリスもカルタゴもカルタヘナも美しく栄えた街だったが、アレクサンドロス大王もローマ人もこれらの街を灰燼に帰することをためらわなかった。パリがヒトラーによって同じ運命をたどらないとだれが言えよう。たとえ古代や中世の都市のように跡形もなく壊滅させられずとも、本質的な変質をこうむらずにすむという保証はまったくない。ほんとうに愛すべきものは不在であり、存在の保証をうけているものは愛するにあたいしない。おそらく純粋な愛は不可能なのだ。しかし、この貴重にしてはかない美の体験がフランス人の意識のなかに浸透し、フランスにとっての貴重な糧となるには、その意義がはっきりと言語化されねばならない。それも勝利の女神がフランスに微笑みかけるまえに。じっさい連合国軍が北アフリカに上陸したいま、フランスの解放と勝利は秒読み段階に入っていたのである。事態は急を要した。正義はかならずや勝者の陣営をすみやかに逃れるであろうから。

ヴェイユが『救われたヴェネツィア』の執筆と前後して読みはじめたのが、ヒンドゥー教の聖典『バガヴァッド・ギーター』や種々のウパニシャッドである。ミドルセックス病院でも、戯曲の原稿とサンスクリット語の原典は手放さなかった。都市《シテ》の命運をゆだねられた個人の悲劇と古代インドの叡智、という無関係とみえるふたつの構想が、晩年のヴェイユの関心を占めていた。はやくから親しんでいたギリシア哲学、マルクス主義、キリスト教が、ヴェイユの思想の根幹をなす超克しがたい善悪二元論の礎石となったとすれば、亡命時代に接するようになったヒンドゥー教の精髄は、森羅万象にやどる「一者」への愛にみちた吸収消滅という一元化への道を示したといえよう。だからヴェイユは、サンスクリット語を独学で習得し、膨大な文献資料を探索し、サナトリウムで没する直前の数週間を『バガヴァッド・ギーター』の翻訳についやした。

ヴェイユの共感は『バガヴァッド・ギーター』の主人公アルジュナにそそがれる。そのうえ奇妙なことに、好んでアルジュナをジャンヌ・ダルクと比較しては、かならず後者に否定的な断定をくだす(VI-1 297)。あるいはむしろ、ジャンヌを救国の聖女にまつりあげた集団的心性を嫌ったというべきか。一方では、ジャンヌはフランス史のなかで唯一の「純粋な存在」と述べているからだ(E 197)。「『バガヴァッド・ギーター』とジヤンヌ・ダルク神話の相違とは、……アルジュナは神の霊感をうけたにもかかわらず戦うのにたいして、ジャンヌは神の霊感をうけたからこそ戦うことにある」(VI-1 296)。つまりジャンヌの神は(ヴェイユの理解する)旧約の神と似ている。この「万軍の主」なる神は、民族の敵を神に逆らう不信の徒と同定し、これら恥ずべき蛮族の殺戮をおごそかに祝福する。ジャンヌにとってイギリス人との戦いは義務《ダルマ》であり(VI-1 333)、その確信があるかぎりジャンヌに一抹の迷いもない。

一方、アルジュナも戦いをみずからの義務とみなすにいたるが、ジャンヌのように神に戦いを命じられたと信じたからではない。自分が戦士階級《クシャトリヤ》に属する王族である以上、私情をすてて戦うことがおのれの使命と理解したからだ。アルジュナ王子は王位を簒奪した親族をうち倒さねばならないのだが、親族を殺す覚悟ができかねて、戦場に臨んでもなお行動をおこす決心がつかない。御者として同行したクリシュナ(じつはヴィシュヌ神第八の化身)は、「行為の実りを求めることなく義務をはたせ」とアルジュナを諭し、行為と認識、享受と離脱、関与と放棄という二律背反をどう解消するかを説く。人間心理においては、行為と行為がもたらす結果の享受は分かちがたい。行為者はとりもなおさず享受者であり、生産は消費と表裏一体をなす。善の原理にしたがうべき行為が、欲望の法則にしたがう果実の享受にひきずられてしまう。正しい意図にのっとって、あるいはたんに無邪気に始めた行為でも、結果としてなんらかの利害(果実)が生まれ、凡庸な精神は行為の実りを愉しもうとする。その瞬間に行為の純粋さはそこなわれ、行為の歪みは認識の眼をにごらせる。こうした穢れのメカニズムをまぬかれるには、いっさいの行為の停止、つまりは関与の忌避、究極的には俗世の放棄しかない。

しかしクリシュナは言う。行動を放棄するのではなく、果実の愉しみを放棄せよと。行為の放棄《サンニャーサ》と果実の放棄《トャーガ》は似て非なるものだ。サンニャーサを選ぶ者は世捨人《サンニャーシン》となるが、大勢の人が世をすてれば社会の機能は崩れさる。それでは各自が社会的な義務《ダルマ》をまっとうし、しかも行為と認識の堕落をまぬかれるには、どうすればよいというのか。㈠行為を遂行せよ。㈡そのさい義務が命じる最良の成果を得るべく努力せよ。㈢行為がもたらす果実の甘さ苦さに拘泥するな。こうして、果実の享受を放棄するトャーガの実践者は、社会的には死者にひとしいサンニャーシンとなることなく、行為と認識の純粋さをたもつことができよう。

人間に求められているのは、社会や人間の絆を断つことではなく、社会と人間の絆が要請する義務を「純粋かつ単純に過不足なく完遂すること」(『カイエ4』560)にほかならない。「自分がかかわっている社会的な諸関係の枠組内において、もろもろの人間的な義務を実践せねばならない。もっとも、それらから離れているようにとの神の特別な命令がなければという条件付きで。アルジュナの過ちは戦いたくないと言ったことである。その期《ご》におよんでではなくもっと以前に、自分がなすべきことを命じてほしいとクリシユナに嘆願すべきであったのだ」(『カイエ4』561)。義務を逃れたいと願うことは卑怯な行為である。たとえそれが自分の手を親族の血で穢したくないという、しごくもっともな願いであっても。アルジュナの葛藤はヴェイユの葛藤でもあったろう。殺戮や流血を憎みながらもカタロニアで銃を手にしたように、占領下のフランスにおいても殺戮と流血の現場に立ちあうことを望んだ。ヴェイユには確信があった。自分のなかに舞い降りた神の真理の片鱗と「戦争行為の究極の形態」(EL 203)とは、なんら齟齬をきたすものではないことを。そしてかかる行為の実践が不可避的に自分の死をまねくだろうことも。

2　有効な死

ヴェイユは有効な行為への信頼をすてず、離脱によるトヤーガを実践しようとしていたが、もはやロンドンに自分の居場所がないことも知っていた。もともとヴェイユとド・ゴールに共通点はほとんどない。ド・ゴールはイエズス会の学院を卒業後、サン・シール士官学校に入学、フランスの典型的な高級軍人の道を歩んだ。若い士官だった彼をひきたてたペタンに(すくなくともパリ降伏までは)忠実に仕え、伝統的な教育をうけた軍人の例にたがわず、きわめて保守的な思想信条の持ち主であった。じっさい、占領下の組織的なレジスタンスの多くが共産党の影響下にあったのと対照的に、ロンドンのド・ゴール陣営は右翼の闘士や植民地居留の入植フランス人など、かなりマージナルで雑多な構成員を擁していた。ド・ゴールの讃美者にはファシスト的な資質の持ち主さえ皆無ではない。それでもヴェイユが自由フランスに固執したのは、この自称「唯一の合法的なフランス政府」だけが、自分のような一亡命者にもなんらかの任務を与えてくれると信じたからだ。

ところがパラシュート降下で占領下フランスに潜入する任務は、ヴェイユの親しい仲間の女性に与えられた。高等師範学校の先輩である数理哲学者ジャン・カヴァイエスが、軍事作戦をつかさどる情報行動中央局（ＢＣＲＡ）に、ヴェイユを「非常に独特な風貌ですぐに身元が割れてしまう」(CSW décembre 1993 253) と評したからだ。ヴェイユに危険で重要な任務をゆだねるならば計画にかかわる仲間まで危険にさらしかねないというＢＣＲＡの決断は、戦略的にも人道的にも妥当であった。パラシュート部隊の一員として敵地に降下し、自分が敵兵の注意をひきつけているあいだに、仲間を逃走させるというヴェイユの筋書きは、自殺志願者の「カミカゼ作戦」とみなされたのである (CSW décembre 1993 279)。カヴァイエス自身は占領地域とイギリスを秘密裡に往復し、レジスタンスの軍事活動にかかわっていたが、四三年にナチスの防諜部隊に捕らえられ、翌年、銃殺される。拒絶の理由がなんであれ、この任務を切望していたヴェイユにとっては致命的な打撃だった。

さらに、ド・ゴールとアルジェのジロー将軍との不仲は、前者の覇権主義のせいだと考え、ド・ゴール派がファシスト集団に変貌するのではないかと危惧した。すでに「自由フランス」は一九四二年春に「戦うフランス」と改名し、同時にその内実を変えていく。一九四三年の春から夏にかけて、状況がド・ゴール派に有利に展開するにつれて、ますますヴェイユの居心地は悪くなる。ド・ゴールには臨時政府の首班としての合法性しか認めず、終戦後は選挙管理内閣として機能したあとは、政治の舞台からの永久引退を奨めていたのだから。もちろん「戦うフランス」内部に、ヴェイユの提言を真剣に検討しようという機運はなかった。近づきつつある戦勝の予感は反省をうながさず、戦後の体制づくり(と新生政府におけるおのれの地位確保)が先決とされたのもむりはない。ついに英米の協力を得て、経済的にも軍事的にも独立した行政機関の体裁をととのえ、レジスタンス神話の醸成と同時に神格化されていくド・ゴールをいただく仲間意識あふれ

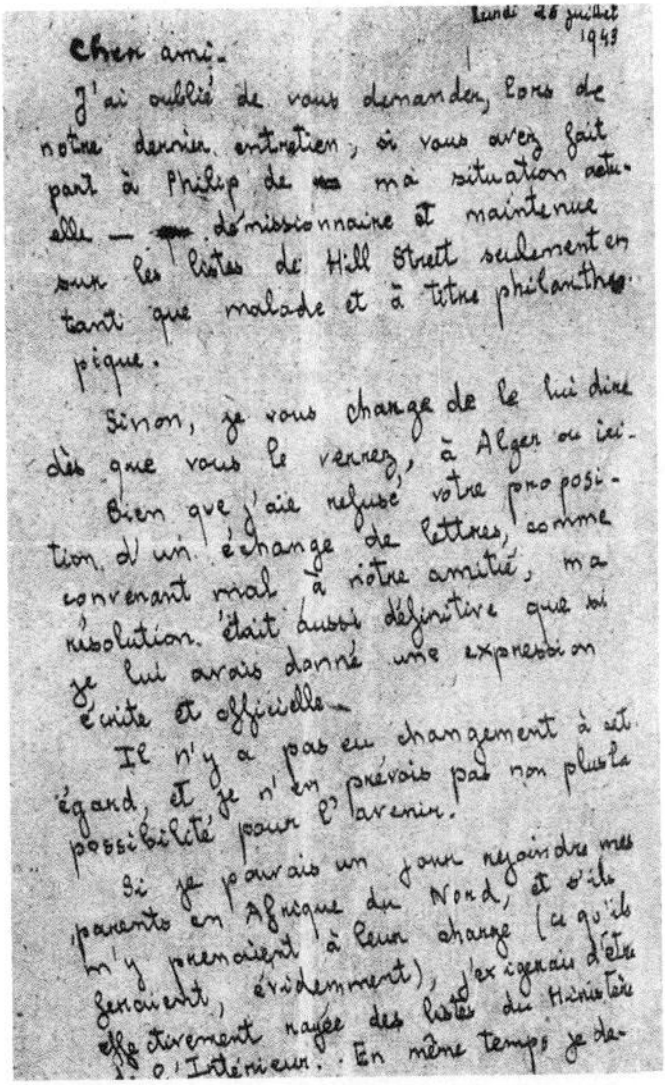

Lundi 26 juillet 1943

Cher ami.

J'ai oublié de vous demander, lors de notre dernier entretien, si vous avez fait part à Philip de ma situation actuelle — démissionnaire et maintenue sur les listes de Hill Street seulement en tant que malade et à titre philanthropique.

Sinon, je vous charge de le lui dire dès que vous le verrez, à Alger ou ici.

Bien que j'aie refusé votre proposition d'un échange de lettres, comme convenant mal à notre amitié, ma résolution était aussi définitive que si je lui avais donné une expression écrite et officielle.

Il n'y a pas eu changement à cet égard, et je n'en prévois pas non plus la possibilité pour l'avenir.

Si je pouvais un jour rejoindre mes parents en Afrique du Nord, et s'ils m'y prenaient à leur charge (ce qu'ils feraient, évidemment), j'exigerais d'être effectivement rayée des listes du Ministère de l'Intérieur. En même temps je de-

ルイ・クロゾン(「戦うフランス」の同志)への手紙の冒頭. 1943年7月26日付.

る集団となっていった。そのド・ゴールに随伴して五月のアルジェ会談に同席した盟友モーリス・シューマンも、ヴェイユを見舞ったが、ヴェイユはゆるそうとしなかった。アルジェから帰ったシューマンは病床のヴェイユを見舞ったが、ふたりはひとことも口をきかずに別れた。旧友が持参したヴェルコールの『海の沈黙』(一九四二年刊行の代表的レジスタンス文学)を、ヴェイユは眼もくれずつき返した。いまとなっては、ロンドンの「戦うフランス」もフランス国内のレジスタンスも、同じくらい遠い存在でしかなかった。

こうしてヴェイユは孤立と焦燥を深めていく。自分の使命をだれにも理解してもらえず、知力も体力も無為に消耗されていくなか、せっかくの人生を無意味に終えるのではないかと怖れた。はなばなしく英雄的な死をとげることはむずかしくない。一瞬の昂揚のなかで決意すればよい。死の瞬間にいたるまで、冷静に、確信をもって、自分自身に恥ずかしくない生きかたをつらぬくことのほうが、はるかにむずかしい。危険で有意義な任務をおびて時代の不幸にあずかることができぬのなら、生きながらえる甲斐がないと思えた。シューマンへの手紙で、危険な任務を望むのは召命をはたすためなのだと、悲壮な決意を語る。

人間の悲惨、神の完全性、そのふたつをつなぐ絆、これら三者を同時に考えることができないことで、知性においても心の奥底においても同時に、たえまなく深刻になる分裂を感じています。

わたしには内的な確信があります。もし、これらにかかわる真理が与えられるとすれば、それはわたし自身が物理的に不幸のただなかに、それも現下の不幸の極限状況のただなかにある瞬間にかぎられることを。

そのような事態にはいたらないのではと怖れています。無神論者と唯物論者のつもりでいた子ども時代でさえ、つねに怖れていたことは、生きそこねることではなく、死にそこねることでした。この怖れはいよいよ強くなるばかりです。(EL 213–214)

最後まで「よき仲間」(EL 245)だったルイ・クロゾンに手紙を書いたのは、七月二六日のことだ。直属の上司でもあったクロゾンは、ヴェイユがあれほど望んでいたフランスへの潜入も何度もはたしていた。ヴェイユの資質と真摯さを理解した数少ない友人のひとりだったが、その彼でさえもヴェイユにパラシュート降下はむりだと考えていた。ヴェイユは手紙のなかで、今後いっさい、「戦うフランス」とも政府上層部とも、間接的にせよ、いっさいの公的なつながりをもたぬことを、断固として主張した(EL 684)。ついで、自分のことを「修繕はできぬまでも、一時的なつぎはぎの手当てをすれば、部分的にはあと数年間よけいに動くことができる」(EL 685)機械であると称した。ただし、その一時的なつぎはぎ手当てでさえ、「両親のほかにはできないとほぼ確信して」(EL

685)いたのである。

スプーン一本もちあげられなくなっても、ニューヨークの両親へはきれいな筆跡で手紙を書きつづけた。筆跡の乱れから異常を悟られぬように。八月一六日、アシュフォードのサナトリウムに移される前日、ミドルセックス病院から両親に手紙を書いた。これが最後の便りとなった。

愛する人たち《ダーリングズ》

いまは手紙を書く時間もほとんどなく、そういう気にもなれません。手紙は短く間遠で不規則になるでしょう。でも、おふたりにはほかに慰めがあるはずです。この手紙がとどくころには(もし遅れるようであれば)、おそらく予期されていた電報をうけとっているでしょう(万事は未定ですが……)。

さようなら、愛する人たち《ダーリングズ》。いっぱいの愛情をこめて。

シモーヌ(EL 257)

「予期されていた電報」がなにを意味するのかはわからないが、二通りの解釈がある。ふつうに考えるならば、両親が以前から希望していたアルジェ行きのヴィザ取得の連絡であろう。娘が「つぎはぎ手当て」を必要としていることを、両親はほかのだれよりも知っていたのだろう。娘のほうもふたたびアルジェで両親と再会することを願っていた。もうひとつの解釈として、ヴェイユが自分の死を予告したとも考えられよう。死の報せの衝撃を弱めようとしていたのだと。じっさい、この手紙は死の告知となった。その一週間後の八月二四日、ヴェイユは三四歳で永眠する。はかない桜の花と遠くに輝く星辰

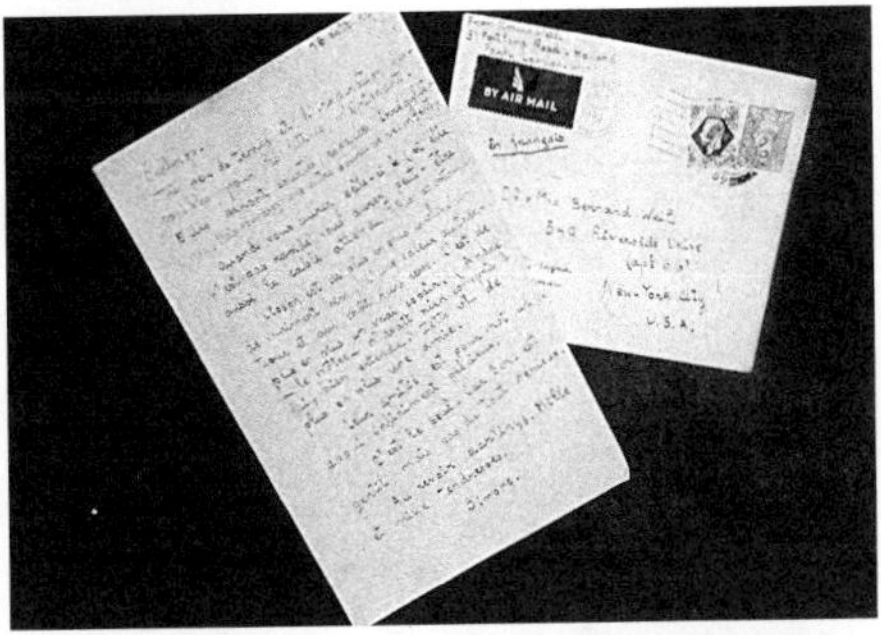

死の１週間まえに両親に書いた最後の手紙．住所はミドルセックス病院ではなく下宿先になっている．

ヴェイユの墓(ケント州アシュフォードの新共同墓地)．

について語ったとき、その脳裏には、はかなくて遠いフランスの姿があったのだろうか。ロンドンに到着して八か月後、おびただしい分量の草稿や文書を残し、母国フランスをのぞむドーヴァー海峡に近い保養地のサナトリウムで没したのであった。診断書には栄養失調と肺結核による衰弱死と書かれた。

八月三〇日の埋葬には七人の知人がロンドンからかけつけた。象徴的なことに、葬儀に呼ばれていた司祭は汽車に乗りそこねて来なかった。遺体はアシュフォードの共同墓地に埋葬された。キリスト教徒とユダヤ教徒の両区画にはさまれた細長い緩衝地帯《ノーマンズランド》である。いかなる集団への帰属もこばみ、いかなる人間的な絆への執着もみずからに禁じ、思想の純粋さを守ろうとしたヴェイユには、期せずして似つかわしい場所であった。

おわりに

ヴェイユは三四年で生涯を終えた。前半生は卒業論文の主張どおり、「自分自身の思考にしか信をおかず、デカルト自身の権威もふくめて、いっさいの権威に最小の信頼すらよせることなく、すべてを秩序にのっとって検証すること」(S 47)にささげられた。元祖デカルトの天才はなくとも、元祖に劣らぬ意志と行動力を併せもつ「もうひとりのデカルト」となって知的冒険の旅にでるのだ。しかし工場と戦場の経験は、人間の生存の第一要件が自由ではなく抑圧であることを教えた。そしてヴェイユは、社会的失墜と心理的な屈辱にこそ抑圧の本質があることを知る。

アランの哲学にみられる理性や意志への信頼は、悪夢のような軍需競争にさらされる以前の、つまり一九二〇年代の楽観主義を色こく反映していた。しかし社会人となったヴェイユが生きた三〇年代は、もはや一世代まえの間尺に合わなくなっていた。戦争の脅威が重くのしかかる後半生はもっぱら不幸の考察についやされ、主たる関心は抑圧と自由の葛藤から、不幸と注意、根こぎと憐れみの関係性へと移る。亡命時代のヴェイユは、労働組合にせよ、左翼政党にせよ、カトリック教会にせよ、なんらかの信条や教義をかかげる集団への警戒をいよいよ強めていく。その一方で、言語や宗教や歴史を分かちあう人間的環境《ミリユー》には、いままでになく肯定的な役割を託すようになる。人間的であっても人為的ではないゆたかな空間に複数の根をおろしている人間だけが、真に能動的な待機の姿勢をとれると考えたのだ。ヴェイユ自身が過去にも未来にも根をもたない亡命者となり、母国もまたナチスの覇権のもとに存亡の危機にさらされていたからこそ、自然なかたちで根づくことの重要性を痛感したのであろう。

晩年の主著『根をもつこと』はあきらかに政治的配慮から著されている。にもかかわらず、非正統派マルクシストから正統派カトリックにいたるまで、多様な文化的・政治的脈絡のなかで生きる人びとの共感を得てきた。きわめて時事的でありながら、時代的な制約によって普遍性を奪われることなく、さまざまな読みをうながすからだろう。その意味で、ヴェイユは時代の忠実な証人であり、時代をつき抜ける思考のダイナミズムの体現者である。さらにまたヴェイユは孤独だった。あらゆる人間的環境《ミリユー》への帰属をこばみ、社会の周縁にとどまることを欲した。個人が集団に優越するのは思考の力においてであり、思考の力は孤独なしには生まれないと考えたからだ。孤立と他者性と亡命状態を求めるのは、緊密な集団に固有の居心地のよい帰属意識が、個人の思考に加える有形無形の圧力に抵抗するためであった。孤立性は知的誠実とも無縁ではない。「水が物体の位置を決めるのではなく、物体のほうがしばらく浮き沈みしたあとで、おのずから位置を決める」(AD3 65)と、ヴェイユは書いた。落ちてくる物体をそのままうけいれる水のように、すべての思想にたいしてひとしく受容的であり、ひとしく態度を保留していなければならない。さまざまな陣営で、さまざまな領域で展開されたヴェイユの言動は、万事において純粋さをつらぬこうとする意志に司られている。

ヴェイユの思考の特徴のひとつは関心領域の広さである。そのため、プルードン主義者、組合主義的アナキスト、革命的トロツキスト、現代の神秘家、神の数学者、真理の証人など、さまざまな呼称が進呈された。ときには揶揄を、ときには敬愛の念をこめて。しかし、批判するにせよ賞讃するにせよ、まずは対象となる思想の全体像を把握すべきであろう。それゆえ本書では「思想の伝記」をめざした。ヴェイユの生涯と思索の痕跡を、政治的・社会的な脈絡に位置づけなおし、ひとつの思想が自己形成していく過程を描きたかったのである。

一九七八年六月、パリに本部をおく「シモーヌ・ヴェイユ学会」が結成された。その一年後、私事ながら筆者は博士論文を書くために渡仏し、ソルボンヌ大学に通うことになる。当時はまだ生前のヴェイユを知っていた人びとも多かった。本書にも登場するジョゼフ＝マリ・ペラン師、ギュスタヴ・ティボン氏、シモーヌ・ペトルマン氏、ジルベール・カーン氏、モーリス・シューマン氏らである。彼らが学会や講演会でそれぞれのヴェイユ像を語るのを聞きながら、ふしぎな感慨をおぼえた。一九七九年、ヴェイユ生誕七〇年を記念して、アシュフォードへの墓参と国際会議が計画されたが、参加する気がしなかった。あれから二十数年、ヴェイユを知るほとんどの人びとが他界していまはいない。

数年まえ、はじめて墓参をする決心がついた。低所得者層むけのサナトリウムだった建物はとり壊され、跡地にはイギリス各地とフランスからの観光客を集める立派なリゾートホテルが建ち、通りは「シモーヌ・ヴェイユ・アヴェニュー」と名前を変えていた。ロンドンから車で三時間、アシュフォードの共同墓地にたどりついた。名前と生没年のみが記された、なんの墓碑銘もない、灰色の大理石の墓があった。

本書の計画の段階から最後の仕上げまで、忍耐づよく筆者を励まし、つねに的確な指摘をいただいた岩波書店編集部の清水愛理氏、また、構想や執筆時の相談と校正原稿の査読をひきうけていただいた同僚の安達まみ氏、最後に、筆者の願いで装丁を担当してくださった祖父江慎氏、このかたがたに、この場をかりて心より感謝を申しあげます。

二〇〇二年　秋

冨原眞弓

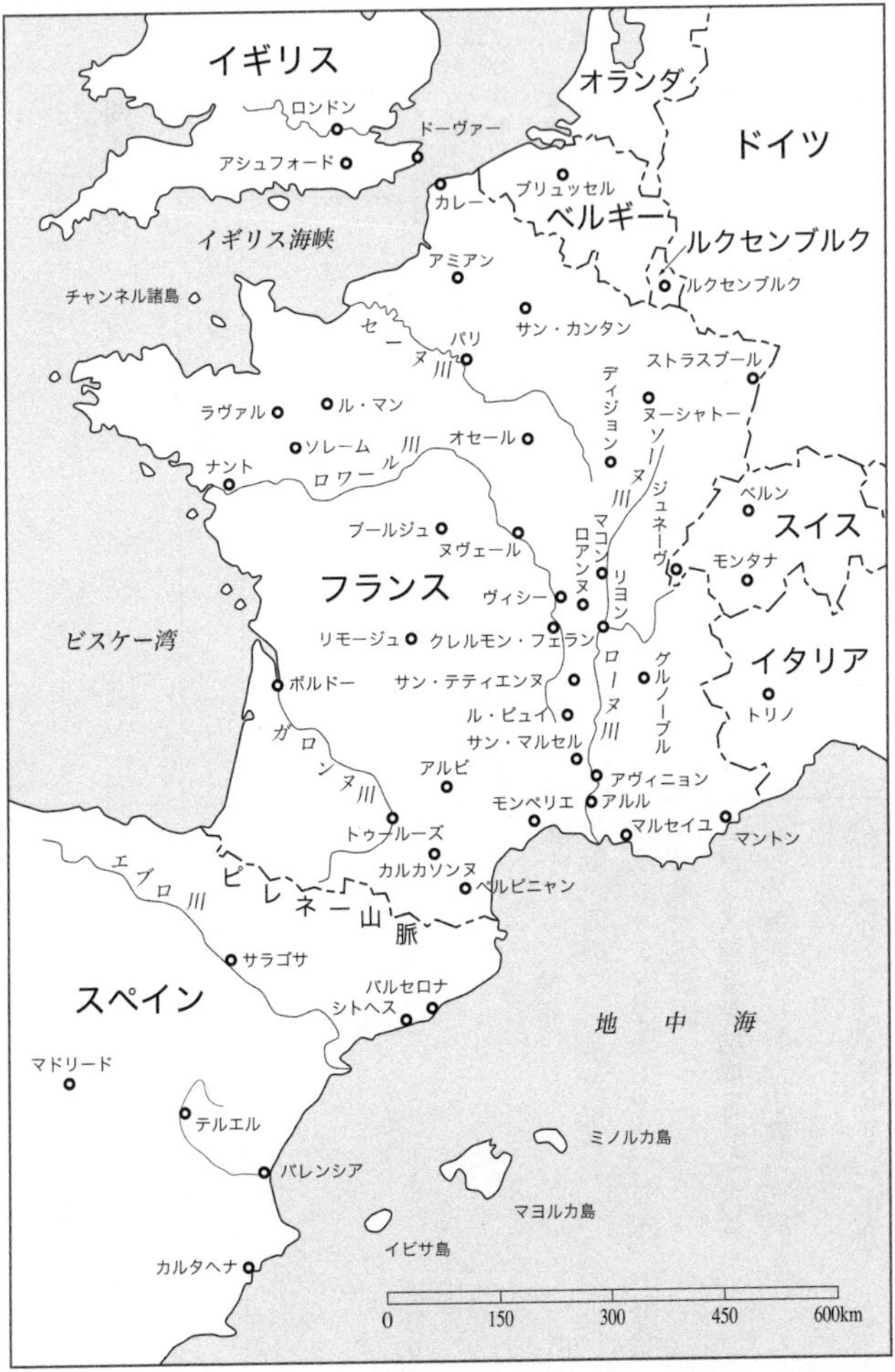
イギリス
ロンドン
ドーヴァー
アシュフォード
カレー
イギリス海峡
チャンネル諸島
オランダ
ドイツ
ブリュッセル
ベルギー
ルクセンブルク
ルクセンブルク
アミアン
サン・カンタン
セーヌ川
パリ
ストラスブール
ディジョン
ヌーシャトー
ソーヌ川
ラヴァル
ル・マン
ソレーム
オセール
ナント
ロワール川
ジュネーヴ
ベルン
スイス
ブールジュ
ヌヴェール
マコン
ロアンヌ
リヨン
モンタナ
フランス
ヴィシー
リモージュ
クレルモン・フェラン
ビスケー湾
ボルドー
サン・テティエンヌ
ローヌ川
グルノーブル
イタリア
トリノ
ル・ピュイ
サン・マルセル
ガロンヌ川
アルビ
アヴィニョン
アルル
モンペリエ
トゥールーズ
マルセイユ
マントン
カルカソンヌ
エブロ川
ピレネー山脈
ペルピニャン
サラゴサ
スペイン
バルセロナ
シトヘス
地中海
マドリード
テルエル
ミノルカ島
バレンシア
マヨルカ島
イビサ島
カルタヘナ
0
150
300
450
600km

関連地図

関連年表

	ヴェイユ関連事項	ヨーロッパ関連事項
一八七一		対プロイセン休戦条約。パリ・コミューン弾圧 第三共和政開始
一八七二	父ベルナール・ヴェイユ、ストラスブールで誕生	徴兵制実施
一八七九	母セルマ・ラインヘルツ、ガリチアで誕生	
一八九四		ドレフュス裁判
一八九五		労働総同盟(CGT)結成
一八九九		アクシオン・フランセーズ結成。パリに民衆大学設置
一九〇五	ベルナールとセルマ、結婚	フランス社会党結成(SFIO) 政教分離法、反教権主義の完成
一九〇六	三歳年長の兄アンドレ、誕生	
一九〇九	シモーヌ、パリで誕生	『新フランス評論(NRF)』創刊

一九一〇	重病を患い、以後、生涯をつうじて虚弱体質に苦しむ	
一九一四	ベルナール、軍医として各地の野戦病院に配属 家族も各地でベルナールに合流	第一次大戦勃発
一九一五	アンドレ、シモーヌに読みかたを教授 アンドレ、方程式を独習	
一九一六	シモーヌとアンドレ、コルネイユやラシーヌの暗唱や脚韻遊びに熱中	
一九一七	アンドレ、ギリシア語を独習	ロシア革命
一九一八		ドイツ革命 第一次大戦終結
一九一九	ヴェイユ一家、パリに帰還。シモーヌはフェヌロン校に入学	スパルタクス団蜂起失敗 コミンテルン結成。ワイマール憲法公布 ヒトラー、労働者党に入党。ヴェルサイユ条約
一九二〇	病弱のため休学、個人教授で学習	国際連盟成立。ジャンヌ・ダルク列聖
一九二一	アンドレ、パリ高等師範学校理科に合格	フランス共産党(ＰＣＦ)結成
一九二二	フェヌロン校に復学	ＣＧＴから統一労働総同盟(ＣＧＴＵ)が

一九二二		分裂 ムッソリーニ、ローマ進軍 イタリア、ファシスト内閣成立。ソヴィエト連邦成立
一九二三	ヴィクトル・デュリュイ校で哲学者ル・センヌに師事 シュザンヌ・ゴーション(後年レイモン・アロンと結婚)と親交 エドウィジ・コポー(後年ベネディクト会修道院長)と親交	フランス、ルール占領 ヒトラーのミュンヘン一揆
一九二四		レーニン死去。PCFのボルシェヴィキ化
一九二五	アンリ四世校に入学、アランに師事。ペトルマンと親交 アンドレ、数学の大学教授資格試験に首席合格 自由作文「グリムにおける六羽の白鳥」を提出	トロツキー失脚、スターリンの覇権確立 ロカルノ条約でドイツ・フランス国境の不可侵を約定
一九二六	自由作文「美と善」「時間について」「存在	

	と対象」を提出	
一九二七	「社会教育グループ」の一員として労働者教育に協力	ムッソリーニの独裁確立
一九二八	パリ高等師範学校文科に二九名中六番で合格	
一九二九	非戦と軍縮を訴える「人権同盟」に加入。ジュラ山地で畑仕事 試論「知覚について、あるいはプロテウスの冒険」作成	トロツキー国外追放 ニューヨークで株価暴落、世界大恐慌開始 ラテラノ条約、ヴァチカン市国成立
一九三〇	卒業論文「デカルトにおける科学と知覚」を提出、指導教授ブランシュヴィクの評価は二〇点満点中一〇点の合格最低点 この頃はじめて植民地問題を意識 偏頭痛の悪化　論文「職業の道徳的機能」に着手	
一九三一	哲学の大学教授資格試験に合格 ル・ピュイの国立女子高等学校に哲学教授として赴任 サン・テティエンヌの革命的組合主義者と	世界大恐慌、フランスに波及 スペイン革命、王政廃止、第二共和政成立

一九三一	親交をむすぶ 分裂したCGTとCGTUの再統合のために奔走 失業者デモの支援で当局と衝突、「ル・ピュイ事件」の責任を問われ、左遷	
一九三二	ヒトラーの影響力を確認するためのドイツ旅行 オセールの哲学教授に任命。ドイツ関連記事を発表	ナチス、社会民主党を抜いて第一党に躍進
一九三三	スヴァーリンと親交 ロシア革命は失敗と断定。共産党と労働組合に失望 ロアンヌの哲学教授に任命。生徒筆記の「哲学講義」が後年刊行	ヒトラー、ドイツ首相就任 ローズヴェルト、合衆国大統領就任
一九三四	論文「一四世紀フィレンツェのプロレタリア蜂起」 「個人的な研究のための休職」申請 論文「自由と社会的抑圧の原因をめぐる考察」完成	ヒトラー、首相と総統を兼任

一九三五	工場就労開始　ギエヌフと親交 約九か月の断続的な工場就労終了 ポルトガルの漁村で「カトリシズムとの第一の接触」	フランス人民戦線結成 ドイツ、ユダヤ人排除の「ニュルンベルク法」公布
一九三六	ブールジュの哲学教授に任命 翻案「アンティゴネー」を組合機関誌に発表 チャップリンの『モダン・タイムス』を絶讃 バルセロナのマルクス主義統一労働党(POUM)に合流 一か月半後、負傷して帰国	CGTとCGTUの再統合 フランス人民戦線、選挙で大勝 工場占拠ゼネスト ドイツ、ラインラント進駐。ロカルノ条約破棄 ベルリン・オリンピック開催 スペイン、人民戦線政府組閣、スペイン内戦勃発 フランコ叛乱軍の勝利 ベルリン・ローマ枢軸結成。スターリン憲法制定
一九三七	最初のイタリア旅行 アッシジの小聖堂で「カトリシズムとの第二の接触」	ゲルニカ爆撃、大量殺戮 イギリス、チェンバレン挙国一致内閣成立

一九三七	数学者集団「ブルバキ」の会議に参加 論文「労働の条件」執筆	
一九三八	ソレームの修道院で「カトリシズムとの第三の接触」 二度めのイタリア旅行	ミュンヘン会談。ドイツ・オーストリアでユダヤ人襲撃激化　「帝国水晶の夜」 フランス人民戦線崩壊
一九三九	アンドレ、フィンランド滞在中にスパイ容疑で国外追放 ヒトラーのチェコスロヴァキア侵攻を境に非戦主義と訣別 論文「ヒトラー主義の起源にかんする若干の考察」 「『イリアス』または力の詩篇」執筆。『ギルガメシュ叙事詩』を愛読	ドイツ、ソ連と不可侵条約締結 フランコ将軍の独裁開始 イギリスとフランス、ドイツに宣戦布告
一九四〇	アンドレ、徴兵忌避の嫌疑で拘留 この間、兄妹間で『科学について』所収の書簡交換 『バガヴァッド・ギーター』を愛読 『救われたヴェネツィア』の執筆開始 「前線看護婦部隊編成計画」の構想開始	ドイツ、西部戦線で電撃戦開始。イタリア参戦 パリ陥落。ペタン元帥組閣 ド・ゴールの「自由フランス」宣言 第三共和政憲法廃止、ヴィシー時代開始 ヴィシーの「ユダヤ人排斥法」公布

	ドイツ軍のパリ侵攻と同時に南下、ヴィシー経由でマルセイユへ 「ユダヤ人排斥法」により教授資格を喪失 南仏でカーンと旧交を温める	イギリス、チャーチル戦時連立内閣成立
一九四一	アンドレ、ニューヨークへ亡命 中世南仏の異端カタリ派を研究 ドミニコ会士ペラン師、カトリックの「農民哲学者」ティボンと親交 急速にカトリックに接近するが、洗礼は拒否 ローヌ河畔のティボンの農場で農作業に従事 サンスクリット語の学習開始 ガールの小村で葡萄つみ作業に従事	ドイツ、ロンドン大空襲 ユダヤ人問題総合委員会（CGQJ）設置 パリ在住外国系ユダヤ人の強制収容 第二の「ユダヤ人排斥法」公布 スターリン、ソ連人民委員会議長就任
一九四二	『神を待ちのぞむ』『ギリシアの泉』所収の論考を執筆 カルカソンヌで病床の詩人ジョー・ブスケを訪問 「雑記帳《カイエ》」をティボンに託し、ペラン師に	ドイツ、「ユダヤ人問題の最終解決」を採択 ヴィシー主導のジャンヌ・ダルクの祭典 占領地域のユダヤ人に「黄色い星」の着用義務化

一九四二	手紙を書き、「リヨテ元帥号」に乗って両親と渡米 ハーレムの教会の礼拝に参加。黒人霊歌、アメリカ先住民の伝承を研究 旧友シューマンのつてで「自由フランス」と接触 『ある修道士への手紙』執筆 ニューヨーク到着の四か月後、単身スウェーデンの貨物船に乗りこみ、大西洋を横断して渡英	パリでユダヤ人の大量逮捕「ヴェル・ディヴ事件」 連合軍、フランス領アフリカに上陸 ドイツ、フランス全土を占領
一九四三	ド・ゴールの「自由フランス」の文書起草委員に着任 膨大な「ロンドン文書」執筆、『根をもつこと』を完成 ド・ゴールの方針に反撥、「戦うフランス」と絶縁 過労と栄養失調から昏睡状態となり、ミドルセックス病院に入院 アシュフォードのサナトリウムに移送、	アウシュヴィッツ＝ビルケナウのユダヤ人大量ガス殺開始 ムッソリーニ失脚。イタリア降伏

一九四四	一週間後、三四歳で死去	連合軍のノルマンディー上陸作戦成功。パリ解放 ド・ゴール首班のフランス共和国臨時政府成立
一九四五		ドイツ降伏、東西に分裂。ポツダム会談

岩波人文書セレクションに寄せて

拙著『シモーヌ・ヴェイユ』を上梓してすでに一〇年がたった。当時、七巻が刊行されていたパリ・ガリマール社の「シモーヌ・ヴェイユ全集」は、二〇一二年の現在では一〇巻となり、完結まで残すところ六巻となった。特記すべきは、一九四〇年のパリ陥落後に執筆された『雑記帳《カイエ》』(全四冊)と『マルセイユ論集』(全二冊)の出版によって、いわゆるマルセイユ時代の著作が完結したことだ。

この時期のヴェイユは、ユダヤ系ゆえにヴィシー政権下の公職と政治活動を封じられ、内的必然もかさなっていっそう内省的になり、独特の宗教観を深くしずかに醸成させていく。日々の思索を詳細に記した『雑記帳《カイエ》』は、晩年の主要論考の骨子となる主題の宝庫であり、未公刊資料をふくむ『マルセイユ論集』は、「価値」「読み」「文学の責任」「科学の未来」など重要な概念をめぐる論考と、ギリシアやインドの古典のみならず、道教や禅仏教などの経典の翻訳や註解の集大成である。

著作の種類も多岐におよぶ。学生時代の哲学論文、労働組合機関誌への寄稿記事、工場就労期の「日記」、スペイン内戦の「従軍記録」、ギリシアやインドやオック語圏をめぐる文明論、キリスト教神秘家の著作解題など、論述の主題も種類もさまざまだ。ときに試行錯誤のなかで逡巡し前言を撤回し、ときにあえて挑発的な口調で断定する。主題や想定される読者しだいで、語彙や文体や修辞もさまざまに変わる。ただひとつ変わらないのは、ヴェイユの表現にしたがえば「真理の王国への希求」である。

個人的には、この一〇年で、ヴェイユの学生時代の論考や手紙などを精読して、ヴェイユの全生涯をつらぬく思想的統一性をあらためて確認した。デカルトへの心酔は言をまたない。人間がおのれを無限に凌駕する世界に対峙するさいの武器は、おのれの身体を媒介とする知覚であり、意志の絶対的な自由であると述べるとき、若きヴェイユはたしかにデカルトの直系である。

一方、スピノザへの関心も筋金入りだ。後期の特徴のひとつと思われたスピノザとの親和性が、すでに学生時代の論述にも認められる。「〈詩〉と〈真理〉をめぐる論考の一部をなす、カントの註記についての解説」(一九二八)と題された作文は、幾何学と美を必然性と合目的性の観点から論じて、高等中学《リセ》の指導教授のアランをして「秀逸な試論」といわしめたが、デカルトへの言及で始まり、カントを経由して、スピノザの第三の認識でしめ括るというアクロバットを演じる。

もとより、一九三〇年代後半の〈キリスト体験〉を不可逆の分水嶺として、その思想を前半と後半とに分かつ見解、いわゆる「ふたりのヴェイユ説」にも、相応の根拠はある。あきらかに一九三八年以降のヴェイユは、学生時代から愛読してきたホメロスやソフォクレスやプラトン、さらには古今東西の神話や宗教伝承にも、「永遠《キリスト》の相のもとに」あらたな読みを試みるにいたる。

たとえば、誘拐された愛娘コレーを探し求めるデメテル女神は、失われた人間の魂を探し求める神へと読み替えられ、復讐を誓いあうオレステスとエレクトラの姉弟の再会もまた、(原作者ソフォクレスの意図とは関係なく)神と魂との感動的な邂逅へと読み替えられる。『バガヴァッド・ギーター』でアルジュナ王子を教導するヴィシュヌ神の化身クリシュナは、歴史的な脈絡から抽出されたキリストの前表とみなされる。こうした諸教混淆主義は後期思想の特徴といってよい。

とはいえ、このように古典の意図をずらしてキリスト教的な脈絡に読み替えていく手法は、若き日の論考にもみられる。アランに提出された自由作文『美と善』(一九二六)もその一例だ。砂漠のただなかで兵士たちへの連帯から自分だけが水を飲むのをこばんだアレクサンドロス大王の挿話は、(軍勢の士気を高める軍事的決断を讃えるプルタルコスの意図から離れて)ひとりひとりの人間が自身にたいして果たすべき義務の主題へと転調する。

世界を救うには義《ただ》しく浄らかであればよい。これが政治活動ではなくもっぱら義によって人びとの罪を贖ったとされる〈人神《オム・デュー》〉の神話の真意である。であるなら、われわれは自身を救わねばならない。〈精神《エスプリ》＝霊〉を自身の内部で救うのだ。外部の人間性は精神＝霊の神話にすぎないのだから。犠牲は苦痛の受容であり、うちなる動物への屈従の拒否であり、苦しむ人びとを自発的な苦しみによって贖おうとする意志である。どの聖人もみな、水をまいた。どの聖人もみな、人びとの苦しみから自身を分かつあらゆる幸運を拒否した。個人として、つまりは動物としての自己からみずからをひき剝がし、人間として、つまりは神にあずかる存在として自己を肯定する運動、これが善である。

義人の共苦《コンパシオン》による救済、人間性《ユマニテ》と同定される人神《オム・デュー》を称揚するくだりなどは、反骨のボリシェヴィキに共鳴する一七歳の生徒の作文とは思えない。ウパニシャッドや禅仏教をつうじて晩年に到達した宗教的境地さえ予見させる。

さらに断章「魂と身体について」(一九二六)を読むなら、前半と後半とを隔てると思われた障壁はくずれさる。(いまだキリスト教への共感をもたぬはずの)ヴェイユが、カトリックの聖餐のパンは「象徴としてではなく現実のものとして」、すなわち真にキリストの身体として信徒に食されるのであって、この教義を偶像崇拝の幼稚な心性とみなす不信心者を批判しているのだ。

論旨はこうなる。そもそも魂には、身体という限定的な物体を介さずして無限定な宇宙と関与するすべがない。魂は一片のパンという物体を介して全宇宙の実体にふれる。よってカトリックの「実体変化」の教義は迷信どころか合理的であると。ただし論考の主眼は教義の真偽にはない。あくまで解明すべきは、魂が宇宙という客体を知覚する手段たる身体である。人間の身体のみが「魂にたいして触発による変様《アフェクチオ》をおよぼす力を有する」からだ。この点で、聖餐のパンがひたすら観想の対象となる後期の論考とは一線を画する。

一九三一年に学業を終えたヴェイユの関心は、急速に労働と革命の問題に収斂していく。近代以降の生産現場において労働者を苦しめてきた元凶とはなにか。雇用や管理体制をめぐる人為的なものなのか、機械設備の開発や使用にかかわる技術的なものなのか、生産体系そのものに根ざす構造的なものなのか。これらの問いとの関連から、もっといえばその関連においてのみ、当時さかんに喧伝された革命の妥当性を考えたのだった。労働の尊厳にこだわるのは、労働がすぐれて身体を媒介とする知覚の特権的な場であるからだ。知覚の十全な行使に期待をよせるのは、知覚を介してのみ世界の実体をとらえ、「真理」へと達しうると信じたからだ。身体が主体的に関与する労働をつうじて、あるがままの世界との接触をとりもどし、「真理」への架け橋を築きあげ、いずれは「向こう側」へといたる道筋をみいだすこと、これこそ人間にあたえられた重要な使命だとヴェイユは考えた。この使命を神秘家や哲学者はさまざまな語彙を駆使して伝えようとした。ピュタゴラスは神学の言語たる幾何学によって、プラトンは〈洞窟〉の神話によって、十字架の聖ヨハネは「霊魂の暗夜」の比喩によって、スピノザは「神への知的愛」もしくは「第三種の認識による至福直観」という表現によって。

ヴェイユにあっては、時期を問わず、哲学も政治学も神学も文学も科学もそのすべてが、きわめて緊密な内的必然によって互いに有機的にむすばれている。特定の一時期、特定の一面のみを抽出し強調するなら、その統一性をとらえそこないかねない。マルセイユ時代の論考「価値の観念をめぐる考察」(一九四一)は、哲学の営みを一幅の絵画に喩え、「色彩の雑多な寄せ集めでしかなかったものが、あるひとつの視座に身をおくとき、いっさいが秩序をともなって立ちあらわれる」と述べた。ヴェイユ自身の哲学もまた然り。認識の次元では労働と関連づけられた知覚、行動の次元では正義と関連づけられた共苦、そして美の次元では類比による前二者の置換、それぞれの次元を混ぜあわせることなく、ただしつねに相関性を見失わずに読みとくならば、その全貌がおのずとあらわれでるだろう。

このたび「岩波人文書セレクション」に収録されるにあたり、拙著をじっくりと読み返してみた。本筋において理解は変わっていない。ただ、そのつどあらたな発見があり、そのつど確信は深まる。安直な分類をこばみ体系になじまないヴェイユの哲学は、孤独な魂の孤独な思索の結実として、(正当にも)パスカルやキェルケゴールの系譜に付される。だが、いかに孤絶せる思惟といえども時代の子である。よって、まさに百家争鳴の様相を呈した二〇世紀前半のヨーロッパ思潮のなかに、ヴェイユ哲学の総体を位置づけることを、今後の研究課題のひとつとしたい。

二〇一二年九月

冨原眞弓

岩波現代文庫に寄せて

　過日、拙著『シモーヌ・ヴェイユ』(二〇〇二)を久しぶりに読みなおした。ヴェイユの発した問いはまったく古びていない。いわく、ひとたび始まるや、戦争はなぜ終わらないのか。いや、終わらせようとする一方の努力が、なぜいつも他方によって挫かれるのか。人間の攻撃性は、なぜ自分に害をなす遠くの強者ではなく、罪なき近くの弱者にむかうのか。苦痛軽減の措置としての機械化や時短をもってしても、大半の労働はなぜ遊戯とはなりえないのか。いずれもおそろしいほど現代的だ。ゆえに時空をこえて、いまなお鋭く深くわたしたちの胸をえぐるヴェイユの問いが、岩波現代文庫の一冊としてよみがえることは、ほんとうにうれしい。

　単行本の執筆にあたっては、自分の解釈の雑音を紛れこませず、引用の的確な選択と配置をもって、より純粋なかたちでヴェイユを読者に現前させようと努めた。むろん、そんなことは不可能だ。ヴェイユの妥協を知らぬ峻烈な思想、さらにその実体化である壮絶な生にふれて、平然としていることはできない。それでも、対象に近づきすぎず、ある程度の熱がつたわる叙述を心がけたつもりだ。

このたびの文庫化にあたり、二十数年たったいま本文に手を入れるのはむずかしいと考えた。部分的によくなるかもしれないが、全体の統一がそこなわれるだろう。当時のわたしの理解の拙さも人間としての幼さも、そのままますべてひっくるめて読者の判断を仰ぐことにした。地図、索引など、本文以外の修正、補足は、最小限にとどめ、聖心女子大学現代教養学部哲学科専任講師の佐藤紀子氏にご協力いただいた。単行本の担当だった岩波書店編集部の清水愛理氏には、わたしの散逸しがちなエネルギーをまっすぐな推進力に変えていただいた。岩波現代文庫版の担当である北城玲奈氏には、緻密にして迅速な進行で助けていただいた。ここに記して、三氏にこころから感謝したい。

二十数年まえと現在とでは、フランス本国でも日本でも、ヴェイユ受容の状況はかなり異なる。かつてフランス本国では、敗戦の屈辱的なイメージを払拭するために、勇敢な救国の乙女(ジャンヌ・ダルク)のイメージがヴェイユにかさねられた。と同時に、左翼陣営からも扱いにくいトロツキストのはねっ返りとみなされた。つまり愛国的カトリックの陣営からも、左派の陣営からもまつりあげにくく、めんどうくさい存在だった。

近年、ヴェイユの研究・翻訳が多様な分野におよび、これまで看過されてきた美的・宗教的・文明論的な側面がヴェイユにとって根幹をなすものとみなされた。これには全一六巻の「シモーヌ・ヴェイユ全集」の刊行の貢献が大きい。とりわけ第一巻『初期哲学論考』は特筆にあたいする。アランの薫陶をうけていた一六歳から二二歳ごろまでの学生時代の自由作文や論考の断片だが、さすがに文体にはまだ生硬なところがあり、結論を急ぎすぎるきらいがあるものの、意表をつく問題提起に発揮される独創性と破綻寸前でのみごとな飛躍にいたっては、すでに後期を思わせる完成の域にある。

こうしてヴェイユは正当に哲学者としての認知を得ることになる。自己無化から現世否定にいたる異端の神秘家ではなく、プロレタリア革命は幻想であり民衆の阿片だといってのけるアナキストでもない。この世界と人間をありのままに理解しようとする哲学者、二五歳で著わした「自由と社会的抑圧の原因をめぐる考察」にかかげたスピノザの銘句「人間にかかわる事象においては、笑わず、泣かず、憤らず、ただ理解せよ」を実践する哲学者なのだと。

ヴェイユがもっとも理解したいと望みながら、おそらく完全には理解できなかったものとは、あらゆる人間がさらされている《不幸》という「いまそこにある」脅威だったと思う。本人にとっても周囲にとっても、なんの役に立つのか、なんの意味があるのかわからないままに、ある日、突然、だれかがその歯車に巻きこまれ、不幸のメカニスムによって身体だけでなく魂までもこなごなに打ち砕かれる。

《不幸》とはなにか特別なもので、たんなる不運とは似ても似つかない。また、どんな人間も容赦しない。ある程度の持続、身体から切り離せない烈しい苦痛、社会的な失墜、その内在化というべき自己嫌悪といった要素を欠くなら、それは苦痛や不具合ではあっても不幸とはいえない。しかも不幸はつねに理不尽で不条理である。だからこそ、不幸の歯車にからめとられたひとびとは、苦しみのうちに、驚き、嘆き、問わずにはいられない。なぜ、このわたしが……、わたしがなにをしたのかと。

ヴェイユは理解していた。不幸なひとは孤独である。物理的な意味とはかぎらない。ほかのひとに理解されていないという心理的な孤立感である。しかし、それが物理的な孤立の呼び水ともなる。こうして集団からはぐれたひとの声はだれにもとどかず、つめたい沈黙のなかに落ちる。はじめは語っていても、どうせ聞いてもらえないと悟ると、やがて語らなくなる。

それでもあまりに苦しいとき、きちんと意味をなさないまま、つい言葉がこぼれ落ちる。ヴェイユはそうした言葉にならない沈黙に耳をすまし、文章にならないつぶやきを寄せあつめ、そのひとの名もなき苦しみを理解したいと願った。そして、劣悪な労働環境に身をおき、自分は《奴隷》だと感じるまでに自分を追いこんだ。「不幸について語るべきなにかを知るひとは語るすべを知らず、語るすべを知るひとは不幸を知らない」と書いたヴェイユその人は、不幸を知ってなお、語るすべをうしなわず(あるいはとりもどし)、語りつづけた稀有な人間のひとりだった。

二〇二三年、つねよりせわしい気のする年の瀬に

冨原眞弓

岩波現代文庫[学術]

G472
網野善彦対談セレクション
1 日本史を読み直す
山本幸司編

日本史像の変革に挑み、「日本」とは何かを問い続けた網野善彦。多彩な分野の第一人者たちと交わした闊達な議論の記録を、没後二〇年を機に改めてセレクト。（全二冊）

G473
網野善彦対談セレクション
2 世界史の中の日本史
山本幸司編

戦後日本の知を導いてきた諸氏と語り合った、歴史と人間をめぐる読み応えのある対談六篇。若い世代に贈られた最終講義「人類史の転換と歴史学」を併せ収める。

G474
明治の表象空間(上)
―権力と言説―
松浦寿輝

学問分類の枠を排し、言説の総体を横断的に俯瞰。近代日本の特異性と表象空間のダイナミズムを浮かび上がらせる。（全三巻）

G477
シモーヌ・ヴェイユ
冨原眞弓

その三四年の生涯は「地表に蔓延する不幸」との闘いであった。比類なき誠実さと清冽な思索の全貌を描く、ヴェイユ研究の決定版。

2024. 4

岩波現代文庫[学術]

G467
コレモ日本語アルカ？
—異人のことばが生まれるとき—
金水 敏

ピジンとして生まれた〈アルヨことば〉は役割語となり、それがまとう中国人イメージを変容させつつ生き延びてきた。〈解説〉内田慶市

G468
東北学／忘れられた東北
赤坂憲雄

驚きと喜びに満ちた野辺歩きから、「いくつもの東北」が姿を現し、日本文化像の転換を迫る。「東北学」という方法のマニフェストともなった著作の、増補決定版。

G469
増補 昭和天皇の戦争
—「昭和天皇実録」に残されたこと・消されたこと—
山田 朗

平和主義者とされる昭和天皇が全軍を統帥する大元帥であったことを「実録」を読み解きながら明らかにする。〈解説〉古川隆久

G470
帝国の構造
—中心・周辺・亜周辺—
柄谷行人

『世界史の構造』では十分に展開できなかった「帝国」の問題を、独自の「交換様式」の観点から解き明かす、柄谷国家論の集大成。佐藤優氏との対談を併載。

G471
日本軍の治安戦
—日中戦争の実相—
笠原十九司

治安戦(三光作戦)の発端・展開・変容の過程を丹念に辿り、加害の論理と被害の記憶からその実相を浮彫りにする。〈解説〉齋藤一晴

2024. 4

岩波現代文庫[学術]

G462
排除の現象学
赤坂憲雄

いじめ、ホームレス殺害、宗教集団への批判——八十年代の事件の数々から、異人が見出され生贄とされる、共同体の暴力を読み解く。時を超えて現代社会に切実に響く、傑作評論。

G463
越境する民
近代大阪の朝鮮人史
杉原 達

暮しの中で朝鮮人と出会った日本人の外国人認識はどのように形成されたのか。その後の研究に大きな影響を与えた「地域からの世界史」。

G464
越境を生きる
ベネディクト・アンダーソン回想録
ベネディクト・アンダーソン
加藤剛訳

『想像の共同体』の著者が、自身の研究と人生を振り返り、学問的・文化的枠組にとらわれず自由に生き、学ぶことの大切さを説く。

G465
我々はどのような生き物なのか
—言語と政治をめぐる二講演—
ノーム・チョムスキー
福井直樹
辻子美保子編訳

政治活動家チョムスキーの土台に科学者としての人間観があることを初めて明確に示した二〇一四年来日時の講演とインタビュー。

G466
ヴァーチャル日本語 役割語の謎
金水 敏

現実には存在しなくても、いかにもそれらしく感じる言葉づかい「役割語」。誰がいつ作ったのか。なぜみんなが知っているのか。何のためにあるのか。〈解説〉田中ゆかり

2024.4

G457
現代《いま》を生きる日本史
須田努
清水克行

縄文時代から現代までを、ユニークな題材と最新研究を踏まえた平明な叙述で鮮やかに描く。大学の教養科目の講義から生まれた斬新な日本通史。

G458
小国
―歴史にみる理念と現実―
百瀬宏

大国中心の権力政治を、小国はどのように生き抜いてきたのか。近代以降の小国の実態と変容を辿った出色の国際関係史。

G459
〈共生〉から考える
―倫理学集中講義―
川本隆史

「共生」という言葉に込められたモチーフを現代社会の様々な問題群から考える。やわらかな語り口の講義形式で、倫理学の教科書としても最適。「精選ブックガイド」を付す。

G460
〈個〉の誕生
―キリスト教教理をつくった人びと―
坂口ふみ

「かけがえのなさ」を指し示す新たな存在論が古代末から中世初期の東地中海世界の激動のうちで形成された次第を、哲学・宗教・歴史を横断して描き出す。〈解説〉山本芳久

G461
満蒙開拓団
―国策の虜囚―
加藤聖文

満洲事変を契機とする農業移民は、陸軍主導の強力な国策となり、今なお続く悲劇をもたらした。計画から終局までを辿る初の通史。

2024. 4

岩波現代文庫［学術］

G452
草の根のファシズム
―日本民衆の戦争体験―
吉見義明

戦争を引き起こしたファシズムは民衆が支えていた――従来の戦争観を大きく転換させた名著、待望の文庫化。〈解説〉加藤陽子

G453
日本仏教の社会倫理
―正法を生きる―
島薗進

日本仏教に本来豊かに備わっていた、サッダルマ(正法)を世に現す生き方の系譜を再発見し、新しい日本仏教史像を提示する。

G454
万民の法
ジョン・ロールズ
中山竜一訳

「公正としての正義」の構想を世界に広げ、平和と正義に満ちた国際社会はいかにして実現可能かを追究したロールズ最晩年の主著。

G455
原子・原子核・原子力
―わたしが講義で伝えたかったこと―
山本義隆

原子・原子核について基礎から学び、原子力への理解を深めるための物理入門。予備校での講演に基づきやさしく解説。

G456
ヴァイマル憲法とヒトラー
―戦後民主主義からファシズムへ―
池田浩士

史上最も「民主的」なヴァイマル憲法下で、ヒトラーが合法的に政権を獲得し得たのはなぜなのか。書き下ろしの「後章」を付す。

岩波現代文庫［学術］

G445-446
ねじ曲げられた桜(上・下)
―美意識と軍国主義―
大貫恵美子

桜の意味の変遷と学徒特攻隊員の日記分析を通して、日本国家と国民の間に起きた「相互誤認」を証明する。〈解説〉佐藤卓己

G447
正義への責任
アイリス・マリオン・ヤング
岡野八代
池田直子 訳

自助努力が強要される政治の下で、人びとが正義を求めてつながり合う可能性を問う。ヌスバウムによる序文も収録。〈解説〉土屋和代

G448-449
ヨーロッパ覇権以前(上・下)
―もうひとつの世界システム―
J.L.アブー＝ルゴド
佐藤次高ほか訳

近代成立のはるか前、ユーラシア世界は既に一つのシステムをつくりあげていた。豊かな筆致で描き出されるグローバル・ヒストリー。

G450
政治思想史と理論のあいだ
―「他者」をめぐる対話―
小野紀明

政治思想史と政治的規範理論、融合し相克する二者を「他者」を軸に架橋させ、理論の全体像に迫る、政治哲学の画期的な解説書。

G451
平等と効率の福祉革命
―新しい女性の役割―
G.エスピン＝アンデルセン
大沢真理監訳

キャリアを追求する女性と、性別分業に留まる女性との間で広がる格差。福祉国家論の第一人者による、二極化の転換に向けた提言。

2024.4

岩波現代文庫創刊二〇年に際して

二一世紀が始まってからすでに二〇年が経とうとしています。この間のグローバル化の急激な進行は世界のあり方を大きく変えました。世界規模で経済や情報の結びつきが強まるとともに、国境を越えた人の移動は日常の光景となり、今やどこに住んでいても、私たちの暮らしは世界中の様々な出来事と無関係ではいられません。しかし、グローバル化の中で否応なくもたらされる「他者」との出会いや交流は、新たな文化や価値観だけではなく、摩擦や衝突、そしてしばしば憎悪までをも生み出しています。グローバル化にともなう副作用は、その恩恵を遥かにこえていると言わざるを得ません。

今私たちに求められているのは、国内、国外にかかわらず、異なる歴史や経験、文化を持つ「他者」と向き合い、よりよい関係を結び直してゆくための想像力、構想力ではないでしょうか。

新世紀の到来を目前にした二〇〇〇年一月に創刊された岩波現代文庫は、この二〇年を通して、哲学や歴史、経済、自然科学から、小説やエッセイ、ルポルタージュにいたるまで幅広いジャンルの書目を刊行してきました。一〇〇〇点を超える書目には、人類が直面してきた様々な課題と、試行錯誤の営みが刻まれています。読書を通した過去の「他者」との出会いから得られる知識や経験は、私たちがよりよい社会を作り上げてゆくために大きな示唆を与えてくれるはずです。

一冊の本が世界を変える大きな力を持つことを信じ、岩波現代文庫はこれからもさらなるラインナップの充実をめざしてゆきます。

(二〇二〇年一月)

シモーヌ・ヴェイユ

2024年4月12日　第1刷発行

著　者　冨原眞弓《とみはらまゆみ》

発行者　坂本政謙

発行所　株式会社 岩波書店
〒101-8002 東京都千代田区一ツ橋 2-5-5
案内 03-5210-4000　営業部 03-5210-4111
https://www.iwanami.co.jp/

印刷・精興社　製本・中永製本

ISBN 978-4-00-600477-4　　Printed in Japan

事項索引

ア 行

カ 行

タ 行

ナ　行

ハ 行

マ 行

ヤ 行

ラ 行

人名索引

ア 行

カ 行

サ 行

タ 行

ナ 行

ハ 行

マ 行

ヤ 行

ラ 行

文献一覧

本文の引用はすべて拙訳．出典は文献一覧の略号に対応．略号はアルファベット順．本書岩波人文書セレクション版刊行時点．ただし邦語文献につき，文庫版等が刊行されたものはその旨加筆した．

1　シモーヌ・ヴェイユの著作

（カッコ内の数字は3の邦訳書の冒頭数字に呼応．全訳または抄訳）

AD　*Attente de Dieu*, Paris, La Colombe, 1950. (3) (14) (25) (32)

AD3　*Attente de Dieu*, Paris, Fayard, 1966. (3) (14) (25)

C2I　*Cahiers I*, Paris, Plon, 1970. (22)

C2II　*Cahiers II*, Paris, Plon, 1972. (20)

C2III　*Cahiers III*, Paris, Plon, 1974. (21)

CO　*La Condition ouvrière*, Paris, Gallimard, 1951. (4) (11)

CS　*La Connaissance surnaturelle*, Paris, Gallimard, 1950. (15) (19)

E　*L'Enracinement*, Paris, Gallimard, 1949. (2) (26) (28)

EHP　*Écrits historiques et politiques*, Paris, Gallimard, 1960. (5) (32)

EL　*Écrits de Londres et dernières lettres*, Paris, Gallimard, 1957. (8) (32)

IP　*Intuitions pré-chrétiennes*, Paris, La Colombe, 1951. (7) (12)

LP　*Leçons de philosophie de Simone Weil (Roanne 1933-1934)*, Paris, Plon, 1989. (17)

LR　*Lettre à un religieux*, Paris, Gallimard, 1951. (3)

OL　*Oppression et liberté*, Paris, Gallimard, 1955. (1) (24)

P　*Poèmes, suivis de Venise sauvée*, Paris, Gallimard, 1968.

(6) (10)

PG *La Pesanteur et la grâce*, Paris, Plon, 1947. (6) (9) (13) (33)

PSO *Pensées sans ordre concernant l'amour de Dieu*, Paris, Gallimard, 1962. (7) (32)

S *Sur la science*, Paris, Gallimard, 1966. (16)

SG *La Source grecque*, Paris, Gallimard, 1953. (18)

I *Œuvres complètes I, Premiers écrits philosophiques*, Paris, Gallimard, 1988: "Le Beau et le Bien", "De la Perception ou l'aventure de Protée", "Du Temps", "Science et perception dans Descartes", "Fonction morale de la profession".

II-1 *Œuvres complètes II-1, Écrits historiques et politiques, l'engagement syndical (1927-juillet 1934)*, Paris, Gallimard, 1988: "Premières impressions d'Allemagne", "La Situation en Allemagne", "Allons-nous vers la révolution prolétarienne?", "Un soulèvement prolétarien à Florence au XIVe siècle", "Rosa Luxembourg: Lettres de la Prison", "Lénine: Matérialisme et empiriocriticisme".

II-2 *Œuvres complètes II-2, Écrits historiques et politiques, l'expérience ouvrière et l'adieu à la révolution (juillet 1934-juin 1937)*, Paris, Gallimard, 1991: "Réflexions sur les causes de la liberté et de l'oppression sociale", "Journal d'usine", "Antigone", "Electra", "Journals d'Espagne".

II-3 *Œuvres complètes II-3, Écrits historiques et politiques, vers la guerre (1937-1940)*, Paris, Gallimard, 1989: "Ne recommençons pas la guerre de Troie", "L'Europe en guerre pour la Tchécoslovaquie?", "Quelques réflexions sur les origines de l'hitlérisme", "L'*Illiade* ou la poème de

la force".
VI-1 *Œuvres complètes VI-1, Cahiers (1933-septembre 1941)*, Paris, Gallimard, 1994.
VI-2 *Œuvres complètes VI-2, Cahiers (septembre 1941-février 1942)*, Paris, Gallimard, 1997.
VI-3 *Œuvres complètes VI-3, Cahiers (février 1942-juin 1943)*, Paris, Gallimard, 2002.
OE *Œuvres*, Paris, Gallimard "Quarto", 1999. (32)

2 その他の伝記・歴史的関連資料
（カッコ内の数字は4の邦訳書の冒頭数字に呼応）

A1 *Alain, Propos I*, Paris, Gallimard "Bibliotèque de la Pléiade", 1956.
A2 *Alain, Propos II*, Paris, Gallimard "Bibliotèque de la Pléiade", 1970.
A3 Alain, *Les Arts et les dieux*, Paris, Gallimard "Bibliotèque de la Pléiade", 1958.
A4 Alain, *Les Passions et la sagesse*, Paris, Gallimard "Bibliotèque de la Pléiade", 1960.
AB Alan Bullock, *Hitler, a Study in Tyranny*, Middlesex, Penguin Books, (1952) 1986.
AK Arthur Koestler, *Un testament espagnol (Spanish testament)*, Paris, Albin Michel, 1939.
AS André Sernin, *Alain, un sage dans la cité*, Paris, Robert Laffont, 1985.
AW André Weil, *Souvenirs d'apprentissage*, Bâle, Birkhauser Verlag, 1991. (58)
BS Boris Souvarine, *Chroniques du mensonge communiste*, Paris, Plon, 1998.
CSW *Cahiers Simone Weil*, Paris, L'Association pour l'étude

de la pensée de Simone Weil, 1978-.

DMM1　Marie-Magdeleine Davy, *Introduction au message de Simone Weil*, Paris, Plon, 1954. (37)

DMM2　Marie-Magdeleine Davy, *Simone Weil*, Paris, Éditions Universitaires, (1956) 1961. (37)

GBB　Georges Bataille, *Le Bleu du ciel*, Paris, Gallimard, (1957) 1979.

GBG　Georges Bernanos, *La Grande Peur des bien-pensants*, Paris, Gallimard "Bibliotèque de la Pléiade", 1931.

GBS　Gerald Brenan, *The Spanish Labyrinth*, Cambridge, Cambridge University Press, (1943) 2000.

GF　Gabriella Fiori, *Simone Weil: Une femme absolue*, Paris, Éditions du Felin, 1987. (57)

GSB　Gisèle et Serge Bernstein, *Dictionnaire historique de la France contemporaine, t. I: 1870–1945*, Suffolk, Éditions complexe, 1995.

GT　Gustave Thibon, *L'ignorance étoilée*, Paris, Fayard, 1974.

HA1　Hannah Arendt, *Les origines du totalitarianisme t. 1*, Paris, Seuil "Points Politique", (1951) 1984.

HA2　Hannah Arendt, *La Tradition cachée "Nous autres réfugiés"*, Paris, 57–77 coll. "Choix Essais", 1993.

HT　Hugh Thomas, *The Spanish Civil War*, London, Penguin Books, 1986 (3rd ed.).

JC1　Jacques Cabaud, *L'Expérience vécue de Simone Weil*, Paris, Plon, 1957. (43)

JC2　Jacques Cabaud, *Simone Weil à New York et à Londres: Les quinze derniers mois (1942–1943)*, Paris, Plon, 1967. (47)

JD　Jacques Droz, *Histoire générale du socialisme, t. 3, de 1918 à 1945*, Paris, PUF "Quatrige", 1997.

JJR Jean-Jacques Rousseau, *Du Contrat Social*, Paris, Gallimard "Bibliotèque de la Pléiade", 1964.

JMP Joseph-Marie Perrin, *Mon dialogue avec Simone Weil*, Paris, nouvelle cité, 1984.

JPS Jean-Paul Sartre, *Réflexions sur la question juive*, Paris, Gallimard "folio essais", 1946.

JT Jean Touchard, *La gauche en France depuis 1900*, Paris, Seuil "Points Histoire", 1977.

MBL Éd. Monique Broc-Lapeyre, *Simone Weil et les langues. Actes du colloque de Grenoble, 24-27 septembre 1990*, Grenoble, Université de Grenoble, 1991.

MS1 Maurice Schumann, *La Mort née de leur propre vie. Péguy, Simone Weil, Gandhi*, Paris, Fayard, 1974.

MS2 Maurice Schumann, *Bergson ou le retour de Dieu*, Paris, Flammarion, 1995.

MP Michael R. Marrus and Robert O. Paxton, *Vichy France and the Jews*, Stanford, Stanford University Press, (1981) 1995.

MW Max Weber, *Political Writings*, Cambridge, Cambridge University Press, (1994) 2000.

PB Philippe Burrin, *La France à l'heure Allemande 1940-1944*, Paris, Seuil, 1995.

PD J.-M. Perrin, J. Danielou et al., *Réponses aux questions de Simone Weil*, Marseille, Aubier, 1964.

PHM Éd. Gilbert Kahn, *Simone Weil, philosophe, historienne et mystique*, Paris, Aubier, 1978.

PO Pascal Ory, *Les collaborateurs 1940-1945*, Paris, Seuil "Points Histoire", 1976.

PT Joseph-Marie Perrin, Gustave Thibon, *Simone Weil telle que nous l'avons connue*, Paris, La Colombe, 1952. (44)

PVe Philippe Verheyde, *Les Mauvais comptes de Vichy*, Paris, Perrin, 1999.

PVi Pierre Vilar, *La Guerre d'Espagne (1936–1939)*, Paris, PUF "que sais-je?" 2338, 1986.

RC Robert Coles, *Simone Weil. A Modern Pilgrimage*, Reading, Massachusetts, A Merloyd Lawrence Book, 1987. (59)

ROP Robert O. Paxton, *La France de Vichy 1940–1944*, Paris, Seuil, (1973) 1997.

RR Richard Rees, *Simone Weil. A Sketch for a Portrait*, London, Oxford University Press, 1966. (42)

SB Simone de Beauvoir, *Mémoires d'une jeune fille rangée*, Paris, Gallimarad, 1958.

SCD Sylvie Courtine-Denamy, *Hannah Arendt*, Paris, Hachette "Pluriel", 1994.

SP1 Simone Pétrement, *La vie de Simone Weil*, 2 vols, Fayard, Paris, 1973, 1978. (46)

SP2 Simone Pétrement, *La vie de Simone Weil*, Paris, Fayard, 1997 (nouvelle édition).

SPD Simone Pétrement, *Le dualisme chez Platon, les Gnostiques et les Manichéens*, Paris, PUF, 1982. (52)

SUD Éd. J. P. Little, A. Ughetto, *Simone Weil, La Soif de l'absolu*, Marseille, SUD, 1990.

WDH W. D. Halls, *Politics, Society and Christianity in Vichy France*, Oxford, Berg, 1995.

3 ヴェイユの著作の邦訳書(刊行年順)

1 『抑圧と自由』石川湧訳，東京創元社，1958(1965).

2 『シモーヌ・ヴェーユ著作集Ｖ』「根をもつこと」山崎庸一郎訳，春秋社，1967(1998).

3 『シモーヌ・ヴェーユ著作集Ⅳ』「神を待ちのぞむ」渡辺秀訳，「ある修道者への手紙」大木健訳，春秋社，1967(1998).
4 『労働と人生についての省察』黒木義典・田辺保訳，勁草書房，1967(1986).
5 『シモーヌ・ヴェーユ著作集Ⅰ』「戦争と革命への省察」(初期評論集)橋本一明他訳，春秋社，1968(1998).
6 『シモーヌ・ヴェーユ著作集Ⅲ』「重力と恩寵」渡邊義愛訳，「救われたヴェネチア」渡辺一民訳，春秋社，1968(1998).
7 『シモーヌ・ヴェーユ著作集Ⅱ』「ある文明の苦悶」(後期評論集)橋本一明他訳，春秋社，1968(1998).
8 『ロンドン論集とさいごの手紙』田辺保・杉山毅訳，勁草書房，1969(2009).
9 『愛と死のパンセ』野口啓祐訳，南窓社，1969.
10 『シモーヌ・ヴェイユ詩集』小海永二訳，青土社，1971(1992).
11 『工場日記』田辺保訳，講談社文庫，1972(講談社学術文庫，1986，ちくま学芸文庫，2014).
12 『神への愛についての雑感』(『現代キリスト教思想叢書6 ヴェーユ・ボンヘッファー』所収)渡邊義愛訳，白水社，1973.
13 『重力と恩寵』田辺保訳，講談社文庫，1974(ちくま学芸文庫，1995).
14 『神を待ちのぞむ』田辺保・杉山毅訳，勁草書房，1967(1987).
15 『超自然的認識』(抄訳)田辺保訳，勁草書房，1976(1984，2014).
16 『科学について』福居純・中田光雄訳，みすず書房，1976.
17 『シモーヌ・ヴェーユ　哲学講義』渡辺一民・川村孝則訳，人文書院，1981(『ヴェーユの哲学講義』ちくま学芸文庫，1996).
18 『ギリシアの泉』冨原眞弓訳，みすず書房，1988(みすずライ

ブラリー，1998).
19 『カイエ 4』冨原眞弓訳，みすず書房，1992.
20 『カイエ 2』田辺保・川口光治訳，みすず書房，1993.
21 『カイエ 3』冨原眞弓訳，みすず書房，1995.
22 『カイエ 1』山崎庸一郎・原田佳彦訳，みすず書房，1998.
23 『ヴェイユの言葉』冨原眞弓編訳，みすず書房，2003(2019).
24 『自由と社会的抑圧』冨原眞弓訳，岩波文庫，2005.
25 『神を待ちのぞむ』(新版)渡辺秀訳，春秋社，2009(2020).
26 『根をもつこと』(新版)山崎庸一郎訳，春秋社，2009(2020).
27 『重力と恩寵』(新版)渡辺義愛訳，春秋社，2009(2020).
28 『根をもつこと』(全 2 巻)冨原眞弓訳，岩波文庫，2010.
29 『前キリスト教的直観　甦るギリシア』今村純子訳，法政大学出版局，2011.
30 『シモーヌ・ヴェイユ選集Ⅰ』(初期論集：哲学修業)冨原眞弓訳，みすず書房，2012.
31 『シモーヌ・ヴェイユ選集Ⅱ』(中期論集：労働・革命)冨原眞弓訳，みすず書房，2012.
32 『シモーヌ・ヴェイユ選集Ⅲ』(後期論集：霊性・文明論)冨原眞弓訳，みすず書房，2013.
33 『重力と恩寵』冨原眞弓訳，岩波文庫，2017.
34 『工場日記』冨原眞弓訳，みすず書房，2019.

4　ヴェイユ関連の邦語文献(刊行年順)

35 『シモーヌ・ヴェイユの生涯』大木健著，勁草書房，1964 (1968, 1984, 1998).
36 『シモーヌ・ヴェイユ　その極限の愛の思想』田辺保著，講談社，1968.
37 『シモーヌ・ヴェーユの世界』M.-M. ダヴィー著，山崎庸一郎訳，晶文社，1968.
38 『シモーヌ・ヴェイユ入門』M.-M. ダヴィ著，田辺保訳，勁

草書房，1968.
39 『シモーヌ・ヴェイユの不幸論』大木健著，勁草書房，1969.
40 『奴隷の宗教　シモーヌ・ヴェイユとキリスト教』田辺保著，新教出版社，1970.
41 『シモーヌ・ヴェイユ　真理への献身』片岡美智著，講談社，1972.
42 『シモーヌ・ヴェーユ　ある肖像の素描』リチャード・リース著，山崎庸一郎訳，筑摩書房，1972.
43 『シモーヌ・ヴェーユ伝』ジャック・カボー著，山崎庸一郎・中條忍訳，みすず書房，1974(1990).
44 『回想のシモーヌ・ヴェイユ』J.-M. ペラン，G. ティボン著，田辺保訳，朝日出版社，1975.
45 『シモーヌ・ヴェーユと現代　究極の対原理』河野信子著，大和書房，1976.
46 『詳伝シモーヌ・ヴェイユ』(全2巻)シモーヌ・ペトルマン著，杉山毅・田辺保訳，勁草書房，1978(2002).
47 『シモーヌ・ヴェーユ最後の日々』ジャック・カボー著，山崎庸一郎訳，みすず書房，1978(2009).
48 『シモーヌ・ヴェイユの死と信仰』宇田達夫著，教文館，1978.
49 『シモーヌ・ヴェーユ研究』村上吉男著，白馬書房，1980.
50 『神を問う思想家たち』ポール・リーチ著，福嶋瑞江他訳，みすず書房，1983.
51 『さいごのシモーヌ・ヴェイユ』田辺保著，御茶の水書房，1984.
52 『二元論の復権　グノーシス主義とマニ教』S. ペトルマン著，神谷幹夫訳，教文館，1985.
53 『カルカソンヌの一夜　ヴェイユとブスケ』大木健著，朝日出版社，1989.
54 『シモーヌ・ヴェーユ　その劇的生涯』クロード・ダルヴィ

他著，稲葉延子編訳，春秋社，1991.
55 『甦えるヴェイユ』吉本隆明著，JICC出版局，1992(『甦るヴェイユ』洋泉社，2006).
56 『ヴェーユ』(人と思想107)冨原眞弓著，清水書院，1992(2015).
57 『シモーヌ・ヴェイユ　ひかりを手にいれた女性』ガブリエッラ・フィオーリ著，福井美津子訳，平凡社，1994.
58 『アンドレ・ヴェイユ自伝　ある数学者の修業時代』稲葉延子訳，シュプリンガー・フェアラーク東京，1994.
59 『シモーヌ・ヴェイユ入門』ロバート・コールズ著，福井美津子訳，平凡社ライブラリー，1997.
60 『ほんとうの考え・うその考え　賢治・ヴェイユ・ヨブをめぐって』吉本隆明著，春秋社，1997.
61 『地球化時代のキリスト教　自己変成の途』聖心女子大学キリスト教文化研究所編，春秋社，1998.
62 『二十世紀を変えた女たち　キュリー夫人，シャネル，ボーヴォワール，シモーヌ・ヴェイユ』安達正勝著，白水社，2000.
63 『シモーヌ・ヴェイユ　力の寓話』冨原眞弓著，青土社，2000.
64 『シモーヌ・ヴェイユ』冨原眞弓著，岩波書店，2002(岩波人文書セレクション，2012，岩波現代文庫，2024).
65 『シモーヌ・ヴェイユの哲学　その形而上学的転回』ミクロス・ヴェトー著，今村純子訳，慶應義塾大学出版会，2006.
66 『シモーヌ・ヴェイユの詩学』今村純子著，慶應義塾大学出版会，2010.
67 『シモーヌ・ヴェイユ　詩をもつこと』(現代詩手帖特集版)今村純子責任編集，思潮社，2011.

シモーヌ・ヴェイユ著作解題

原著(邦訳のある作品に限定)の解題，ただし現在刊行中の全集は除外．各項目の末尾に主たる執筆時期を記載．

『神を待ちのぞむ』(AD)

マルセイユで知りあったドミニコ会士ジョゼフ＝マリ・ペラン師のために書いた論文とペラン師にあてた手紙を収録．マルセイユ時代の特徴といえるキリスト教の神への言及や考察が多い．自分の洗礼の是非やカトリック教会の使命について述べた長短7通の手紙は，ヴェイユの内的経験の軌跡を知るための貴重な資料．1941-42年．

『カイエ1』『カイエ2』『カイエ3』(C2I-C2III)

大半がマルセイユ時代以降の思索の跡をリアルにとどめ，ヴェイユ研究には不可欠の第一次資料．各断章の完成度は高く，その多くが晩年の論文や記事へと発展．広範な関心領域をしめす読書の記録や抜粋，古今東西の民間伝承への言及も興味ぶかい．高等師範学校来の友人で『詳伝シモーヌ・ヴェイユ』の著者シモーヌ・ペトルマンと数学者の兄アンドレ・ヴェイユが編集に携わった．1940-42年．

『労働の条件』(CO)

1934-35年の工場就労の記録である「工場日記」および，「合理化」「労働の条件」「工場生活の経験」「奴隷的でない労働の第一条件」など工場労働の実態を考察する論文・記事や当時の手紙などを収録．1934-42年．

『超自然的認識』(CS)
ニューヨークとロンドンで書かれた「カイエ」を収録．晩年の関心を反映して宗教的な考察が多い．「カイエ」に散見されるこの表現を編者が選んで表題とした．1942-43 年．

『根をもつこと』(E)
政治と宗教を統合的に論じ独自の文明論を導きだすヴェイユの主著．ロンドンの「自由フランス」文書起草委員として，寝食を忘れて一気に書きあげた「戦後フランスの精神的再建のための青写真」で，「魂の欲求」「根こぎ」「根づき」の 3 部からなる．副題は「人間存在にたいする義務宣言のための序曲」．1942 年．

『歴史・政治論集』(EHP)
「待機するドイツ」「ドイツの状況」などナチス政権誕生前夜のドイツを論じた政治記事，「14 世紀フィレンツェのプロレタリア蜂起」などの政治論文，「一叙事詩をとおして見たある文明の苦悶」「オック語文明の霊感はなににあるか」など大胆で読みごたえのある文明論を収録．1932-40 年．

『ロンドン論集とさいごの手紙』(EL)
ロンドンで書かれた「人格と聖なるもの」「この戦争は宗教戦争である」「叛乱についての省察」「政党全廃にかんする覚書」など，後期の代表的論文と友人や家族にあてたロンドン時代の手紙を収録．1942-43 年．

『ヴェーユの哲学講義』(LP)
ロアンヌのリセでの哲学講義を一生徒の筆記にもとづき編纂された講義録．第 1 部で「行為」「感情」「思考」における身体の役割を論じ，第 2 部では個人から社会へと考察の枠組を広げ，第 3 部

で個人と社会の関係を倫理的側面から分析する．1933-34 年．

『ある修道者への手紙』(LR)
もとはニューヨークで書かれた一司祭あての私信であったが，のちに公開質問状のかたちで編纂された．あらゆる文明や宗教のうちに唯一無二の光の源泉たる神の使信を認める「諸教混淆的な偏向」がもっとも顕著とされる作品．1942 年．

『抑圧と自由』(OL)
タイプ原稿で 120 枚におよぶ初期の代表作「自由と社会的抑圧の原因をめぐる考察」は，「マルクス主義の批判」「抑圧の分析」「自由な社会の理論的展望」「現代社会の素描」の 4 部構成で，工場就労の直前に脱稿したが，生前は発表されることはなかった．同趣の論文「展望——われわれはプロレタリア革命にむかっているのか」(1933 年に『プロレタリア革命』に掲載)は，正確な現状把握と冷徹な分析の光る力作であるが，ソ連の抑圧的構造をあばき，プロレタリア革命神話の終焉を説く論調は，「偏向的」「悲観的」「敗北主義的」との批判をあびた．1933-34 年．

『詩集』(P)
10 代と晩年に書かれた 9 篇の詩，唯一の戯曲の草稿「救われたヴェネツィア」，現存する最古の作品である 11 歳のときの寓話「火の妖精たち」を収録．1920-43 年．

『重力と恩寵』(PG)
マルセイユ時代の「カイエ」を委託された友人のギュスタヴ・ティボンが，パスカルのブランシュヴィク版『パンセ』風に，テーマに分けて編纂した断章集．断章の選別や配置によりキリスト教的な色彩が強調され，戦後の宗教・哲学書のベストセラーとなっ

た．1940-42 年．

『科学について』(S)
独創的なデカルト主義者の面目躍如たる高等師範学校の卒業資格論文「デカルトにおける科学と知覚」，マルセイユ時代の重要な科学論文「科学とわれわれ」「量子論についての省察」，さらに兄アンドレとの数学的テーマをめぐる往復書簡などを収録．1920-42 年．

『ギリシアの泉』(SG)
ギリシアの叙事詩によせて「人間の魂までも滅ぼしうる力の威力」を分析した「『イリアス』または力の詩篇」，プラトンの著作を縦横に駆使し独自の解釈を提唱した「プラトンにおける神」など，ギリシア文学・哲学にかんする論考や，ヘラクレイトスの断章やプラトンの対話篇の翻訳などを収録．1939-43 年．

本書は二〇〇二年一二月に岩波書店より刊行され、二〇一二年一〇月に岩波人文書セレクションに収録された。岩波現代文庫化にあたっては人文書セレクション版を底本とした。